Printed by Libri Plureos GmbH in Hamburg, Germany

9 789358 727463

ادب اور مقصد

(ادبی مضامین)

مجنوں گورکھپوری

© Taemeer Publications LLC

Adab aur Maqsad (Essays)

by: MajnooN Gorakhpuri

Edition: September '2024

Publisher :

Taemeer Publications LLC (Michigan, USA / Hyderabad, India)

ISBN 978-93-5872-746-3

9 789358 727463

مصنف یا ناشر کی پیشگی اجازت کے بغیر اس کتاب کا کوئی بھی حصہ کسی بھی شکل میں بشمول ویب سائٹ پر اَپ لوڈنگ کے لیے استعمال نہ کیا جائے۔ نیز اس کتاب پر کسی بھی قسم کے تنازع کو نمٹانے کا اختیار صرف حیدرآباد (تلنگانہ) کی عدلیہ کو ہو گا۔

©تعمیر پبلی کیشنز

کتاب	:	**ادب اور مقصد** (مضامین)
مصنف	:	**مجنوں گورکھپوری**
صنف	:	غیر افسانوی نثر
ناشر	:	تعمیر پبلی کیشنز (حیدرآباد، انڈیا)
سالِ اشاعت	:	۲۰۲۴ء
صفحات	:	۲۱۴
سرورق ڈیزائن	:	تعمیر ویب ڈیزائن

فہرست

(۱)	ادب اور مقصد	6
(۲)	ادب اور زندگی	19
(۳)	ادب اور ترقی	40
(۴)	تخلیق و تنقید	67
(۵)	تاریخ اور تخلیق	73
(۶)	حسن اور فنکاری	99
(۷)	نظم سے نثر تک	124
(۸)	غزل اور عصر جدید	144
(۹)	نئی اور پرانی قدریں	186

ادب اور مقصد

(یہ خطبہ ادبی انجمن، علی گڑھ کے جلسے میں پڑھا گیا)

حضرات!

جس وقت آپ لوگوں نے اس انجمن کے صدر کے لئے میرا نام تجویز کیا تو پہلی بے اختیار تحریک تو میرے اندر یہ پیدا ہوئی کہ میں اپنا نام واپس لے لوں اور اپنی جگہ کسی ایسے شخص کا نام تجویز کروں جو تن و توش اور ہوش و گوش میں مجھ سے بہتر ہو اور ایسوں کی ہمارے درمیان کمی نہیں تھی۔ لیکن انسانی کمزوری کہئے یا مجلسی آداب کا احساس یا عام زبان میں مروت، بہر حال اسی احساس نے مجھے باز رکھا اور میں چپ رہ گیا۔

بعد کو جب کچھ لوگ رکنیت سے اپنے اپنے نام واپس لینے لگے تو ایک بار پھر انتقاماً میرے دل میں ایک لہر اٹھی۔ میرے لئے نام واپس لینے کا موقع تو رہا نہیں تھا۔ زبانی استعفیٰ داخل کر دینے کا خیال آیا، لیکن پھر میں نے سوچا کہ ایسے موقعوں پر جو لوگ اپنے نام واپس لیتے ہیں یا انکار کرتے ہیں ان میں بہت کم ایسے ہوتے ہیں جو ایمانداری کے ساتھ اپنی نااہلی کے قائل ہوں۔ عام طور سے یا کسی شرما حضوری کے احساس کے زیر اثر لوگ ایسا کرتے ہیں یا پھر انکسار کے پردے میں اپنی برتری کے احساس کا اظہار کرنا مقصود ہوتا ہے جو دراصل ایک قسم کی نفسیاتی پیچیدگی یا گرہ کی علامت ہے اور میں اپنے اندر ان دونوں میں سے کوئی احساس نہیں پاتا تھا۔ صرف اپنی نااہلی کا احساس تھا جس کو کوئی ماننے

کے لئے تیار نہ تھا۔ کہنے کا مطلب یہ کہ آپ لوگوں نے اس انجمن کی صدارت میرے سپردگی ہے جس کے لئے میں اپنے دل میں تشکر کا کوئی جذبہ نہیں پاتا۔ اس کو غنیمت سمجھئے کہ مجھ کو آپ سے کوئی شکایت نہیں ہے۔ یہ ایک ذاتی بات تھی جس کو کہہ ڈالنا ہی اچھا تھا۔

اب میں چند ایسے امور کی طرف آپ کی توجہ چاہتا ہوں جن پر ہم سب کو غور کرنا چاہئے۔ اس نووارد انجمن کو وجود میں لانے کے سلسلے میں ہم کئی بار مل چکے ہیں۔ ایک ایسی انجمن کی ضرورت ہر گروہ اور ہر دبستان کے لوگوں نے محسوس کی اور مجھے اس ضرورت کا احساس دلایا۔ اس لئے پہلے دن سے اس انجمن کی تشکیل کی غرض سے جتنی رسمی اور غیر رسمی صحبتیں ہوتی رہی ہیں ان سب میں شریک رہا۔ میری دلی آرزو یہی تھی اور ہے اور رہے گی کہ ایک صحت مند اور منصف مزاج ادبی انجمن صرف علی گڑھ میں نہیں، صرف ہندوستان میں نہیں بلکہ سارے عالم میں قائم ہو جائے۔ یہ کوئی "خواب وخیال" کے عنوان کی بات نہیں ہے۔ ایسا ہو سکتا ہے اس لئے کہ ایسا ہی ہونا چاہئے۔ بہ قول ایمرسن،

When duty whispers, Lo, Thou must The youth replies, I can.

(جب فرض زیر لب مطالبہ کرتا ہے "دیکھو تم کو یہ کرنا ہے" تو نوجوان (صالح نوجوان) کا جواب ہوتا ہے "میں یہ کر سکتا ہوں۔") میں اپنے ہم عمروں سے زیادہ ان نوجوانوں سے یہ امید لگائے ہوئے ہوں جو ابھی پچیس سال سے آگے نہیں بڑھے ہیں۔

ہاں تو اس انجمن کے بنانے کے دوران میں کبھی دبی زبان میں، کبھی بلند آواز سے یہ سوال برابر اٹھایا جاتا رہا ہے کہ ادب کیا ہے اور ادیب کس کو سمجھا جائے، حالانکہ بیسویں صدی کے نصف سے زائد گزار چکنے کے بعد، جبکہ ہم ایلیڈ اور مہابھارت سے لے کر

شاہنامہ، سکندر نامہ، ڈیوائن کامیڈی، پیراڈائز لاسٹ کے دور سے گزر چکے ہیں، یہ سوال کچھ مضحکہ انگیز سا معلوم ہوتا ہے اور سوال کرنے والے کی منطق نہیں بلکہ اس ذہنیت کی دلیل ہے جس کو کارلائل "منطق تراشی"(Logic Chopping) کہتا ہے اور جس کے لئے عام فہم محاورہ "بال کی کھال نکالنا" ہے۔

میں ابھی الہ آباد محض ذہنی آب و ہوا بدلنے گیا ہوا تھا۔ وہاں بھی کئی روز تک اسی سوال کا سامنا کرنا پڑا۔ سوال کرنے والوں کا منہ بند کرنا کچھ بڑا مشکل کام نہیں ہے۔ لیکن میں خود اپنی جگہ پر سوچنے لگا کہ آخر ادب اور غیر ادب کے درمیان فرق کیا ہے۔ یہ سوال میرے لئے کوئی نیا سوال نہیں ہے۔ گزشتہ تیس سال سے میں نے اپنی رسائی فکر اور مقدور تک اسی قسم کے سوالات میں صرف کئے ہیں اور آپ لوگ بھی ان پر غور کرتے رہے ہوں گے اور اپنے اپنے نتیجے پر پہنچے ہوں گے۔

فن اور ادب کی بہت سی تعریفیں کی گئی ہیں اور ان گنت نظریے اب تک پیش کئے جا چکے ہیں۔ کسی نے فن اور ادب کو زندگی کا وہ عکس سمجھا جو ایک شخصی مزاج کے آئینے میں نظر آئے، کسی نے شخصیت کو دبا لینے کا نام ادب رکھا، کسی نے شخصیت کے اظہار کو ادب کا نصب العین قرار دیا اور کسی نے ایک نئی اصطلاح گڑھ کو ہم کو ایک سحابی دنیا میں چھوڑ دیا۔ یہ اصطلاح Super Personality یعنی فوق الذات یا ماورائے شخصیت ہے۔ ادب کو کبھی زندگی کی تنقید بتایا گیا، کبھی زندگی کی تمجید (Sublime & Lion) کسی نے اس کو زندگی کا پھول پھل کہا۔ کسی نے فکریاتی عمارت کی اوپری کاریگریاں۔ یہ سب ادھوری حقیقتیں ہیں جو ہم کو دھوکے میں ڈال دیتی ہیں۔ ادب یہ سب کچھ ہے اور اس سے بہت زیادہ۔ بہر حال یہ تمام چہ می گوئیاں ہوتی رہی ہیں اور ادب اپنی جگہ ادب رہا اور ہمیشہ رہے گا، تمام بدلتے ہوئے میلانات و نظریات کے باوجود۔

ادب کیا ہے؟ اس سوال کی تہہ میں بنیادی سوال یہ ہے کہ ادب میں کوئی مقصد ہوتا ہے یا نہیں اور اگر ادب میں کوئی مقصد ہے تو وہ کیا ہے۔ یہ سوال جتنا اہم ہے اتنا ہی گمراہ کن ہے۔ اگر ادب کو بالکل زندگی کا مرادف مان لیا جائے تو سب سے پہلے یہ سوال کیا جائے گا کہ خود زندگی کا مقصد کیا ہے اور ہمیں یقین ہے کہ اس سوال کا جواب دیتے ہوئے ہم میں سے اکثر بغلیں جھانکنے لگیں گے۔ یہ کہنے سے کام نہیں چلے گا کہ تمام بندگان خدا کے لئے بھر پیٹ کھانا اور تن پوشی کے لئے بہترین سامان اور جسمانی آرام و فراغت کے اچھے سے اچھے اسباب و مواقع مہیا کرنا زندگی کا اصلی مقصد ہے۔ اس سے انکار نہیں کیا جا سکتا کہ صرف انسان ہی نہیں بلکہ تمام حیوانی دنیا کا پہلا مقصد یہی ہے جس کو پورا ہونا ہے۔ لیکن اس مقصد کی بھر پور تکمیل کے بعد کیا ہوگا؟ کم سے کم انسانی دنیا میں زندگی اور اس کا مقصد اس کے بعد بھی باقی رہے گا۔ زندگی آگے بڑھتی رہے گی اور اس کے نت نئے مقصد کی تکمیل ہوتی رہے گی۔ ترقی کی رفتار کہیں رکے گی نہیں۔

انسان کی زندگی میں ارتقا ایک لا محدود تصور ہے۔ اسی لئے کہا گیا ہے کہ "انسان صرف روٹی سے زندہ نہیں رہے گا۔" اگرچہ روٹی بغیر بھی زندہ رہنا ناممکن ہے۔ روٹی کا پیغمبر مارکس بھی ایک جگہ لکھتا ہے کہ "ایک انشا پرداز کو زندہ رہنے اور اپنے کو لکھنے کے قابل بنائے رکھنے کے لئے یقیناً روٹی کمانا ہے، لیکن صرف روٹی کمانے کے لئے اس کو زندہ رکھنا اور لکھنا نہیں چاہئے۔" اسی سلسلے میں آگے چل کر مارکس کا قول ہے کہ "پریس کی پہلی اور اصلی آزادی یہ ہے کہ وہ اپنے کو تجارت یا کاروبار نہ ہونے دے۔"

حضرات! اول تو انسانی زندگی کی طرح ادب کا مقصد بھی سمت اور تنوع (Dimensioned Variety) دونوں اعتبار سے لامتناہی ہے۔ دوسرے یہ کہ اگرچہ بغیر مقصد کے کسی زمانے میں بھی کوئی ادب پیدا نہیں ہوا ہے (یہ مقصد شعوری ہو یا غیر

شعوری) لیکن یہ بھی اپنی جگہ نہایت اہم حقیقت ہے کہ صرف مقصد کا نام کبھی ادب نہیں رہا۔ مقصد میں جب تک ایک تخلیقی مثبت(Creative Plus Sign)کا اضافہ نہ ہو، وہ ادب نہیں ہوتا۔ یہی وجہ ہے کہ محض واقعہ کی اطلاع یا اخبار کی نامہ نگاری دنیا میں آج تک ادب کا درجہ حاصل نہیں کر سکی ہے۔ سچی بات یہ ہے کہ زندگی کی طرح زندگی کا مقصد بھی کوئی اقلیدس یعنی ٹھہرا ہوا نقطہ نہیں ہے۔ زندگی بھی مائل بہ نمو و ارتقا ہے اور زندگی کا مقصد بھی اور جو بات زندگی کے بارے میں صحیح ہے، ادب کے بارے میں اس سے زیادہ صحیح ہے۔ جب تک موجود میں ممکن، واقعہ میں تخیل، حال میں مستقبل کا عنصر داخل نہ ہو، ادب وجود میں نہیں آتا۔

ادب انسان کے جملہ مادی اور غیر مادی موثرات کا نتیجہ ہے اور اس کے تمام عملی اور فکری حرکات و سکنات کا ماحصل۔ اس نقطہ نظر سے اگر دیکھا جائے تو ادب نہ تو خارجی اسباب و حالات سے ماورا ہے، نہ مقصد و غایت سے بے نیاز، لیکن ادب اور اس کے مقصد کے درمیان وہ سطحی اور ظاہری نسبت نہیں ہوتی جو ایک مجوزہ پل یا عمارت کے "نیلے خاکے "(Blue Print)اور اس کے فوری اور براہ راست مقصد کے درمیان ہوتی ہے۔ بے مقصد ادب کا وجود کم سے کم ہماری گردوباد کی دنیا میں کبھی بھی نہیں رہا ہے، لیکن یہ مقصد ادب کے وجود کی اندرونی ترکیب میں مزاج کے طور پر داخل ہوتا ہے، بالکل اسی طرح جس طرح سورج کے وجود کے اندر اس کا مقصد یعنی ہم کو روشنی اور گرمی پہنچانے کا فریضہ ناگزیر اور غیر شعوری طور پر چھپا ہوا ہے۔

لیکن ذرا سوچئے اگر سورج شعوی طور پر اور غلو یا یا مبالغے کے ساتھ اپنا مقصد پورا کرنے پر آمادہ ہو جائے یا ہم موٴکد اصرار کے ساتھ اس سے اس کے مقصد کی انجام دہی کا مطالبہ کرنے لگیں تو ہمارے لئے کتنے بڑے خطرے کا اندیشہ ہے۔ غرض کہ مقصد کی

ننگی نمائش کا نام فن یا ادب نہیں ہے۔ بدویت کے دور سے لے کر اب تک اگر انسانی ثقافت کا تاریخی مطالعہ کیا جائے تو اس حقیقت کو تسلیم ہی کرنا پڑے گا اور صالح ذہن اس کو مانتے آئے ہیں۔

مارکس، انگلز اور لینن بھی ادب کو ڈھنڈورا نہیں سمجھتے تھے اور انگلز تو جس کو میں کئی اعتبار سے مارکس کے مقابلے میں بہت زیادہ بالغ اور رچی ہوئی شخصیت مانتا ہوں، ادب کو پروپیگنڈہ سمجھتا ہو یا نہ سمجھتا ہو، لیکن پروپیگنڈے کو ادب نہیں سمجھتا۔ اس نے ایک موقع پر صاف صاف لکھا ہے کہ "جتنا ہی زیادہ مصنف کا مقصد چھپا ہوا ہو گا، اتنا ہی زیادہ فنی تخلیق کے حق میں بہتر ہو گا۔" اسی سلسلے میں وہ فرانس کے مشہور افسانہ نگار بالزک کے شہرہ آفاق کارنامہ (Human Comedy) کی مثال دیتا ہے۔ بالزک کو انگلز بہت بڑا حقیقت نگار (Realist) مانتا تھا اور مارکس بھی بالزک کی عظمت کا قائل تھا۔

بالزک کے جس افسانے کا ابھی حوالہ دیا گیا ہے اس میں غور سے پڑھنے والے کے لئے ١٨١٦ء سے لے کر ١٨٤٨ء تک فرانس کے سماجی نظام کا گویا سال بہ سال روزنامچہ ہے جس میں بڑی تفصیل کے ساتھ معلوم کیا جا سکتا ہے کہ فرانس کی نواب شاہی پر ابھرتے ہوئے مہاجنی سماج یا بورژوا طبقہ کا دباؤ کس طرح مسلسل پڑتا رہا، یہاں تک کہ آخر کار فرسودہ نوابی فرانس سے گرد ہو کر اڑ گئی۔ انگلز کا یہ کہنا ہے کہ اس نے جتنا اس ناول سے سیکھا ہے اتنا اس دور کے پیشہ ور مؤرخوں، اقتصادیوں اور احصائیات یعنی اعداد و شمار کے ماہروں سے نہیں سیکھا ہے۔ لیکن بالزک کا ناول فن پہلے ہے اور مقصد بعد کو۔ اس کے فن کی عظمت نے اس کے مقصد کی عظمت کو بڑھایا۔ مقصد کی عظمت نے اس کے فن کی عظمت کو نہیں بڑھایا ہے۔

میں نے بالزک کے ذکر کو قصداً طوالت دی ہے، اس لئے کہ دنیائے ادب کی

تواریخ میں اب تک کوئی ترقی پسند یا غیر ترقی پسند شخص یا گروہ ایسا نہیں گزرا جس نے بالزک کی عظمت کو نہ مانا ہو۔ شیکسپیئر اور ڈکنس کی عظمت کا راز بھی یہی ہے۔ آپ کو معلوم ہے کہ مارکس کے محبوب ترین ادیب کون تھے؟ وہ جنھوں نے فن کو فن قائم رکھتے ہوئے اپنے دور کی نمائندگی کی۔ یعنی السیکائلیس، ہومر، ورجل، دانتے، شیکسپیئر، سروانتیز، گوئٹے، شیلی۔ مارکس، سروالٹر اسکاٹ کے ناولوں کو بھی بڑے شوق وانہماک سے پڑھتا تھا اور ان سے بصیرت حاصل کرتا تھا۔

حضرات! اگر مقصد ہی ادب یا کسی دوسری صنف فنکاری کا مقصد قرار دے دیا جائے تو آپ کو معلوم ہے کیا ہوگا؟ سافو کی غزلیات اور ہومر کے رزم ناموں سے لے کر اب تک کے ننانوے فیصدی فنی تخلیقات کو فضول اور بیکار سمجھ کر دریابرد کر دینا پڑے گا۔ جیسا کہ میں اشارہ کر چکا ہوں، ادب کوئی بے مقصد حرکت نہیں ہے۔ اس کا بھی مقصد ہے اور یہ مقصد نہایت مہتم بالشان ہے۔ ادب انسان کی تہذیب کی علامت اور اس کی ضمانت ہے۔

ادب کا مقصد یہ ہے کہ اس کے اثر سے انسان بغیر وعظ و تبلیغ کے خود بخود پہلے سے زیادہ مہذب، زیادہ شریف، زیادہ نیک ہوتا جائے، فنکاری بالخصوص ادب انسان کے کردار سے نفس پرستی، خود غرضی، بغض وحسد، کینہ وعناد، مکاری، عیاری دوسروں کو فریب اور سازش کا شکار بنانے کے وحشیانہ اور رکیک میلانات کو سلب کرتا رہتا ہے۔ یہی رہا ہے ادب کا مقصد اور یہی ہے اس کا مقدر۔ زندگی بیساختہ فنکاری، جس میں ادب بھی شامل ہے پیدا کرتی رہی ہے اور فنکاری خاموشی اور معصومیت کے ساتھ زندگی کو فروغ دیتی رہی ہے۔ یہی رہی ہے انسانی زندگی کی روز اول سے تاریخ۔

میں نے مختصر طور پر ادب کی جو تعریف کی ہے اور اس کا مقصد بتایا ہے، معلوم نہیں

اس سے آپ لوگوں کو کس حد تک اتفاق ہے۔ لیکن اگر اس کو صحیح مان لیا جائے تو یہ بھی ماننا پڑے گا کہ کچھ عرصے سے دنیا میں اور خاص کر ہمارے ملک میں جو ادب پیدا ہوتا رہا ہے اس کا دسواں حصہ ہی شاید ایسا ہو جس کو اصلی ادب، سچا ادب، کھرا ادب کہا جا سکے۔ کوئی بیس سال سے دنیا میں اور سب سے زیادہ ہمارے ملک میں ادب کے خوردہ فروش یا بساطی (Pedlar and Hawkers) زیادہ پیدا ہو رہے ہیں، ادیب کم۔ یہ کسی ایک جماعت یا گروہ یا دبستان کا حال نہیں ہے۔ ہر دبستان، ہر گروہ، ہر جماعت میں ایسے ہی لوگوں کی تعداد غالب ہے۔ "لے ادب! لے ادب!" کی ہانک لگانے کا نام ادب نہیں ہے۔ "من قاش فروش دل صدپارہ خویشم" کا نعرہ لگا کر ہم زیادہ عرصے تک گاہکوں کو دھوکا نہیں دے سکتے اور اگر ہم ایسا کرتے رہیں گے تو ہمارے سردہ یا تربوز کے ٹکڑوں کو بھی کوئی نہیں پوچھے گا اور وہ بھی ہماری ٹوکریوں میں سڑ کر رہ جائیں گے اور اب تو ادب کے بساطی بھی کم نظر آنے لگے ہیں۔ ان کی جگہ ادب کے چوکیداروں نے لے لی ہے جو خواہ مخواہ شور مچا کر بے خطرہ کا خطرہ پیدا کئے ہوئے ہیں۔

حضرات! نہ اس کا موقع ہے نہ اتنی مہلت کہ اس سے زیادہ کھل کر باتیں کی جائیں۔ میں نے اپنے خیال میں واضح اشارے کر دیے ہیں کہ ادب اور اس کی غایت کیا ہے۔ میں نے ادب کے بارے میں جو کچھ کہا ہے اس کے یہ معنی نہیں کہ زندگی کے اور جو مطالبات ہیں، ادب ان کو خاطر میں نہیں لاتا یا ان کو رد کرتا ہے۔ ادب زندگی کے تمام مادی اور غیر مادی حوائج اور مطالبات کا خیر مقدم کرتا ہے اور اپنے طور پر نہ صرف ان کی تائید کرتا ہے بلکہ ان کی تکمیل و تشفی میں خود مددگار ہوتا ہے۔ لیکن سب سے بڑا سوال "طور" یا انداز کا ہے۔ یہی طور یا انداز ادب کی جان ہے۔ ادب خود اپنی ایک شریعت رکھتا ہے۔ وہ زندگی کے دوسرے شعبوں کے وقت بہ وقت بدلتے ہوئے ضابطوں کو تسلیم

کرتے ہوئے ان کی میکانکی رہنمائی قبول کرنے کے لئے تیار نہیں۔ اس لئے کہ ادب خود زندگی اور زندگی کے ہر شعبہ کا رہنما ہے۔

ادب کے بارے میں اپنی رائے کے برے بھلے اظہار کر چکنے کے بعد اب میں اس ادبی انجمن کے بارے میں کچھ کہنا چاہتا ہوں۔ اس کے قوانین و ضوابط اور اغراض و مقاصد آپ کے سامنے آ چکے ہیں اور آپ سب بلا کسی اختلافی آواز کے ان کو منظور کر چکے ہیں، لیکن اس دستوری کارروائی سے برطرف ہو کر مجھے اس انجمن کے بارے میں کچھ کہنا ہے۔ کم و بیش دس مہینے سے اس انجمن کی ضرورت محسوس کی جا رہی ہے اور علی گڑھ ہی میں نہیں بلکہ باہر بھی دس بارہ سال سے شدت کے ساتھ لوگ محسوس کر رہے ہیں کہ کوئی ایسا متحدہ ادبی محاذ قائم ہو جس میں ہر فکری دبستان اور ہر نظری اور عملی مدرسے کے لوگ مل کر تبادلہ خیالات کر سکیں، جو ہماری آئندہ زندگی میں شمع راہ بن سکے۔

ہم میں سے سبھی کو احساس ہو چکا ہے کہ ہم کچھ بھٹکے بھٹکے سے ہیں اور اگر اسی طرح بھٹکتے رہ گئے تو ہمارا خدا ہی حافظ ہے۔ بہر حال جس احساس کے زیر اثر یہ انجمن وجود میں آئی ہے وہ کم و بیش ہم سب کے دلوں میں موجود ہے اور اس کی ایک خوش آئند علامت یہ ہے کہ جب اس انجمن کی پہلی ملاقات میں اس کے اغراض و مقاصد اور اس کے نصاب اور دستور عمل کا خاکہ ہم لوگوں کے سامنے پیش کیا گیا تو سب نے بالاجماع اس کو منظور کر لیا۔ میں واقعی اس کو بڑی اچھی بات سمجھتا ہوں۔ یہ ہمارے دلوں کی فطری اور اصلی آواز ہے۔

اس ادبی انجمن کا اولین مقصد یہ ہے کہ مختلف خیالات کے لوگ اکٹھا ہوں اور اپنے

اپنے خیالات کو سچائی کے ساتھ ظاہر کریں۔ دوسروں کے خیالات کو صداقت اور شرافت نفس کے ساتھ سنیں اور سمجھیں اور ان کی روشنی میں بغیر کسی قسم کے ذاتی یا جماعتی تعصب کے، خود اپنے نقطہ نظر میں دیانتداری کے ساتھ ترمیم یا اضافہ کریں۔ اختلاف زندگی اور ادب دونوں میں بڑی فطری اور لازمی چیز ہے جو صحت اور ترقی کی ضمانت ہے، لیکن اختلاف کو مخالفت نہ ہونے دینا چاہیئے۔

مادیت اور تصوریت، جسمانیت اور روحانیت کی فضول بحث کو کنارے کر کے ایک بات یاد رکھئے۔ زندگی کا راز جدلیت ہے، یعنی مقابلہ اور پیکار۔ تضاد اور تصادم زندگی کے فروغ کی دلیل ہے۔ یہ صرف ہیگل اور مارکس کا خیال نہیں ہے۔ دوسروں کو بھی ہستی کی اس اصلیت کی جھلکیاں نظر آتی رہی ہیں۔ انگریزی کا مشہور شاعر بلیک بھی اس حقیقت کی طرف اشارہ کر گیا ہے۔ اس کا کہنا ہے کہ "اضداد کے بغیر ترقی نہیں ہو سکتی۔" اگر یہ صحیح ہے تو اس کے یہ معنی ہوئے کہ اختلافات برحق ہیں۔ ہم کو ان کا فراخ دلی اور نیک نیتی کے ساتھ استقبال کرنا چاہیئے اور ان سے زندگی میں تہذیب و تحسین میں مدد لینا چاہیئے۔

یہ بات یاد رکھنے کے قابل ہے کہ وہ اتفاق رائے زیادہ جاندار اور پائدار ہوتا ہے جو سچے اور صحت مند اختلاف سے پیدا ہوتا ہے، اس اختلاف سے جس کو اب سے تیرہ سو برس پہلے بھی امت کے لئے رحمت بتایا گیا تھا، لیکن میں پھر کہوں گا کہ اختلاف کے معنی مخالفت نہیں ہیں۔ اختلاف کا مقصد تصحیح اور ترکیب جدید ہے۔

میں نے اس گفتگو کی ابتدا ادب کی سرسری تعریف سے کی تھی۔ چلتے چلتے اس سلسلے میں ایک بات ذہن میں آگئی۔ وہ بھی سن لیجئے۔ ممکن ہے نفس مطلب سمجھنے میں اس سے کچھ مزید مدد ملے۔ اس وقت میرے دھیان میں تین الفاظ ہیں جو ادب کے لئے

استعمال ہوتے ہیں۔ ان میں سے دو الفاظ تو ادب کے مواد اور اس کی اندرونی ترکیب کی طرف اشارہ کرتے ہیں لیکن تیسرا لفظ اس کی ظاہری حیثیت پر زور دیتا ہے۔ پہلا لفظ تو وہی ہے جو اس وقت ہم بول رہے ہیں اور جو عربی، فارسی اور اردو میں رائج ہے یعنی ادب۔ دوسرا لفظ ساہتیہ ہے جو سنسکرت اور ہندی میں ادب کے لئے استعمال ہوتا آیا ہے۔

ادب اور ساہتیہ دونوں کے اصلی معنی اجتماعی اور مجلسی شعور کے اظہار کے ہیں۔ ادب صداقت اور شرافت کے ساتھ ہل مل کر رہنے کا سلیقہ سکھاتا ہے، بلکہ وہ اسی سلیقے کی پہچان ہے۔ تیسرا لفظ انگریزی کا ہے یعنی لٹریچر۔ لٹریچر جس مادہ سے نکلا ہے اس کے معنی لکھے ہوئے حرف کے ہیں۔ لٹریچر ادب کے ظاہری اور خارجی روپ کو واضح کرتا ہے۔ ادب بولا ہوا لفظ نہیں ہے لکھا ہوا لفظ ہے۔

اس لئے جب بعض دوستوں نے مجھ سے فرمائش کی کہ میں اپنی باتیں لکھ ڈالوں اور آج کی صحبت میں پڑھ کر سناؤں تو باوجود اس کے کہ مجھے اب لکھنے پڑھنے کی فرصت نہیں، میں خوش ہوا۔ ممکن ہے کہ آپ لوگوں میں سے کوئی سوال کرے کہ کیا فن تحریر کے وجود میں آنے سے پہلے ادب نہیں تھا۔ تو جواب یہ ہے کہ "تھا۔" جب ہم یہ کہتے ہیں کہ "ادب لکھا ہوا لفظ ہے" تو ہمارا مقصد یہ ہے کہ ادب وہ لفظ ہے جو محفوظ رہنے کی قابلت رکھتا ہو اور محفوظ رہ سکے۔ چاہے لوگوں کے دلوں میں، چاہے پتھر پر، چاہے بھوج پتر پر، چاہے آج کل کے کاغذ پر اور جو لفظ محفوظ نہ رہ سکے وہ ادب نہیں ہے اور چونکہ اب لفظ کو محفوظ رکھنے کی بہترین اور سب سے زیادہ آسان صورت اس کو لکھ ڈالنا ہے، اس لئے اگر یہ کہا جائے کہ ادب لکھا ہوا لفظ ہے تو بہت صحیح بات ہوگی، اگرچہ یہ بھی کچھ کم صحیح بات نہیں ہے کہ ہر لکھا ہوا لفظ ادب نہیں ہوتا۔

حضرات! اس وقت کہنے کے لائق یا نہ کہنے کے لائق جتنی باتیں مجھے کہنا تھیں، کہہ چکا ہوں اور جہاں تک میں سمجھ سکتا ہوں، ان میں کوئی بات ایسی بات نہیں جو سوال آفریں یا جواب طلب ہو۔ یہ اس اثر یا اس احساس کا بے دریغ اظہار ہے جو گزشتہ بارہ سال سے میرے ذہن پر چھایا ہوا ہے۔ لیکن ہو سکتا ہے کچھ لوگوں کے دلوں میں کچھ سوالات اٹھ رہے ہوں۔ سو اس بارے میں میری کچھ گزارش ہے۔ ایسے کم میعاد موقعوں پر صرف سوال و جواب تشفی بخش نہیں ہو سکتے، نہ سوال کرنے والا اپنے مافی الضمیر کو اچھی طرح واضح کر پاتا ہے، نہ جواب دینے والا سائل کی بھرپور تسکین کر سکتا۔

دوسرے سوال و جواب میں اکثر اس کا امکان رہتا ہے کہ محض تو میں میں ہو کر رہ جائے اور ہم کسی وقیع اور سنجیدہ نتیجہ پر نہ پہنچ سکیں۔ اس لئے میری تجویز یہ ہے کہ میں اپنا نقطہ نظر پیش کر چکا۔ اب اگر دوسرے حضرات بھی چاہیں تو آکر اپنے اپنے خیالات کی وضاحت کریں۔ اہل انجمن کے سامنے ہم سب کے خیالات ہوں گے اور موازنہ اور مقابلے کے بعد وہ خود کسی صحیح اور معقول نتیجہ پر پہنچ سکیں گے۔ بلکہ میری رائے میں اب اس انجمن کا پروگرام یہ ہونا چاہئے کہ وہ کسی ایک شخص کے سپرد کرے کہ کسی ادبی مسئلہ یا اس کے کسی رخ پر ایک صحبت میں اپنا خیال لکھ کر واضح طور پر پیش کرے، پھر کسی دوسری صحبت میں کوئی دوسرا شخص یا کئی دوسرے اشخاص پہلی صحبت کو ذہن میں رکھتے ہوئے اپنے اپنے خیالات کو تحریری طور پر ہمارے سامنے لائیں۔

اس طرح ہم نے ابھی ادب کے ظاہری روپ کے بارے میں جو کچھ کہا ہے اس کی لاج بھی رہ جائے گی اور بہت جلد مختلف ادبی مسائل پر مختلف زاویوں سے مختلف خیالات کا اچھا خاصا ذخیرہ جمع ہو جائے گا، جس کی اشاعت بڑی مفید ہو سکتی ہے، پھر بیکن کا یہ قول یاد رکھئے:

Writing Maketh an exact man .

(لکھنا آدمی کو سنجیدہ یا جنچا تلا بناتا ہے)

لیکن میں پھر کہوں گا کہ اختلاف اور مخالفت میں فرق ہے اور ادبی انجمن، ادبی انجمن ہے کوئی اکھاڑا نہیں ہے۔

* * *

ادب اور زندگی

ادب کیا ہے؟ اس کا وجود دنیا میں کیوں ہوا؟ انسان کی زندگی سے اس کا کیا تعلق ہے یا ہو سکتا ہے یا ہونا چاہئے؟ یہ اور اسی قسم کے بہت سے سوالات جو اسی قدر پرانے ہیں جس قدر کہ خود ادب۔ اور ارباب فکر ہر ملک اور ہر دور میں ان کے جواب دیتے آئے ہیں۔ اگر آج ہم انہیں جوابات کو دہرا دیں تو ہم کو تشفی نہیں ہو گی۔ اس لئے کہ اب ان استفسارات کی نوعیت بدل گئی ہے اور مستفسر کے تیور کچھ اور ہیں۔

پہلے جو ہم ادب اور دوسرے فنون لطیفہ کی ماہیت اور غرض و غایت دریافت کرتے تھے تو اس کا محرک صرف ایک معصومانہ استعجاب ہوتا تھا، جس کی تشفی کسی ایسے جواب سے ہو سکتی تھی جو حسین اور دل نشین ہو۔ لیکن اب ہمارے جواب کو دل نشیں نہیں دماغ نشیں ہونا ہے۔ اس لئے کہ اب یہ سوالات عمرانیات (SOCIOLOGY) کے سوالات ہو گئے ہیں۔ ان سے باضابطہ اور مفصل بحث آگے چل کر کی جائے گی۔ اس وقت صرف ایک سوال کو اٹھانا اور اسی سے بحث کرنا ہے یعنی ادب کا انسان کی زندگی سے کیا تعلق ہے؟

ادب کوئی راہب یا جوگی نہیں ہوتا اور ادب ترک یا تپسیا کی پیداوار نہیں ہے۔ ادب بھی اسی طرح ایک مخصوص ہیئت اجتماعی، ایک خاص نظام تمدن کا پروردہ ہوتا ہے جس طرح کہ کوئی دوسرا فرد اور ادب بھی براہ راست ہماری معاشی اور سماجی زندگی سے اسی

طرح متاثر ہوتا ہے جس طرح ہمارے دوسرے حرکات و سکنات۔ ادیب کو خلاق کہا گیا ہے، لیکن اس کے یہ معنی نہیں کہ وہ قادر مطلق کی طرح صرف ایک "کن" سے جو جی چاہے اور جس وقت جی چاہے پیدا کر سکتا ہے۔ شاعر جو کچھ کہتا ہے اس میں شک نہیں کہ ایک اندرونی اپج سے مجبور ہو کر کہتا ہے جو بظاہر انفرادی چیز معلوم ہوتی ہے۔ لیکن دراصل یہ اپج ان تمام خارجی حالات واسباب کا نتیجہ ہوتی ہے جس کو مجموعی طور پر ہیئت اجتماعی کہتے ہیں۔

شاعر کی زبان الہامی زبان مانی گئی ہے، مگر یہ الہامی زبان درپردہ زمانہ اور ماحول کی زبان ہوتی ہے۔ اگر ایسا نہ ہوتا تو تاریخ ادب کی اصطلاح کے کوئی معنی نہ ہوتے۔ جرمنی کے مشہور فلسفی ہیگل نے فلسفے کو تاریخ مانا ہے۔ یعنی فلسفہ نام ہے انسان کے خیالات و افکار کے آگے بڑھتے رہنے اور زمانے کے ساتھ بدلتے رہنے کا۔ اسی طرح ادب بھی تاریخ ہے جس میں کسی ملک یا کسی قوم کے دور بہ دور بدلتے ہوئے تمدن کی مسلسل تصویریں نظر آتی ہیں۔ البتہ اس کے لئے دیدہ بینا درکار ہے۔ فنون لطیفہ بالخصوص ادبیات کسی نہ کسی حد تک قوموں کے عروج وزوال کا آئینہ ضرور ہوتے ہیں۔

ایمرسن کہتا ہے کہ ہر ور کو خود اپنا قومی ادب (Classics) پیدا کرنا چاہئے۔ یعنی ہر ادبی کارنامے میں ان عصری میلانات و خصوصیات کا ہونا ضروری ہے جن کے لئے جرمنی زبان میں (ZEITGIEST) کی اصطلاح استعمال کی جاتی ہے اور جس کے معنی "روح عصر" کے ہیں۔

آج محض حسن کاری کو ادب نہیں کہتے۔ ادب اگر ملک اور زمانے کے تازہ ترین فکریات (IDEOLOGY) یعنی اجتماعی خیالات و افکار کا حامل نہیں ہے تو وہ صحیح معنوں میں ادب نہیں ہے۔ اب یہ حقیقت روشن ہو چکی ہے کہ حسن، خیر اور حقیقت تینوں کو

ایک آہنگ بنا کر پیش کرنے کا نام ادب ہے اور سب سے بڑا ادیب وہ ہے جو بیک وقت ہمارے ذوق حسن، ذوق فکر اور ذوق عمل کو نہ صرف آسودہ کرے بلکہ حرکت میں لائے۔ اب خیال حسن اور حسن عمل کا چولی دامن کا ساتھ ہے اور ادبیات کو بے غرض وغایت ہوتے ہوئے بھی غائتی ہونا ہے۔ اس کے اندر ایک دبے ہوئے غایتی میلان (PURPOSE BIAS) کا ہونا لازمی ہے۔

اس کو چند مثالوں سے سمجھئے۔ آخر کیا وجہ ہے کہ اس وقت کسی ملک میں 'الیڈ" یا "ڈوائن کامیڈی" یا "شاہنامہ" یا "رامائن" نہیں لکھی جا رہی ہے؟ اس کا سبب صرف یہ ہے کہ ادیب یا شاعر زمان و مکان سے بغاوت نہیں کر سکتا، اگرچہ وہ ان چیزوں کا غلام بھی نہیں رہ سکتا۔ آج اگر کوئی ادیب "الف لیلہ" تصنیف کرے تو نہ صرف اس کی ہم عصر نسل اس کو مجذوب کی بڑ یا بے وقت کا راگ سمجھ کر ہنسی اڑائے گی بلکہ تاریخ کے کسی دور میں بھی اس کو کوئی ادبی کارنامہ نہیں سمجھا جائے گا صرف اس لئے کہ اس کے اندر وہ "روح عصر" مفقود ہو گی جس کے بغیر ادب بے جان قالب ہو کر رہ جاتا ہے اور زندہ نہیں رہ سکتا۔

"داستان امیر حمزہ" کے لئے عام طور سے مشہور ہے کہ وہ اکبر بادشاہ کی تفریح کے لئے لکھی گئی۔ لیکن بعض اہل تحقیق کی رائے ہے جو زیادہ صحیح معلوم ہوتی ہے کہ یہ داستان گیارہویں صدی میں، محمود غزنوی کو آمادہ جہاد کرنے کے لئے تصنیف کی گئی۔ بہر حال یہ داستان ایک ایسی معاشرت اور ایسی اجتماعی ذہنیت کی پیداوار ہے جو مذہب کے نام پر جانیں تلف کرانا کار ثواب سمجھتی تھی، جو زندگی کے ہر مسئلے کو کفر و اسلام کی روشنی میں حل کرتی تھی اور جو سحر و طلسم، دیو پری، گنڈہ تعویذ، آکاش پاتال اور اسی قسم کی اور بہت سی خیالی اور غیر واقعی چیزوں کے وجود پر صدق دل سے ایمان رکھتی تھی۔

میر و غالب اپنے اپنے وقت سے پہلے یا بعد نہیں پیدا ہوئے۔ دلّی کی شاعری اپنے دور کے بعد لکھنؤ میں رواج نہ پاسکی یا لکھنوی شاعری اپنے وقت سے پہلے دلّی میں جنم نہ لے سکی۔ یہ سب محض اتفاقی امور نہیں ہیں بلکہ تاریخی تقدیریں ہیں، جس طرح ہر چیز تاریخ یعنی زمانے سے مجبور ہے اسی طرح ادب بھی مجبور ہے۔ تاریخی جبریت ((HISTORICAL DETERMINISM)کچھ اقتصادیات اور عمرانیات ہی کا قانون نہیں ہے۔ ادبیات کی دنیا میں بھی قدرت کا یہی اٹل قانون جاری ہے۔ یعنی کوئی ادبی پیداوار نہ وقت سے پہلے ہو، نہ وقت کے بعد اور اگر ہوئی تو وہ شاہ کار تسلیم نہیں کی جائے گی اور اس کا تاریخ میں کوئی نام نہ ہو گا۔

دنیا کے ادبیات کا اگر تاریخی مطالعہ کیا جائے تو یہ حقیقت دن کی طرح روشن ہو جاتی ہے کہ زندگی کے اور شعبوں کی طرح ادب بھی انہیں حالات واسباب کا نتیجہ ہے جن کو مجموعی طور پر ہیئت اجتماعی یا نظام معاشرت کہتے ہیں۔ ادب انسان کے جذبات و خیالات کا ترجمان ہے اور انسان کے جذبات و خیالات تابع ہوتے ہیں زمانے اور ماحول کے۔ جیسا دور اور جیسی معاشرت ہو گی ویسے ہی جذبات و خیالات ہوں گے اور پھر ویسا ہی ادب ہو گا۔

تہذیب و معاشرت کی باگ ڈور زمانہ قبل تاریخ سے ہمیشہ ایک چیدہ اور برگزیدہ جماعت کے ہاتھ میں رہی جو ہدایت اور رہبری کے بہانے عوام الناس پر برابر حکومت کرتی رہی۔ عوام خیالات وافکار میں، قول و فعل میں، بود و باش میں اسی حکمراں جماعت کی تقلید کرنے کی کوشش کرتے رہے اور اسی کا نام تہذیب یا عمرانیت یعنی (CULTURE) رکھا گیا۔

انسانی تہذیب کا قدیم ترین دور وہ ہے جبکہ انسان صرف دہشت اور استعجاب کے

عالم میں رہتا تھا، جبکہ نظام کائنات کی ہر وہ چیز جو دلوں میں خوف یا حیرت پیدا کرتی تھی، دیوی یا دیوتا سمجھی جاتی تھی اور پوجی جاتی تھی اس کو "پروہت کال" یا دور کہانت کہتے ہیں۔ اس دور میں اول اول تو تحریر کا وجود ہی نہیں تھا۔ قدرت کے بے شمار عناصر کو دیویوں اور دیوتاؤں سے تعبیر کرکے ان کی شان میں جو بھجن اور گیت بنائے جاتے تھے، وہ سینہ بہ سینہ چلتے تھے۔ اس دور کے ادبی خدمات یہی بھجن اور گیت ہیں جو ایک منتخب اور مخصوص جماعت کے افکار ہیں۔ یہ پروہتوں یا کاہنوں کی جماعت تھی جو معاشرت اور اس کے ہر شعبے کی امین اور رہبر تھی، جو زندگی اور موت کی رازدار سمجھی جاتی تھی اور جمہور یعنی محنت کرنے والے گروہ کو مرعوب کرکے قابو میں رکھنے کا طریقہ جانتی تھی۔

کچھ عرصے بعد جب لکھنا پڑھنا ایجاد ہوا تو اسی حکمراں جماعت نے اس کو اپنا موروثی حق بنالیا اور عوام کو اس سے محروم رکھا۔ یہاں تک کہ لکھنے پڑھنے کی قابلیت ایک خاص توفیق خداوندی سے تعبیر کی جانے لگی۔ مصر میں کتابیں ایک خاص قسم کے حروف میں لکھی جاتی تھیں جن کو مصری (HEIROGLYPHS) کہتے تھے اور جن کو صرف کاہن پڑھ سکتے تھے۔ ویدوں کی زبان دیوبانی یعنی زبان الٰہی کہلاتی تھی اور اتنی پاک اور مقدس تھی کہ شودروں کے لئے حکم تھا کہ اس کو پڑھنا تو ایک طرف کہیں سے اس کا کوئی لفظ سننے بھی نہ پائیں اور اگر کوئی شودر وید کا کوئی لفظ سن لے تو اس کے کان میں سیسہ پلا دیا جائے۔ یہ خرافات و اساطیر کا دور تھا۔ اسی دور میں غازی اور سورما بھی پیدا ہونے لگے اور رزمیاتی تہذیب (EPIC CIVILIZATION) کی بنیاد پڑی۔

جماعت کے وہ افراد جو شکار میں کوئی زبردست مہم کرتے تھے یا جو قدرت کی بھیانک قوتوں کا مقابلہ کرتے تھے، سورما یا غازی یا بطل سمجھے جاتے تھے اور ان کی بڑی تعظیم کی جاتی تھی۔ اس لئے کہ ان کارناموں کو خاص تائید غیبی سے منسوب کیا جاتا تھا۔ یہ

کارنامے منظوم کئے جاتے تھے جن کو لوگ گاتے اور سنتے تھے۔ اس طرح ان بہادروں کی مستقل یادگاریں قائم رہتی تھیں۔ غرض کہ تہذیب کا یہ پہلا دور پروہتوں کا دور تھا۔ یونان میں ہومر کے بھجن اور اس کے مشہور رزم نامے "الیڈ اوراوڈیسی" اور ہندوستان میں وید، مہابھارت اور رامائن اس تہذیب کی غیر فانی یادگاریں ہیں۔

کچھ عرصے بعد قدرت کی تمام موافق اور مخالف قوتوں کی جگہ صرف دو قوتوں نے لے لی گویا تمام موافق قوتیں مل کر ایک قوت میں تبدیل ہو گئیں جو یزداں یا خدا کہلائی اور تمام مخالف قوتوں نے مل کر ایک دوسری قوت کی صورت اختیار کر لی جس کا نام اہرمن یا شیطان رکھا گیا۔ اسی کے ساتھ ساتھ خرافات و اساطیر بھی زیادہ منضبط اور معقول و مدلل ہوتے گئے۔ یہ مذہبی دور تھا اور ژندواوستا، اسفار موسوی، انجیل اور دوسری الہامی کتابیں اس دور کے سب سے بڑے ادبی اختراعات ہیں۔

سیاسی نقطہ نظر سے یہ اس دور کی ابتدا تھی جس کو"سامنت کال" یا جاگیر شاہی دور (FEUDALAGE) کہتے ہیں۔ یہ دور ممالک مغرب میں تو اٹھارہویں صدی تک رہا۔ لیکن ہندوستان میں ۵۷ء کے غدر سے پہلے اس کا خاتمہ نہ ہو سکا۔ تمدن اور علم وادب برہمنوں اور کاہنوں کی گرفت سے آہستہ آہستہ آزاد ہو گیا اور بڑے بڑے سامنتوں اور جاگیرداروں کے قبضے میں آ گیا۔ تمدن کی نمائندگی پھر بھی ایک منتخب اور مخصوص جماعت کے ہاتھ میں رہی۔ جاگیرداروں کی جماعت اس عہد میں ذی اقتدار اور حکمراں جماعت تھی اور عمرانی اور معاشرتی معاملات میں 'جنتا' یا عوام الناس کی رہبری کر رہی تھی۔

اس دور کے ادبیات کا مطالعہ کیجئے تو معلوم ہو گا کہ خطاب اگرچہ اکثر و بیشتر عوام سے ہے، لیکن ہے ایک خاص مقام سے اور خیالات و جذبات، رسوم و روایات اور تیور

وہی ہیں جو جاگیر داروں اور امیروں کی معاشرت سے ماخوذ ہیں۔ جاگیر داری کی پشت وپناہ مذہب بناہوا تھا، اس لئے کہ اس پر یہ راز کھل چکا تھا کہ وہ تن تنہا اپنے پیروں پر کھڑا نہیں رہ سکتا۔ یہ سمجھ کر مذہب نے جاگیر داری کی حمایت کے پردے میں خود اپنے لئے سہارا ڈھونڈا۔ اس سے پہلے بھی پروہتوں نے سورماؤں سے مدد لی تھی اور برہمن اور چھتری مل کر ہی جتنا پر حکومت کرتے تھے، لیکن اب تو مذہب نے سلطان وقت کو خدا کا نائب قرار دے دیا، اس کا فرمان حکم الٰہی ٹھہرا اور رعایا پر اس کی تعمیل ایک مذہبی فرض سے کم نہ تھی۔

اس دور کا ادیب یا تو راہبوں، فقیروں اور صوفیوں کے ہاتھ میں تھا جو اس دنیا سے ہمارا دل اچاٹ رکھنے کی کوشش کرتے تھے اور زندگی کی تاب ہم سے چھین لیتے تھے، یا پھر ان لوگوں کے ہاتھ میں تھا جو طبقہ اعلیٰ سے تعلق رکھتے تھے اور جن کے جذبات وافکار اس دنیائے امارت کے ساختہ وپرداختہ ہوتے تھے جو سرتاسر ریا اور تصنع کی دنیا تھی اور جہاں خزاں کی بے رنگیوں میں بھی صبح بہار کا رنگ قائم رکھا جاتا تھا۔

دنیا کے بہت سے مشہور روز گار ادبی اکتسابات اسی سامنتی تہذیب اور سامنتی دور کی یادگاریں ہیں جن کو دو قسموں میں تقسیم کیا جاسکتا ہے۔ ایک تو وہ جن میں ہم کو ترک اور درویشی کی تعلیم دی گئی ہے، دوسری وہ جن میں یا تو مجادلہ ومقاتلہ، کشت وخون کی ترغیب ہے یا عیش و امارت اور فرصت و فراغت کی زندگی کی تخئیل ہے۔ ڈانٹے کی "ڈوائن کامیڈی" یوکیچو کی "ڈیکمیران" چاسر کے "حکایات کینٹربی" اور فردوسی کا "شاہنامہ" سعدی کی "گلستاں" جامی کی "یوسف وزلیخا" جائسی کی "پدماوت" اسی تہذیب کے نقوش ہیں۔ رومی اور حافظ، کبیر اور میرابائی وغیرہ اسی ماحول کے تربیت یافتہ ہیں۔

۱۵۰۳ء میں کولمبس نے جمائیکا سے ایک مرتبہ لکھا تھا۔ سونا بھی عجیب وغریب چیز

ہے۔ جس شخص کے پاس سونا ہے وہ اپنی خواہشوں کا خداوند ہے۔ سونے سے یہ بھی ممکن ہے کہ روحوں کے لئے فردوس کا راستہ کھول دیا جائے۔ یہ آواز ایک خاص میلان کا پتہ دیتی ہے۔ سولہویں صدی مسیحی قزاقوں کی صدی ہے۔ سارا یورپ سونے کے پیچھے دیوانہ ہو رہا تھا اور جہاں کہیں سونے کا سراغ لگتا تھا لوٹتا، مارتا خود اپنی اور دوسروں کی جانوں کو ہلاک کرتا ہوا پہنچ جاتا تھا۔ اب معاشرت اور تہذیب کی میزان زمینداری نہیں بلکہ زرداری تھی۔ سامنتی تہذیب کی بنیادیں ہل گئیں تھیں اور ساری عمارت ڈھ رہی تھی۔ اس کی جگہ ایک نئی تہذیب تعمیر ہو رہی تھی جس کا نام "دولت شاہی" (CAPITALIST) تہذیب ہے۔ سولہویں صدی سے لے کر جو دور رہا ہے وہ "مہاجن کال" یعنی سرمایہ داری کا دور ہے۔

اس طویل دور کا ابتدائی حصہ جو الیز بیتھ کا دور کہلاتا ہے دو باتوں کے لئے ممتاز ہے۔ "سودائے زر" اور "جنون سیر وسیاحت" کا مطلب بھی سونے کی تلاش ہے، سلطنت کی توسیع تھا۔ اس وقت کے ادب کا مطالعہ کیجئے تو اس سے شعوری یا غیر شعوری طور پر یا تو زراندوزی کی تحریک ہوتی ہے یا سیر وسیاحت کی۔ شیکسپئر جیسا دنیا کا مسلم الثبوت خلاق ادب کہتا ہے کہ "یہ زرد چمکیلی دھات سیاہ کو سفید، کریہہ کو حسین، غلط کو صحیح، رذیل کو شریف، بڈھے کو جوان، بزدل کو جوان مرد بنا سکتی ہے۔ یہ زرد فام غلام مذہبوں کو بنا بگاڑ سکتا ہے۔"

اسی شہرہ آفاق تمثیل نگار کی مشہور تمثیل "آتھیلو" میں ڈزڈیمونہ آتھیلو کے پیچھے صرف اس لئے باؤلی ہو گئی تھی کہ وہ دنیا دیکھے ہوئے تھا اور طرح طرح کی مہمات سر کئے ہوئے تھا۔ اس نے محض اپنی سرگزشت اور اپنے کارنامے بیان کر کے ڈزڈیمونہ کو اپنا فریفتہ بنا لیا تھا۔

بہر حال اب نظام معاشرت اور نصاب اخلاق ساہوکاروں کے ہاتھ میں آگیا۔ اس انقلاب روزگار کا اثر ادب پر بھی پڑا۔ اب ادب متمول درمیانی طبقے کی زندگی کا آئینہ دار تھا۔ اسپنسر، شیکسپیئر، ملٹن، سروانٹیز، کالڈراں سب اسی مہاجنی تہذیب کے تخئیلی پیکر ہیں۔ اسپنسر کی تخئیل پرستی اور ملٹن کی انقلاب پسندی دونوں کہیں محسوس اور کہیں غیر محسوس طور پر اسی دولت شاہی تحریک کے لطیف ارتعاشات ہیں جو نہایت خوبصورت اور دلکش اشاروں میں ہم کو بتاتے ہیں کہ کلیسا کا استبداد صرف اس لئے ختم ہو رہا ہے کہ اب اس کی جگہ کارخانوں کے استبداد نے لے لی ہے۔

اٹھارہویں صدی کے آخیر تک یہ دور بڑے استقلال اور اطمینان کی سانس لیتا رہا، لیکن سونے چاندی کا باندھا ہوا طلسم اس کے بعد اپنا راز فاش کرنے لگا۔ ہمارے بہت سے التباسات دور ہونے لگے۔ ہم کو احساس ہونے لگا کہ صنعتی فروغ نے اس کو کس طرح غلام بنا رکھا ہے۔ بظاہر کلیں اس کے اشاروں پر حرکت کرتی ہوئی نظر آتی ہیں لیکن دراصل وہ خود ان کلوں کے اشارے پر چل رہا ہے۔ اس احساس نے پھر ساری دنیا میں ایک بے چینی پھیلا دی اور ہر طرف ناآسودگی کی لہریں اٹھنے لگیں۔ علم وادب میں اس انتشار اور بے اطمینانی کا نتیجہ وہ عالم گیر تحریک تھی جس کو "رومانی بیداری" (ROMANTIC REVIVAL) کا نام دیا جاتا ہے اور جو مادیت اور ثروت پرستی کے خلاف محض ایک رد عمل تھا۔

اس تحریک کے علم برداروں میں فرانس کے مشہور مفکر اور ادیب روسو کا نام سب سے آگے رہے گا۔ انسان اپنی زندگی کی اصل وغایت کو بھول رہا تھا۔ اس کو چونکا دینے کی ضرورت تھی اور اس دور کے ادیبوں نے یہی کیا ہے۔ گیٹے، ورڈسورتھ، شیلی، بائرن، ٹینی سن، کارلائل، ڈکنس سب نے ایک آواز ہو کر اس تصنع اور کھوکھلے پن کا پردہ فاش کیا ہے

جو سرمایہ داری کے ساتھ آیا تھا اور انسانی معاشرت کا جزو بن گیا تھا، لیکن اس دھن میں یہ لوگ دوسری جگہ چلے گئے اور بجائے اس کے کہ حالات و واقعات کا مقابلہ کرتے ان سے پناہ چاہنے لگے۔

اس سمجھ میں نہ آنے والی دنیا کے بھاری اور تھکا دینے والے بوجھ کا نعم البدل ان لوگوں نے اس خیالی اور ذہنی دنیا کو سمجھا جس میں صرف ہمارے جذبات ہماری رہبری کرتے ہیں اور جس میں اس جسمانی پیکر کی سانس اور انسانی خون کی حرکت بھی تھم جاتی ہے۔ انسان کی روح کو بیدار کرنے کی یہ تدبیر سوچی گئی کہ اس کے جسم کو سلا دیا جائے۔ اس کا لازمی نتیجہ داخلی عنصر کی وہ زیادتی تھی جو اس دور کی سب سے زبردست خصوصیت ہے۔ "اعترافات روسو" سے لے کر بائرن کے "چائلڈ ہیرلڈ" تک ہر ادبی کارنامہ ایک طرح کا "نفسیاتی معرکہ کربلا" ہے جس میں انسان کی اندرونی کشمکش اور ذہنی تصادمات کے نقشے پیش کئے گئے ہیں۔ ایسا معلوم ہوتا ہے کہ ہر شخص نے ایک خیالی یا ذہنی حصار تعمیر کر لیا ہے جس کے اندر اس نے اپنے کو محفوظ اور مامون کر لیا ہے اور اب وہ خارجی حالات و واقعات سے بالکل بے خبر رہ کر اس حصار کے اندر سے طرح طرح کی صدائے احتجاج بلند کر رہا ہے۔ یہ رومانی بغاوت (ROMANTIC REVOLT) ایک طرح کا اعتراف شکست تھی۔

اس دور میں روسی ادب کی کوششیں زیادہ مؤثر اور نتیجہ خیز رہیں اور اس کا سبب یہ ہے کہ اس نے ہم کو دنیائے واقعات سے دور ہٹ جانے کی تعلیم کبھی نہیں دی، بلکہ اسی میں مبتلا رہ کر اس کو بدلنے اور سنوارنے کی کوشش کرتا رہا۔ روس کے مزاج میں فطرتاً واقعہ پرستی زیادہ ہے جو اس کے ادب میں بھی نمایاں رہتی ہے۔ نتیجہ یہ ہے کہ روس نے آج ساری دنیا کی تہذیب کا رخ بدل کر رکھ دیا ہے جو کوئی اور ملک نہ کر سکا۔

گوگول، ٹورگینف، ڈاسٹفسکی اور تولستائے کی آوازیں گیتے، ورڈس ورتھ، شیلی وغیرہ کی طرح مدرسے یا خانقاہ یا عالم بالا کی آوازیں نہیں معلوم ہوتیں۔ یہ سب اسی دنیا کی فریادیں ہیں جو اسی دنیا میں رہ کر اسی دنیا سے کی گئی ہیں۔ ان تمام کوششوں اور تحریکوں سے سرمایہ داری اور امارت کی تہذیب کو جھٹکے تو کئی لگے، لیکن عمارت اتنی پرانی ہو چکی تھی اور بنیادیں اتنی گہری اور مضبوط تھیں کہ سارے جھٹکوں کو برداشت کر لے گئی اور جوں کی توں کھڑی رہی۔ مگر پہلی جنگ عظیم نے جو صدمہ پہنچایا اس کو وہ برداشت نہ کر سکی۔ اس جنگ نے دنیا کے تمدن کا رخ اسی طرح پھیر دیا ہے جس طرح کبھی فتح قسطنطنیہ نے پھیر دیا تھا۔

لینن کا خیال ہے کہ ۱۹۱۴ء کی جنگ صرف یہ فیصلہ کرنے کی غرض سے چھڑی تھی کہ دنیا کے بڑے سے بڑے ملکوں کو کون غارت کرے گا؟ جرمن قزاق یا برطانوی قزاق؟ مگر دراصل کشت وخون کا یہ بازار اس لئے گرم ہوا تھا کہ ہم پر ہماری تہذیب کی حقیقت کھل جائے اور ہم کو معلوم ہو جائے کہ یہ صدیوں پرانی تہذیب صرف ایک لباس یا سنگار ہے انسانی درندگی اور نفسانیت کا۔ جنگ عظیم نے ہماری آنکھوں سے سارے پردے ہٹا دیے ہیں جس کا نتیجہ یہ ہے کہ اس وقت دنیائے انسانیت کے پاس کوئی تہذیب نہیں ہے۔ موجودہ دور کی سب سے زیادہ نمایاں اور محسوس خصوصیت انتشار اور پراگندگی ہے۔ نہ کوئی ایک تخیل ہے، نہ کوئی ایک میلان، نہ کوئی ایک معیار اور کہنے کے لئے بے شمار میلانات ہیں جو مختلف اور متضاد سمتوں میں بکھر رہے ہیں۔

یہ انتشار اور ہیجان آج کل کے ادب میں بھی جھلک رہا ہے۔ ہر ادیب اپنی راہ جاتا ہوا معلوم ہوتا ہے، کوئی شدید قسم کی انفرادیت میں پناہ لینا چاہتا ہے، کوئی اشتراکیت کی پکار لگا رہا ہے، کوئی ہمارے غیر شعوری نفسیات کا جائزہ لے رہا ہے، کوئی سماجی اور معاشی

تدبیریں سمجھا رہا ہے۔ کوئی قومیت اور جمہوریت کا نعرہ بلند کر رہا ہے، کوئی یوتوپیا کا خواب دیکھ رہا ہے اور ایک آفاقی سلطنت قائم کرنا چاہتا ہے۔ نقادوں کی ایک جماعت کا خیال ہے کہ ادیب کا کام یہ ہے کہ اپنی شخصیت کو دبا کر خود اپنے کو خارجی حقیقت کا ایک جزو بنائے، دوسری جماعت کہتی ہے کہ واہ یہی شخصیت اور یہی انفرادیت تو حاصل ادب ہے۔ غرض کہ جتنے دماغ اتنے خیالات اور جتنے منہ اتنی باتیں۔

ان تمام میلانات اور تحریکات میں دو زیادہ اہم اور عالمگیر ہیں۔ یہ فاشیت (FASCISM) اور اشراکیت (COMMUNISM) ہیں، اور دونوں پرانے بتوں کو توڑنے پر تلی ہوئی ہیں۔ جن ملکوں میں سرمایہ داری نے اپنے کو بچانے کے لئے فاشی آمریت (FASCIST DICTATOR SHIP) کا بھیس اختیار کر لیا ہے ان میں تو ادب سمجھئے مر چکا، اس لئے کہ اس کا خیال ہے 'ذہنی اور دماغی زندگی قوم کے لئے سم قاتل ہے۔' ہر ہٹلر صاف کہتا ہے کہ "ادب عزلت نشین اور کاہل سیاہی پاشیوں کا ابلا ہوا پھین ہے۔" اس کی نگاہ میں ادب صرف تعیش اور تفریح کی چیز ہے۔

لیکن دوسری جماعت سنجیدگی کے ساتھ ادب کا جائزہ لے رہی ہے اور نئے اصول تنقید مرتب کر کے ایک بالکل نئے ادب کی تعمیر کرنا چاہتی ہے۔ اس کے خیال میں ادب کو صرف ایک منتخب اور مخصوص جماعت کی زندگی کا آئینہ نہ ہونا چاہئے، بلکہ جمہوری ذہنیت کی تصویر اور جمہوری زندگی کا حامی ہونا چاہئے۔ اشتراکیوں کی جو کانگریس ۱۹۳۲ء میں خارکاف میں ہوئی تھی اس میں کھلے الفاظ میں یہ طے پایا تھا کہ ادب کو جماعت کی خدمت میں ایک آلہ کار ہونا چاہئے اور اس کا کام تبلیغ اور تنظیم ہے۔

یہ واضح کیا جا چکا ہے کہ ادب آئینہ ہے زندگی کا، اب یہ سوال ہوتا ہے کہ ادب کی صحیح تعریف کیا ہے۔ زندگی اور ادب میں جو تعلق ہے وہ کس قسم کا ہے اور ادب اور

زندگی میں امتیاز کیا ہے، کیا ادب کے معنی صرف زندگی کی تکرار یا نقل کے ہیں؟ اگر زندگی کے محض اعادہ یا مثنیٰ کو ادب کہتے ہیں تو پھر اصل اور مثنیٰ میں کیا فرق ہے؟ اور اس کی ہم کو کیا ضرورت ہے؟

ادب یا حسن کاری اگر زندگی کی محض ایک سادہ نقل ہے تو یقیناً ایک فعل عبث ہے جو زیادہ سے زیادہ تفریح کا ذریعہ بن سکتا ہے اور افلاطون نے اگر اس کو اپنی جمہوریت سے خارج کر دیا تو کچھ برا نہیں کیا۔ لیکن دوسرے کے فیصلے سے مرعوب ہو کر بہک جانا خطرے سے خالی نہیں۔ جمالیات (AESTHETICS) کے جتنے نظریے مختلف زمانوں میں مرتب کئے گئے ہیں ان پر ہم کو غور کرنا چاہئے اور تحقیق و تنقید کے بعد خود اپنی رائے قائم کرنا چاہئے۔

تنقید کا ایک معصومانہ دور وہ بھی تھا جبکہ بلا شرح و تفصیل اور بغیر فکر و استدلال کے ایک چیز کے موافق یا اس کے مخالف ایک حکم لگا دیا جاتا تھا اور لوگ اس کو مان لیتے تھے، مثلاً شاعری کو پیغمبری کا ایک جزو بتا دیا گیا اور شاعر تلمیذ رحمن مان لیا گیا۔ یا اسی شاعر کو شیطان کا شاگرد سمجھ لیا گیا۔ لیکن اب اس قسم کی الہامی تعریف سے کام نہیں چلتا۔ سب سے بڑی مشکل تو یہ ہے کہ فنون لطیفہ اور بالخصوص ادبیات تمام تشریح و تجزیہ کے بعد بھی اپنا پورا راز ہم پر روشن نہیں ہونے دیتے، اور الہامی یا غیبی چیزیں بنے رہتے ہیں۔

انیسویں صدی یورپ میں تنقید ادب کا دور رہا ہے۔ اس صدی میں شعر و ادب کی طرح طرح سے تعریفیں کی گئی ہیں اور کوشش کی گئی ہے کہ شعر و ادب کو علم و حکمت کے برابر لا کر کھڑا کر دیا جائے، لیکن اس کے لئے جس جنچے تلے اور منضبط استدلال کی ضرورت تھی، وہ کہیں نظر نہیں آتا۔ سب مجذوبوں کی سی باتیں کرتے ہیں۔ ورڈس ورتھ جو شاعر کو معلم سمجھتا تھا اور خود ایک معلم ہونا چاہتا تھا۔ آخر میں اس سے زیادہ نہ

کہہ سکا کہ "شاعری سارے علم کی جان اور اس کا لطیف ترین جوہر ہے۔"

کولرج کی تنقید کا لب لباب یہ ہے کہ "شاعر کا کام ہمارے شکوک کو تھوڑی دیر کے لئے معطل کر دینا اور وقتی طور پر ہمارے اندر یقین کرنے کی صلاحیت پیدا کرنا ہے۔" شیلی بڑے جوش وخروش کے ساتھ شاعری کی حمایت کرنے اٹھا تھا لیکن سب کچھ کہہ چکنے کے بعد بھی اس سے آگے نہ بڑھ سکا کہ شاعری ایک قسم کی ربانی چیز ہے اور تمام علوم کا مرکز و محیط شاعری ہے۔ اس قسم کی مبہم تعریفوں کو اگر آج مجذوبوں کی بڑ یا صوفیوں کے ہو حق کی طرح عبث اور بے سود کہا جا رہا ہے تو کچھ زیادہ غلط نہیں ہے۔

سب سے پہلے جس نے ادیب کی معقول تعریف کی اور "ادب" اور "زندگی" میں مطابقت پیدا کرنے کی کوشش کی وہ میتھو آرنلڈ تھا۔ ادب کی جو اس نے تعریف کی ہے وہ آج تک ضرب المثل ہے۔ اس نے ادب کو زندگی کی تنقید بتایا ہے۔ یہ تعریف اگرچہ مبہم ہے لیکن ہے بہت گہری اور اس جدید میلان کی طرف اشارہ کر رہی ہے جس نے اسی زمانے میں کارل مارکس سے "اشتراکی اعلان" (COMMUNIST MANIFESTO) لکھوایا۔

"اسی زمانے میں "حسن کاری برائے حسن کاری" یا" ادب برائے ادب" کا خالص جمالیاتی نظریہ بھی وجود میں آیا جس کی ابتدا کیٹس سے ہوتی ہے۔ کیٹس کو ایسی شاعری سے نفرت تھی جو کوئی محسوس غایت یا کوئی خاص مقصد پیش نظر رکھتی ہو۔ اس کے لئے حسین چیز بجائے خود ایک ابدی مسرت تھی۔ وہ کہتا ہے کہ "حسن حقیقت ہے اور حقیقت حسن۔ بس اتنی ہی سی بات ہے اور ہم کو اسی قدر جاننے کی ضرورت ہے۔" اس کے بعد یورپ کے بڑے بڑے نقادوں نے اس خیال کی حمایت اور اشاعت کی۔ سب نے ایک آواز ہو کر یہی کہا کہ حسن مقصود بالذات ہے اور نیکی اور بدی کے حدود سے بالکل

باہر ہے۔

شعر و ادب کا کام ہمارے اندر حسن کا احساس پیدا کرنا اور اس کو قائم رکھنا ہے۔ یہ احساس حسن ہماری ابدی مسرت کی ضمانت ہے۔ زندگی میں جتنی کریہہ اور بدصورت چیزیں ہیں ان کو بھی حسین بنا دینے کا نام "حسن کاری" ہے۔ والٹر پیٹر اسی جماعت سے تعلق رکھتا تھا۔ اس کا اصرار ہے کہ ادب کی غایت سوا لذت و انبساط کے اور کچھ نہیں۔ آج کل اٹلی کا مشہور فلسفی ماہر جمالیات کروچے اسی ماورائی نظریے کا علمبردار ہے۔ اس کے خیال میں حسن کاری یعنی آرٹ ایک وجدانی تجربہ ہے جو آپ اپنی غایت ہے اور جس کو منطق و فلسفہ یا مذہب و اخلاق کے اصول سے نہیں جانچا جا سکتا۔ "یہ جمالیاتی ماورائیت (AESTHETIC TRANSCENDENTALISM) زندگی پر ایک غیر ارضی سطح سے نظر ڈالتی ہے، اور ہر چیز کو حسین و جمیل بنا کر پیش کرتی ہے۔ جو چیز زندگی میں کریہہ یا بری ہے وہ جمالیات میں حسین اور اچھی ہو جاتی ہے۔

یہ خالص تخئیلیت (IDEALISM) انسانی معاشرت کے لئے خطرات سے خالی نہیں۔ بدی کو نیکی، جھوٹ کو سچ، بدصورتی کو حسن، غم کو راحت بنانے کی عادت جب حد سے بڑھ جاتی ہے تو بیماری ہو جاتی ہے اور انسان اس کے ہاتھوں کاہلی، تعیش اور مجہولیت کا شکار ہو کر رہ جاتا ہے۔ تخئیلیت نے اگر دنیائے واقعات سے منہ پھیر لیا تو وہ دنیائے انسانیت کی تہذیب و تحسین میں کوئی حصہ نہ لے سکے گی اور ایک قسم کا فالج یا جنون ہو کر رہ جائے گی۔ دنیا کو اس فالج یا جنون سے محفوظ رکھنا ہے۔

تخئیلیت یا رومانیت انسانی تمدن کو جس خطرہ کی طرف لے جا رہی تھی اس کا احساس بہت جلد ہونے لگا اور دھیرے دھیرے یہ احساس ساری دنیا پر چھا گیا۔ سب سے پہلے مارکس اور انگلز نے ہم کو اس حقیقت سے آگاہ کیا کہ حسن کاری اور ادب ہیئت اجتماعی اور

نظام تمدن کی خدمت میں آلہ نشر و تبلیغ ہوتے ہیں اور چونکہ تہذیب و تمدن کا اجارہ اب تک طبقہ اعلیٰ یا سرمایہ داروں کے ہاتھ میں رہا اس لئے ہمارے ادیب اور شاعر اب تک جس تہذیب کی نمائندگی کر رہے تھے وہ اقلیت کی تہذیب (MINORITY CULTURE) تھی اور صرف ایک کم تعداد فراغت نصیب جماعت کی پیدا کی ہوئی چیز تھی، جس کو جمہور کی زندگی سے کوئی تعلق نہیں تھا۔

اب چونکہ تمدن کی دنیامیں شدید انقلاب کی ضرورت ہے اور سرمایہ داری کی سر بفلک عمارت منہدم ہو رہی ہے اور اس کی جگہ جمہوریت اور اشتراکیت کی نئ تعمیر لے رہی ہے، اس لئے ادب کے رسوم و روایات میں بھی انقلاب کی ضرورت ہے۔ اب تک ادیب سرمایہ دار کی عشرت گاہ کا مزدور تھا اور ایک چیدہ جماعت کے حرکات و سکنات اور اس کے نفسیات و میلانات اس کی کل کائنات تھی۔ مگر اب ادب کو اجتماعی شعور اور جمہوری ذہنیت کا آئینہ ہونا چاہئے۔ اس کے لئے ضروری ہے کہ واقعے کو تخئیل پر ترجیح دیں اور مادی دنیا پر اپنی نظر جمائے رہیں، ورنہ ہم جمہور کے ساتھ نہیں رہ سکیں گے۔

مارکس کے بعد اس کے شاگرد اس نظریے کو اتنی دور لے گئے کہ اس کا اصل مقصد کچھ سے کچھ ہو گیا۔ آج اشتراکیت ادب سے جو مطالبات کر رہی ہے وہ ادب کو ادب نہیں رہنے دیں گے۔ اب ادب کو بھی جماعت کا ایک آلہ جنگ سمجھنے کی تحریک ہو رہی ہے۔ ۱۹۳۲ میں خارکاف کے مقام پر جو اشتراکی کانگریس ہوئی تھی اس میں ایک مقرر نے کہا تھا، "قلم بکف ہم لوگ بین الاقوامی مزدوروں کی جماعت کی ناقابل شکست فوج کے سپاہی ہیں۔" اس کانگریس میں جو باتیں طے پائی تھیں ان کا خلاصہ یہ ہے، (۱) حسن کاری جماعت کا ایک ہتھیار ہے (۲) حسن کاروں اور ادیبوں کو انفرادیت ترک کر دینا چاہئے (۳) جمالیات کی اجتماعی تنظیم ہونی چاہئے اور اس کو فوج اور دفاتر کی طرح ایک

مرکزی سرکار اور مرکزی قوانین کے ماتحت ہونا چاہئے اور یہ سب اشتراکی جماعت کے ماتحت انجام پائے گا۔

آپ نے سنا؟ اشتراکیت سپاہیوں کی طرح اپنے ادیبوں اور شاعروں کو بھی سرخ وردی پہنانا چاہتی ہے، اس لئے کہ ان سے بھی قواعد لے جائے گی لیکن یہ ہونا تھا۔ فرعون اور موسی دنیا میں ساتھ ساتھ آتے ہیں۔ خالص جمالیت (AESTHETICISM) نے جو افراط کی تھی اس کا جواب اسی تفریط سے دیا جاسکتا تھا۔ ادب برائے ادب کے نظریے نے ادب کو محض ایک من کی موج اور امیروں کے لئے تفریح کی چیز بنا کر رکھ دیا تھا۔ لوگ دنیا میں رہ کر دنیا سے بیگانہ ہو رہے تھے۔ ایک مشہور روسی ادیب کا خیال بہت صحیح ہے کہ "ادب برائے ادب" کا میلان اس بات کی دلیل ہے کہ ادیب اور اس کے ماحول کے درمیان تصادم ہے۔ مادی دنیا سے انسان اس وقت بھاگتا ہے جب کہ وہ مشکلات کا سامنا کرنے کی تاب اپنے اندر نہیں پاتا۔ خالص جمالیات کے حامیوں نے ایک پرانی مثل سے بہت غلط فائدہ اٹھایا اور اس کی تاویل میں بڑی زبردستی کی۔

کہا گیا ہے کہ انسان صرف روٹی سے زندہ نہیں رہے گا۔ اس میں سب سے اہم لفظ "صرف" ہے۔ اس کے یہ معنی ہرگز نہیں تھے کہ انسان بغیر روٹی کے بھی زندہ رہ سکتا ہے۔ حقیقت یہ ہے کہ ادب بھی زندگی کا ایک شعبہ ہے، اور زندگی نام ہے ایک جدلیاتی حرکت (DIALCETIC PROCESS) کا جس کے ہمیشہ دو متضاد پہلو ہوتے ہیں۔ ادب بھی ایک جدلیاتی حرکت ہے اور اس کے بھی دو متضاد رخ ہیں۔ ایک تو خارجی یا عملی یا افادی۔ دوسرا داخلی یا تخئیلی یا جمالیاتی۔ حسن کار یا ادیب کا کام یہ ہے کہ وہ ان دو بظاہر متضاد میلانات کے درمیان توازن اور ہم آہنگی قائم کئے رہے ورنہ ان میں سے جہاں ایک کا پلہ بھاری ہوا وہیں فساد و انتشار پیدا ہونے لگے گا۔ مارکس نے جو کچھ کہا تھا اس کا

مطلب اس کے سوا کچھ نہ تھا کہ ادیب کو زمانے کے پیچھے نہ ہونا چاہئے۔ لیکن اس کے یہ معنی ہر گز نہ تھے کہ ادیب زمانے کا غلام ہے۔

ادب حال کا آئینہ دار ضرور ہوتا ہے، لیکن اسی کے ساتھ ساتھ مستقبل کا اشاریہ بھی ہوتا ہے اور اس کے لئے بیک وقت واقعیت اور تخئیلیت، افادیت اور جمالیت، اجتماعیت اور انفرادیت سب کی ضرورت ہے۔ ماحول ادیب کو پیدا کرتا ہے، مگر ادیب ماحول کی از سر نو تعمیر میں مدد کرتا ہے۔ ادب بیک وقت حال کی آواز اور مستقبل کی بشارت ہے۔ سب سے بڑا ادیب وہ ہے جو حال اور مستقبل کو ایک آہنگ بنا کر پیش کرے۔ دنیا میں جتنے بڑے ادیب و شاعر گزرے ہیں وہ سب واقعات کی کثیف دنیا میں گردن تک ڈوبے کھڑے ہیں مگر ان کے ہاتھ ستاروں کو پکڑنے کے لئے آسمان کی طرف بڑھے ہوئے ہیں۔

ادب ایک آلہ نشر واشاعت، ایک ذریعہ تحریک و تبلیغ ضرور ہے، لیکن ایسا آلہ اور ہر ایسا ذریعہ ادب نہیں ہوتا۔ اخباروں سے بڑھ کر نشر واشاعت اور تحریک و تبلیغ کا ذریعہ کیا ہو سکتا ہے۔ مگر اخباروں کو ادب میں شمار کرنے کی جرأت انقلابی تنقید (REVOLETIONARY CRITICISM) بھی مشکل ہی سے کر سکتی ہے۔ اس کا سبب یہ ہے کہ اخبارات میں سوا روح عصر کے کچھ نہیں ہوتا اور ادب میں علاوہ "روح عصر" کے بھی ایک عنصر ہوتا ہے جس کا تعلق "ماورائے عصر" سے ہوتا ہے اور جس کی بدولت وہ ادب ہر زمانے کی چیز بن جاتا ہے۔ یعنی وہی واقعیت (REALISM) اور تخئیلیت (IDEALISM) کا شیر و شکر ہونا ادب کا اصلی چہرہ ہے۔ آج کل کے مشہور انگریزی نقاد جے بی پریسٹلی (J.B.PRIESTLY) کا خیال بہت صحیح ہے کہ حسن کاری یعنی آرٹ کو زندہ رکھنے کے لئے تھوڑی سی افیون کی ضرورت ہمیشہ پڑے گی۔

میتھو آرنلڈ نے ادب کو جو زندگی کی تنقید کہا تھا تو اس کا مطلب یہی تھا۔ ادب جماعت اور افراد کی زندگی کی نہ صرف تصویر ہے بلکہ اس کی تنقید ہے اور مارکس کے نظریے کا مطلب بھی اس سے زیادہ کچھ نہ تھا۔ اس کا یہ کہنا بہت صحیح ہے کہ فلسفہ اور ادب دونوں صدیوں تک دنیا کی یا تو بجنسہ تصویریں پیش کرتے رہے ہیں یا اس کی تاویلیں کرتے رہے ہیں۔ اب ضرورت اس بات کی ہے کہ دنیا پر تنقیدی نظر ڈالی جائے اور اس کو بدلا جائے اور بہتر سے بہتر بنایا جائے۔

مارکس اصرار کے ساتھ ہم کو صرف یہ سمجھانا چاہتا تھا کہ زندگی ایک جدلیاتی حقیقت (DIALECTIC REALITY) اور تغیر اور نمو اور ارتقا اس کی فطرت میں داخل ہیں۔ ادب کو اس کا ثبوت دینا چاہئے۔ اس نے قدیم یونانی فنون لطیفہ اور ادبیات کی مثال دے کر ہم کو سمجھایا ہے کہ یہ ادب صرف اس یونانی معاشرے کا نتیجہ ہو سکتا تھا جو بجائے خود خرافاتی (MY THOLOGICAL AGE) چیز تھی اور خرافاتی تصورات (MYTHOLOGICAL IDEOLOGY) پر مبنی تھی۔ آج کل کا صنعتی دور اور صنعتی تمدن اس ادب کو دہرا نہیں سکتا۔ اگر ادیب کو واقعی زندہ رہنا ہے اور وہ معاشرت کی تہذیب و ترقی میں کوئی نمایاں حصہ لینا چاہتا ہے تو وہ بھاگ کر ماضی میں پناہ نہیں لے سکتا۔

لیکن ادب اگر زندگی کی تنقید ہے تو وہ محض حال پر بھی نہیں اکتفا کر سکتا۔ تنقید کا مقصد ہمیشہ نئی تعمیر ہوتا ہے اور نئی تعمیر کے لئے ہمیشہ ایک استقبالی میلان (PROSPECTIVE ATTITUDE) کی ضرورت ہوتی ہے جس کا دوسرا نام تخئیل ہے۔ کامیاب ادب قدما کے نزدیک بھی دو متضاد عنصروں سے مرکب ہے۔ محاکات اور تخئیل۔ محاکات کا تعلق حال سے ہوتا ہے اور تخئیل کا تعلق مستقبل سے۔

واقعے کے ہمیشہ دورخ ہوتے ہیں ایک تو واقعی یا ساکن اور دوسرا امکانی یا متحرک اور ادیب کی بصیرت ان دونوں کو ایک کر دیتی ہے۔ گویا خواب اور حقیقت کے امتزاج کا نام ادب ہے۔

مارکس کے نظریے پر تبصرہ کرتے وقت ہم کو ہوشیار رہنا چاہئے۔ وہ اس وقت پیدا ہوا جبکہ جرمنی میں ماورائت (TRANSCENDENTALISM) بری طرح چھا رہی تھی اور حکما کائنات کا مرکز مادی سطح سے ایک دم ہٹا کر روحانی سطح پر قائم کرنا چاہتے تھے۔ وہ مادے سے انکار کر رہے تھے اور صرف ایک جوہر اعلی یا روح کو اصل حقیقت مانتے تھے۔ کائنات اور حیات انسانی کی روح رواں یہی جوہر اعلیٰ ہے جو خدا کا دوسرا نام ہے۔ مارکس کی مادیت اس تعلیم کے خلاف ایک بغاوت تھی۔ وہ کہتا ہے کہ زندگی کی ابتدا تصور سے نہیں بلکہ وجود سے ہوتی ہے، اور اس کی بنیاد مادی قوتوں پر ہے۔ ہیئت اجتماعی میں آکر یہ مادی قوتیں زیادہ تر اقتصادی (ECONOMIC) رنگ اختیار کر لیتی ہے۔

زندگی کے اقتصادی پہلو پر مارکس نے جو زور دیا وہ ایک خالص عصری چیز ہے۔ اس کے یہ معنی نہیں ہیں کہ ادب اقتصادیات کی غلامانہ پیروی کرتا ہے۔ یہ کیسے ہو سکتا ہے؟ اقتصادیات کل زندگی نہیں ہے، بلکہ اس کا صرف ایک عنصر ہے جو لاکھ سہی لیکن کسی دوسرے عنصر پر غالب نہیں ہو سکتا۔ یہ سچ ہے کہ بغیر روٹی کے کوئی زیادہ عرصے تک زندہ نہیں رہ سکتا، لیکن پھر وہ صدیوں پرانی مثل بھی آج تک بدستور سچ ہے کہ انسان صرف روٹی سے زندہ نہیں رہ سکتا۔

آخر میں دو سوالات واضح کر دینا ضروری معلوم ہوتا ہے۔ ایک تو یہ کہ ادب میں انفرادیت کی گنجائش ہے یا نہیں؟ بعض نقادوں کا خیال ہے کہ حسن کار (ARTIST) کو

اپنی شخصیت قربان کر دینا چاہئے۔ دوسروں کی رائے ہے کہ نہیں، حسن کار کی اپنی شخصیت اگر اس کے کام میں نہیں جھلکتی تو یہ شدید نقص ہے۔ اگر غور کیا جائے تو درپردہ یہ سوال پہلے ہی حل کیا چکا ہے۔ ادب یا حسن کاری کے دو متضاد پہلو بتائے گئے ہیں۔ ایک تو غایتی یا افادی دوسرا اجمالیاتی (AESHETIC) جہاں تک ادب غایتی ہے وہاں تک اس کا تعلق اجتماعی ذہنیت اور معاشرتی میلانات سے ہے، لیکن اس کا جمالیاتی پہلو یقیناً ادیب کی انفرادیت کا ممنون ہوتا ہے۔ آخر اس کا کیا سبب کہ ایک ہی ملک، ایک ہی زبان اور ایک ہی معاشرتی دور کے دو مختلف شاعروں کے کلام اس قدر مختلف ہوتے ہیں؟

دوسرا سوال یہ ہے کہ ادب میں صورت اور اسلوب زیادہ ضروری ہیں یا موضوع اور مواد؟ موضوع اور مواد معاشرتی میلانات سے ملتے ہیں اور ادب کے خارجی یا اجتماعی عناصر ہوتے ہیں۔ صورت اور اسلوب کو ادیب کی انفرادیت مہیا کرتی ہے اور وہ ادب کے جمالیاتی عناصر ہوتے ہیں۔ کہا جاسکتا ہے کہ ادیب کی انفرادیت خود معاشرتی حالات اور اجتماعی میلانات کی ساختہ و پرداختہ ہوتی ہے۔ یہ سچ ہے لیکن پھر یہ انفرادیت معاشرت اور ہیئت اجتماعی پر بھی اپنا اثر ڈالتی ہے۔ انفرادی مزاج اور اجتماعی میلانات عمل اور ردعمل کا ایک ایسا باہم مربوط سلسلہ ہے جس کو کہیں سے توڑا نہیں جاسکتا۔

مختصر یہ ہے کہ کامیاب ترین ادب وہ ہے جو حال کا آئینہ اور مستقبل کا اشاریہ ہو، جس میں واقعیت اور تخئیلیت، افادیت اور جمالیت ایک آہنگ ہو کر ظاہر ہوں، جس میں اجتماعیت اور انفرادیت دونوں مل کر ایک مزاج بن جائیں، جو ہمارے ذوق حسن اور ذوق عمل دونوں کو ایک ساتھ آسودہ کرسکے۔ اب تک ادب جو کچھ بھی رہا ہو، لیکن اب اس کو یہی ہونا ہے۔

***

ادب اور ترقی

شاعر کی نوا ہو کہ مغنی کا نفس
جس سے چمن افسردہ ہو وہ باد سحر کیا
اقبال

کوئی نو دس سال کا عرصہ ہوا، طبیعیات کے ایک مشہور ماہر نے مادی دنیا کے متعلق ہمارے خیالات اور رجحانات میں جو تبدیلیاں ہوئی ہیں ان کو مجملاً یوں بیان کیا تھا، "جن چیزوں کو پہلے ہم اشیاء سمجھتے تھے۔ اب ان کو واقعات کا سلسلہ سمجھتے ہیں۔" ہم میں سے اکثر کی سمجھ میں شاید نہ آئے کہ کون سی نئی بات کہی گئی ہے۔ بات یہ ہے کہ وہ سائنس داں تھا اور اس کا دائرہ سخن کیمیا اور طبیعیات کی دنیا تک محدود تھا۔ ماہرین سائنس میں ایک بڑا عیب یہ ہوتا ہے کہ وہ یا تو ہر بات کی اصطلاح بنا دیتے ہیں اور ایسی غیبی زبان میں باتیں کرتے ہیں کہ ان کی مخصوص جماعت تو ان کا مطلب بخوبی سمجھ لیتی ہے، باقی سننے والے ان کا منہ تکتے رہ جاتے ہیں۔ یا اگر کوئی ایسی بات کہتے بھی ہیں جو سب کی سمجھ میں آجائے تو اس کی زبان سوکھی لکڑی سے بھی زیادہ خشک اور بے رنگ ہوتی ہے اور کتنی ہی نئی بات کیوں نہ ہو، ہم کو اس میں کوئی نیا پن نہیں محسوس ہوتا۔

حقیقت یہ ہے کہ کہنے والے نے اپنی زبان میں بڑی اہم بات کہی ہے اور بڑی سادگی اور سہولت کے ساتھ ہمارے جدید ذہنی میلانات کو واضح کرنے کی کوشش کی

ہے۔ اس کو یوں سمجھئے جن چیزوں کو ہم ساکن تصور کرتے تھے، تحقیق کے بعد معلوم ہوا کہ وہ دراصل متحرک ہیں اور ہر لحظہ کچھ سے کچھ ہوتی رہتی ہیں۔ آج ٹھوس سے ٹھوس مادی چیز میں بھی حرکت کا پتہ ملنے لگا ہے۔ آج لغت کے جو الفاظ سب سے زیادہ بے معنی اور بے کار نظر آتے ہیں وہ "ساکن" (Static) اور "مطلق" (Absolute) ہیں۔ اس لئے کہ زندگی یا زندگی کے کسی رخ پر صحیح معنوں میں ان الفاظ کا اطلاق نہیں ہو سکتا۔

زندگی تو نام ہے ایک دائمی حرکت کا۔ حرکت کے سوا نہ کوئی چیز قدیم ہے نہ دائمی۔ ہر چیز حادث اور عارضی ہے، یہاں تک کہ جس حقیقت کو حقیقت اولی کہتے ہیں وہ کائنات کی روح رواں ہے اور جس کو ہم زبردستی مطلق اور قائم و دائم مانتے آئے ہیں وہ بھی یکسر حرکت و تغیر ہے۔ آخر کیا وجہ ہے کہ ظہور آدمؑ سے اس وقت تک حقیقت کی تلاش ہوتی رہتی ہے، مگر حقیقت کسی کو ملی نہیں۔ اس کی وجہ یہی ہے کہ حقیقت ساکن نہیں ہے متحرک ہے۔ قبل اس کے کہ کوئی اس کو پائے وہ اپنا روپ بدل دیتی ہے۔ اگر ہم حرکت وحدوث ہی کو حقیقت اولی کہیں تو زیادہ صحیح ہو گا۔

آپ شاید یہ جتانے کے لئے بے چین ہوں کہ یہ کوئی نیا میلان نہیں ہے۔ دنیا کے ادبیات اس سے بھرے پڑے ہیں اور فارسی اور اردو شاعروں کا یہ خاص موضوع رہا ہے، فلک کی گردشیں اور زمانے کے انقلابات ہمارے لئے نئی چیزیں نہیں ہیں۔

ہر گھڑی منقلب زمانہ ہے
یہی دنیا کا کارخانہ ہے

بڑی پرانی بات ہے۔ یہ سچ ہے۔ اس سے پہلے بھی حرکت اور تغیر کا احساس ہم کو ہوتا رہا ہے۔ لیکن اب تک اس کو صرف عالم صورت سے منسوب کیا جاتا رہا ہے اور ہم اس کو مایا سمجھنے کی کوشش کرتے رہے ہیں۔ عالم معنی یا عالم حقیقت کو ہم نے ہمیشہ قائم و

دائم مانا۔ انسان کی اصل فطرت تو تغیر پذیر اور جدت پسند ہے، لیکن اس نے خود اپنی ایک نئ فطرت بنالی جو ثبات و دوام کی آرزومند ہے۔ اس طرح انسان کی زندگی ایک تصادم ہو کر رہ گئی ہے۔ وہ قانون قدرت سے انحراف کرنا چاہتا ہے اور جب اپنے کو مجبور اور بے بس پاتا ہے تو اپنے دل سے صورت اور معنی، مادہ اور روح، التباس اور حقیقت، وحدت اور کثرت کے قصے گڑھتا ہے۔ ایک کو حادث دوسرے کو قدیم اور غیر فانی قرار دے کر اپنے کو جھوٹی تسکین دیتا ہے۔

ہاں تو ہمارے ادیبوں اور شاعروں کو اس حقیقت کا احساس تو برابر ہوتا رہا ہے کہ دنیا بدلتی رہتی ہے اور کسی چیز کو ایک حالت پر قرار نہیں، لیکن ہم اس سے گریز بھی کرتے رہتے ہیں۔ اس محیط اور عالم گیر حقیقت کا ذکر ہم جس ماتمی لب ولہجہ اور جس سوگوارانہ انداز میں کرتے آئے ہیں وہ ہمارے اندر مایوسی اور افسردگی پیدا کر کے ہم سے زندگی کا حوصلہ چھین لیتا ہے۔ غالب جیسا زندگی کی ماہیت اور اس کے نکات کو سمجھنے والا شاعر کہتا ہے۔

گردش رنگ طرب سے ڈر ہے
غم محرومی جاوید نہیں

اسی تصور کو دوسرے رنگ میں پھر یوں پیش کرتا ہے،

مستقل مرکز غم پر بھی نہیں تھے ورنہ
ہم کو اندازہ آئین وفا ہو جاتا

یہ ان روایتی خیالات کی آواز ہے جو غیر شعوری طور پر پشتہاپشت سے انسان کے رگ وریشے میں جاری وساری چلے آرہے تھے۔ لیکن غالب پھر بھی مفکر شاعر تھا اور اس حقیقت کا اس کو احساس تھا کہ یہی گردش رنگ اصل زندگی ہے اور دنیا میں جس قدر

سر گرمی اور جوش و خروش ہے، وہ صرف اس لئے ہے کہ ہم جانتے ہیں کہ کسی صورت اور کسی رنگ کو اپنی جگہ قرار نہیں ہے۔

ہوس کو ہے نشاط کار کیا کیا
نہ ہو مرنا تو جینے کا مزا کیا

وہ یہ بھی جانتا ہے کہ انسان کی سب سے بڑی بد نصیبی یہ ہے کہ اس کی زندگی ایک نقطے پر ٹھہر کر رہ جائے اور اس کے حال اور مستقبل میں کوئی فرق نہ ہو۔ کہتا ہے۔

زاں نمی ترسم کہ گردد قعر دوزخ جائے من
وائے گر باشد ہمیں امروز من فردائے من

مگر غالب غالب تھا اور اپنے زمانے اور اس کی روایات و تعصبات سے اکثر بر سرپیکار رہتا تھا۔ دوسرے شاعروں کو یہ بات نہیں نصیب ہوئی۔ انہوں نے جب ہم کو اس "گردش رنگ" کا احساس دلایا تو ہمارے اندر خالص افسردگی پیدا ہوئی یا زیادہ سے زیادہ عبرت۔

خیر، یہ لوگ اگلے وقتوں کے تھے اور پرانے زمانے کے خیالات کا اظہار کرتے تھے۔ ان کو کیا کہا جائے۔ حیرت تو اس بات پر ہے کہ آج بھی جبکہ بیسویں صدی اتنے دہ سالے (De cades) ختم کر چکی ہے اور اتنے مرحلوں سے گزر کر موجود عالم گیر خطرے تک پہنچ چکی ہے، اس حرکت و حدوث کے متعلق جو عین عمل حیات ہے اگر ہمارے کانوں میں کوئی آواز آتی ہے تو اس کا آہنگ عموماً وہی ہوتا ہے اور اسی قدر افسردہ کن۔ یاس عظیم آبادی ان شاعروں میں سے ہیں جن کی غزلیں بہت کافی حد تک جدید ادبی ذہنیت کا مرقع ہیں۔ ان کی شاعری زندگی کے نئے ولولوں سے معمور ہوتی ہے۔ مگر وہ بھی اس یاس انگیزی کو بھول نہیں سکے ہیں۔ دو شعر اس وقت یاد آ گئے۔

ہر شام ہوئی صبح کو اک خواب فراموش
دنیا یہی دنیا ہے تو کیا یاد رہے گی
یکساں کبھی کسی کی نہ گزری زمانے میں
یادش بخیر بیٹھے تھے کل آشیانے میں

اقبال جیسا حرکت و عمل کا مبلغ بھی جب ہم سے کہتا ہے کہ،

سکوں محال ہے قدرت کے کارخانے میں
ثبات ایک تغیر کو ہے زمانے میں

تو باوجود اس کے کہ شاعر کے تصور اور اسلوب دونوں جدید میلان کا پتہ دیتے ہیں، ہم کو شعر کے اندر سپردگی اور بیچارگی کے دبے ہوئے احساس کا پتہ ملتا ہے۔ لیکن اقبال چونکہ ایک مستقل پیغام ہر وقت پیش نظر رکھتے تھے اور زندگی، عمل اور ارتقا کی بشارت دیتے تھے، اس لئے ان کے وہاں اس ماتمی لے کی کھپت نہیں تھی۔ جو شاعر شرار سے ستارہ اور ستارے سے آفتاب کی جستجو کرتا ہے اور جو سورج، چاند اور مشتری کو اپنا ہم عنان سمجھے وہ حرکت اور تغیر کا تپاک کے ساتھ استقبال کرے گا۔ ادب ہو یا زندگی کا کوئی اور شعبہ، اس کا کام زندگی کی اپج کو بڑھانا ہے نہ کہ اس کو مضمحل کرنا۔

حرکت اور تغیر ہی زندگی کی فطرت ہے۔ زندگی ایک نامیاتی حقیقت ہے جو بڑھتی رہتی ہے اور بہتر سے بہتر ہوتی رہتی ہے۔ ہم کو اس حقیقت کو نہ صرف محسوس اور تسلیم کرلینا چاہیے بلکہ اس سے خوش ہونا چاہئے اور نئے مستقبل کو لبیک کہنا چاہئے، اس لیے کہ وہ ماضی اور حال دونوں سے زیادہ خوبصورت اور شاندار ہو گا۔ اسی کا نام ہیگل اور مارکس نے "جدلیات" (Diaectics) رکھا ہے اور سی کو بیرگسان نے "تخلیقی ارتقا" (Creative Evolution) کہا ہے۔ زندگی نہ صرف مائل ارتقا ہے بلکہ دوران ارتقا

میں نت نئی صورتیں پیدا کرتی رہتی ہے۔ زندگی ایک صورت کی تردید اس لئے کرتی ہے کہ اس سے اعلیٰ اور افضل صورت پیدا کر سکے۔

اس حقیقت کو تسلیم کر لینے کے بعد آیئے اب اس روشنی میں ایک سرسری نظر انسان اور اس کی بسائی ہوئی دنیا پر ڈالیں۔ تاریخ و تمدن کا غور سے مطالعہ کیجئے اور ہٹ دھرمی کو راہ نہ دیجئے تو اپنے بہت سے محبوب بتوں کو توڑنا پڑے گا۔ میرا دعوی ہے کہ اگر ہم دنیائے انسانیت کی تاریخ کو نظر میں رکھیں تو نہ ہم قدامت پسند اور روایت پرست رہ سکتے ہیں اور نہ دائمی بغاوت کے علم بردار۔ دائمی بغاوت کا شور بھی معکوس قسم کی روایت پرستی ہے۔ ہم بہر حال لکیر کے فقیر بنے رہنا چاہتے ہیں۔ اب چاہے وہ کوئی لکیر ہو۔ مگر ہماری یہ خواہش نہ معقول ہے اور نہ پوری ہو سکتی ہے، اگر ایسا ممکن ہوتا تو انسان کی زندگی اتنے روپ نہ بدل چکی ہوتی۔

سوچئے تو زمانہ قبل تاریخ سے لے کر اس وقت تک زندگی کے کتنے دور ہوئے ہیں اور بہیمیت اور بربریت سے لے کر علم و حکمت کے موجودہ دور تک اس نے کتنی منزلیں طے کی ہیں، جو انسانی معاشرت قبیلوں کی سرداری سے شروع ہوئی تھی وہ آج پرولتاریہ کی آمریت (Dictator Ship of the Proletariat) کی سرحد تک پہنچ چکی ہے اور درمیان میں اس کو کتنے مقامات سے گزرنا پڑا ہے۔ جوں جوں زندگی کی ہیئت بدلتی رہی ہے، اس کے تمام شعبے بھی اسی اعتبار اور اسی نسبت سے بدلتے رہے ہیں۔ زندگی کی صحت اور ترقی کے لئے یہ ضروری ہے۔ اس وقت ہم کو اپنی بحث کا دائرہ ایک مخصوص شعبے تک محدود رکھنا ہے جو ادب کہلاتا ہے۔

ہم اب تک بڑے دھوکے میں مبتلا رہے ہیں۔ ادب کو یوگ اور سنیاس کے قسم کی چیز سمجھتے رہے ہیں جو بیشتر غیبی توفیق پر موقوف ہوتی ہے۔ صدیوں سے یہ خیال ہمارے

دل میں جڑ پکڑے ہوئے ہے کہ شاعروں اور فنکاروں کے اندر ایک ماورائی بصیرت کام کرتی ہے جو خدا کا ایک خاص عطیہ ہوتی ہے اور جس سے عوام الناس محروم رہتے ہیں۔ عوام اس بصیرت سے محروم ضرور ہوتے ہیں مگر اس لئے نہیں کہ کسی خود سر مشیت اعلی نے ان کو محروم کر دیا ہے بلکہ اس لیے کہ خواص نے اپنا رعب و اقتدار قائم رکھنے کے لئے عوام کو کبھی موقع نہیں دیا کہ وہ کسی حیثیت سے بھی خواص کی سطح پر آسکیں، خواص کے حقوق ہمیشہ مارے رہے اور عوام کو اس دھوکے میں مبتلا رکھا گیا ہے کہ زندگی کی سعادتیں خدا کی دین ہوتی ہیں اور اپنی ذات سے حاصل نہیں کی جاسکتیں۔

بہر حال ادیب کسی عالم بالا کی مخلوق نہیں ہوتا اور نہ اس کی دنیا خلق اللہ کی دنیا سے بے تعلق اور بے نیاز رہ سکتی ہے۔ ادیب ایک مخصوص دور، ایک مخصوص ہیئت اجتماعی اور ایک مخصوص نظام خیالات کی مخلوق ہوتا ہے، بالکل اسی طرح جس طرح کہ کسان یا مزدور اور ادب بھی خارجی اسباب و حالات سے اسی طرح اثر قبول کرتا ہے جس طرح ہمارے اور حرکات و سکنات۔ اگر شاعر کی زبان کو الہامی زبان مان بھی لیا جائے تو پھر یہ الہامی زبان دراصل زمانہ اور ماحول کی زبان ہوتی ہے۔

اس سے انکار نہیں کہ شاعر یا ادیب جو کچھ کہتا ہے، ایک اندرونی تحریک یا اپج سے کہتا ہے جس کو ہم خداداد اور انفرادی چیز سمجھتے ہیں لیکن یہ اپج دراصل ان اثرات و میلانات کا غیر شعوری نتیجہ ہوتی ہے جن کو مجموعی طور پر نظام معاشرت یا سماج کہتے ہیں۔ اگر ایسا نہ ہوتا تو مختلف ملکوں اور مختلف زمانوں میں اتنے مختلف ادبیات نہ پیدا ہوتے اور آج "تاریخ ادب" ایک بے معنی اصطلاح ہوتی۔ آخر کیا وجہ ہے کہ قرآن ہندوستان اور وید عرب میں نازل نہیں ہوا؟ اس وقت کسی ملک میں رامائن، مہابھارت، شاہنامہ، الیڈ کے قسم کی چیز کیوں نہیں لکھی جارہی ہے؟ حقیقت یہ ہے کہ یہ سب تاریخی ملزومات

ہیں جن سے انحراف نہیں کیا جاسکتا۔ زندگی کے ساتھ ساتھ ادب بھی بدلتا رہا ہے اور دور بدور اور درجہ بدرجہ ترقی کرتا رہا ہے۔ یہ دلیل اس بات کی ہے کہ ادب کو زندگی سے علیحدہ نہیں کیا جا سکتا، جیسی زندگی ہو گی ویسا ہی ادب ہو گا اور اگر ایسا نہیں ہے تو ادب اپنے منصب کو بھولا ہوا ہے اور زندہ رہنے کے قابل نہیں ہے، اس لئے کہ وہ غیر تاریخی ہے۔

ادب انسان کے بہترین خیالات و جذبات کے اظہار کا نام ہے اور انسان کے خیالات و جذبات خلا میں نہیں پیدا ہوتے، بلکہ ایک خاص تہذیب اور ایک خاص ماحول کی پیداوار ہوتے ہیں۔ یہ پرانی مثل سنتے سنتے آپ کے کان پک گئے ہوں گے کہ "انسان ویسا ہی ہوتا ہے جیسے اس کے خیالات ہوتے ہیں۔" (Aman is as he thinketh) اس مثل میں حقیقت کو سر کے بل کھڑا کیا گیا ہے، آیئے ہم اس کو اس کی ٹانگوں پر کھڑا کر دیں اور اس کو انسانی حقیقت بنا دیں۔ انسان کے خیالات ویسے ہی ہوتے ہیں جیسا کہ وہ خود ہوتا ہے۔ (A man thinketh as he is) انسان کچھ ہوتا پہلے ہے سوچتا بعد کو ہے۔

مارکس نے ہونے (Being) کو سوچنے (Thinking) پر اور عمل (Practice) کو نظریہ (Theory) پر جو اس قدر فوقیت دی ہے تو اس کا اصل سبب یہی ہے کہ اس نے زندگی کا اصل راز سمجھ لیا تھا۔ اس کے یہ معنی نہیں کہ ہم سوچنے کو بے حقیقت سمجھیں اور اپنی حیات فکریہ کو التباس سمجھ کر رد کر دیں لیکن ہر چیز کو اس کی مناسب جگہ پر رکھنا چاہئے۔ کیا ہم اس سے انکار کر سکتے ہیں کہ جیسی ہم زندگی بسر کرتے ہیں ویسے ہی ہمارے خیالات و جذبات ہوتے ہیں؟ پھر جس طرح ایک ایک فرد کے خیالات آئینہ ہوتے ہیں اس کے اقتصادی اور معاشرتی حالات کا اور یہی خیالات ادب کے ترکیبی عناصر ہوتے ہیں۔

اگر انسانی تہذیب کے شروع سے اب تک صرف تین باب قائم کئے جائیں تو وہ یہ ہوں گے،

(۱) پروہت کال، یعنی وہ دور جس میں پروہتوں اور کاہنوں کی جماعت بر سر اقتدار تھی اور وہ سماج پر حکومت کرتے رہے۔ اس دور میں ادب منتر جنتر کی قسم کی چیز سمجھا گیا۔

(۲) سامنت کال، یعنی وہ دور جس میں معاشرت کی میزان بڑے بڑے سامنتوں اور جاگیر داروں کے ہاتھ میں رہی اور عوام کی زندگی انہیں کے اشارے پر چلتی رہی۔ اس دور میں ادب نے زندگی کی جو تخئیل پیش کی وہ براہ راست یا بالواسطہ انہیں خدا کے عزیز بندوں کی زندگی سے ماخوذ تھی اور انہیں کے مفاد کو پیش نظر رکھتی تھی۔

(۳) مہاجن کال۔ یہ ساہوکاروں کا دور ہے۔ اسی دور سے ہم بھی گزرے ہیں۔ اس دور میں تہذیب و معاشرت کی باگ ڈور بڑے بڑے سرمایہ داروں کے قبضے میں ہے اور وہی اس وقت معیار زندگی کے خداوند بنے ہوئے ہیں۔ زندگی کے جس شعبے میں دیکھئے عرصہ سے انہیں کا سکہ چل رہا ہے۔ ادب ہو یا اخلاقیات، اقتصادیات ہو یا سیاسیات، ہر چیز پر انہیں خداوندان نعمت کی مہر ثبت ہے۔

غرض کہ جس دور میں دیکھئے، تمدن کا سر رشتہ ایک منتخب اور برگزیدہ گروہ کے ہاتھوں میں رہا جو ہدایت اور رہبری کے پردے میں عوام الناس پر حکومت کرتا رہا۔ مگر اسی کے ساتھ ہم کو یہ بھی ماننا پڑتا ہے کہ اس منتخب گروہ کا دائرہ برابر وسیع ہوتا گیا ہے اور اس میں تعداد کا روز بروز اضافہ ہوتا گیا ہے۔ ہماری تہذیب اقلیت کی تہذیب ضرور ہے، لیکن یہ اقلیت اکثریت کی طرف قدم بڑھاتی رہی ہے۔

ادب چونکہ معاشرتی حالات و میلانات کا آئینہ ہوتا ہے، اس لئے وہ بھی اسی کم

تعداد فراغت نشیں اور ذی اقتدار جماعت کی نمائندگی کرتا رہا جس کو "اشراف" کہتے ہیں۔ صحیح معنوں میں ادب کو جمہور کی زندگی سے اب تک کسی ملک اور کسی زمانے میں سروکار نہیں رہا۔ ادب اور فلسفے کی اب تک جن خیالات و افکار سے تشکیل ہوئی ہے وہ امرا اور شرفا کی زندگی سے لئے گئے ہیں۔

اب اس ضمن میں آیئے ایک نظر اردو ادب پر ڈالیں اور دیکھیں کہ وہ اب تک کیا رہا ہے اور کیوں اور اب اس کو کیا ہونا چاہئے۔ اردو زبان جس اہم تاریخی ضرورت سے وجود میں آئی ہے، اس سے ہم ناواقف نہیں ہیں۔ کون نہیں جانتا کہ اردو کی بنیاد لشکر اور بازار میں پڑی۔ یہ زبان اس لئے پیدا ہوئی تھی کہ حکومت اور رعیت، اعلیٰ اور ادنی، ہندو اور مسلمان غرض کہ مختلف طبقوں اور مختلف فرقوں میں اس کے ذریعے ربط اور اتحاد پیدا ہو سکے، یعنی اس کی پیدائش ایک جمہوری ضرورت سے ہوئی۔ لیکن وہ بہت جلد اپنے اصلی مقصد سے بہت دور جا پڑی ہے۔

اردو شاعری نے فقرا اور مشائخ کے ہاتھوں پرورش پائی اور بالغ ہو کر بادشاہوں اور امیروں کی منظور نظر بنی۔ خانقاہوں میں اس کا بچپن گزرا اور محلوں میں جوانی، خلق اللہ سے اس کو کیا واسطہ تھا؟ اردو شاعری میں ایک طرف عشق و محبت اور دوسری طرف ترک دنیا کی جو اس قدر تحریک و ترغیب ہے، تو اس کا سبب یہی ہے کہ اس نے بادشاہوں اور درویشوں کی صحبت میں اپنی عمر گزاری ہے، ورنہ عوام کی روزانہ عملی زندگی میں نہ عشق و محبت کو اتنا دخل ہے نہ زہد و اتقا کو۔

یوں تو کسی ملک میں بھی ادب اب تک صحیح معنوں میں عام فہم نہیں رہا ہے۔ ادیبوں کی گفتگو آج تک خواص کو چھوڑ کر عوام سے نہیں رہی۔ مگر اردو ادب جس کا زیادہ تر حصہ شاعری پر مشتمل ہے، خصوصیت کے ساتھ خدا کی خدائی سے کوسوں دور ایک

چیدہ اور برگزیدہ جماعت کی چیز بنارہا اور ستم ظریفی یہ ہے کہ ادب کے عام فہم ہونے پر جتنا اردو زبان میں زور دیا جاتا ہے شاید ہی کسی دوسری زبان میں دیا جاتا ہو۔ یہ دراصل ایک مجرم ضمیر کی آواز ہے۔ ورنہ جس ملک میں ناخواندوں کی تعداد اس قدر عبرت ناک ہو، اس میں ادب کے عام فہم ہونے کا سوال ہی کیا؟ اور پھر اردو ادب کا عام فہم ہونا، جس کو عوام کی زندگی سے اب تک بہت کم سروکار رہا ہے۔

میں نے اس وقت تک جو کچھ کہا ہے اس سے مراد اردو ادب کی توہین یا تردید نہیں تھی میں خود ہی اردو ہی میں قلم گھستا رہا ہوں اور ہزاروں صفحے نامہ اعمال کی طرح سیاہ کر چکا ہوں۔ میں اگر اردو ادب کے خلاف کچھ کہنا بھی چاہتا تو مجھے زیب نہ دیتا، لیکن میرا مقصد یہ نہیں ہے۔ میں تو صرف یہ چاہتا ہوں کہ حقیقت حال روشن ہو جائے اور ہم اندھیرے میں کوئی حکم نہ لگائیں۔

اس وقت دنیا کے ہر ملک میں ایک جماعت ایسی ہے جو ادب اور دوسرے دماغی اکتسابات کی بے حرمتی پر کمر باندھے ہوئے ہے۔ اس کے خیال میں ادب صرف کاہلی اور واقعات سے گریز کا سبق دیتا ہے۔ اب ہم کو اول تو ادب کی چنداں ضرورت نہیں اور اگر ضرورت ہے بھی تو ایسے ادب کی جو زندگی کی دوادوش میں ہمارے کام آسکے۔ ہم کو ایسے ادب کی ضرورت ہے جو زندگی کی سچی نمائندگی کر سکے اور زندگی کی نمائندگی سے اس جماعت کی مراد یہ ہے کہ ادب ہماری مادی اور عملی زندگی کے ہر رخ کو اپنا موضوع بنائے اور اس میں کوئی تخیلی رنگ نہ بھرے۔

یہ جماعت جس کو یساریوں (Leftists) کی جماعت کہتے ہیں زندگی میں انقلاب نہیں چاہتی بلکہ انتشار چاہتی ہے۔ اس کے سامنے نہ زندگی کی کوئی تخئیل ہے نہ کوئی دستور العمل جس کو وہ اعتماد اور وضاحت کے ساتھ پیش کر سکے۔ یہ جماعت صرف تخریب چاہتی

ہے۔ تعمیر کا کوئی تصور اس کے ذہن میں نہیں ہے ورنہ اسلاف کے کارناموں کی قدر و قیمت سے اس طرح بے دریغ انکار نہ کرتی۔ ماضی کی اہمیت سے انکار کرنا اس بات کی کھلی ہوئی دلیل ہے کہ تاریخ کا مطالعہ نہیں کیا گیا ہے۔ ماضی کی کوتاہیوں میں اس طرح کھو کر رہ جانا کہ زندگی کی تعمیر اور توسیع میں اس نے جس قدر حصہ لیا ہے اس سے بھی انکار کر دیا جائے، تنگ نظری اور کم ظرفی کی علامت ہے۔ انتہا پسند لوگ عموماً تنگ نظر اور کم ظرف ہوتے ہیں۔ ہیجان اور انتشار کے زمانے میں ایسے لوگوں کی تعداد بڑھ جاتی ہے۔ موجودہ دور اس دعویٰ کی دلیل ہے۔

ہندوستان میں بھی ایسوں کی تعداد کافی ہے جو ادبیات ماضی کو خرافات بتاتے ہیں اور نئے ادب سے ایسے مطالبات کر رہے ہیں جن کو وہ خود واضح طور پر نہیں سمجھ سکتے کہ کیا ہیں۔ اردو ادب بالخصوص اردو شاعری پر نئی نسل کا یہ اعتراض ہے کہ اس میں کوئی زندگی نہیں ہوتی۔ اس کے جواب میں تو مجھے صرف یہ دہرانا ہے کہ ادب لوگوں کی زندگی کا آئینہ ہوتا ہے۔ جب لوگوں میں زندگی نہیں تو ادب میں کہاں سے آئے گی؟

یہ اعتراض عامیانہ حد تک عام ہو گیا ہے کہ اردو شاعری میں سوائے گل و بلبل اور شمع و پروانے کے دھرا ہی کیا ہے۔ میں اب تک صحیح معنوں میں نہیں سمجھ سکا کہ اصل اعتراض کیا ہے۔ "گل و بلبل" اور "شمع و پروانہ" کے الفاظ سے بغاوت منظور ہے یا ان کے مفہوم سے؟ جو لوگ صرف الفاظ پر اعتراض کرتے ہیں انہوں نے ان کی اصل اہمیت پر کبھی غور نہیں کیا ہے۔ گل و بلبل اور شمع و پروانہ، سرو، قمری اور اسی قسم کے اور الفاظ جن کی اردو شاعری میں اس قدر کثرت نظر آتی ہے اب محض لغت کے الفاظ نہیں رہے جن کے معنی محدود ہیں۔ یہ تو اب ایسے رموز و علامات ہو گئے ہیں جو جبر و مقابلہ کے علامات کی طرح ہمہ گیر اور لامحدود وسعت اپنے اندر رکھتے ہیں اور جن کو آج کل کا

مشہور نقاد ادب ٹی ایس ایلیٹ (T.S.Eliot) "ملزومات خارجی" (Objective Correlatives) کہتا ہے۔ اگر ایسا نہ ہوتا تو اردو اور فارسی غزل کے اشعار اس کثرت کے ساتھ ضرب المثل نہ ہوتے اور ایک سے زائد حالات پر صادق نہ آتے۔

جب ایک لفظ کو ایک علامت بنا دیا جاتا ہے تو اس میں لامحدود تنوع پیدا ہو جاتا ہے اور کوئی تشخص باقی نہیں رہتا۔ "گل و بلبل" سے اردو اور فارسی شاعری میں شاید ہی کبھی واقعی "گل و بلبل" مراد لئے گئے ہوں۔ یہ الفاظ اتنے بے مایہ نہیں ہیں جتنا کہ ان کو سمجھ لیا گیا ہے۔ لیکن اکثر لوگ "گل و بلبل" اور اسی قسم کے دوسرے روایات شاعری پر جب اعتراض کرتے ہیں تو ان کا اصل مقصد یہ ہوتا ہے کہ اردو شاعری میں حسن و عشق کی داستان کے سوا کچھ نہیں ملتا۔ یہ شکایت ایک حد تک بجا ہے۔

اردو شاعری میں حسن و عشق کے لے اس قدر بڑھی رہی ہے کہ اب ہمارا جی چاہتا ہے اس کی طرف سے کان بند کر لیں۔ لیکن یہ بھی وقت ہی کا تقاضا تھا، ہمارے شاعروں اور ادیبوں کے سامنے زندگی کی اور حقیقتیں نہیں تھیں۔ وہ ایک خیالی فردوس بنائے ہوئے تھے اور سمجھتے تھے کہ اس خیالی فردوس میں ایک فوقیت کے احساس کے ساتھ وہ زندگی کی تمام سنگین حقیقتوں سے اپنے کو دور اور محفوظ رکھ سکتے ہیں مگر اردو شاعری پر صرف افراط کا الزام لگایا جا سکتا ہے۔ ورنہ ہر زبان کی شاعری کا عام موضوع حسن و عشق ہی رہا ہے۔ اگر اردو زبان غزل کو اپنا طرہ امتیاز سمجھتی ہے تو دوسری زبانیں بھی Lyrics کو اپنا سرمایہ افتخار سمجھتی ہیں اور Lyrics میں بھی حسن و عشق کا عنصر اتنا ہی غالب ہے جتنا کہ غزلوں میں۔

حسن و عشق کا ذکر کوئی جرم نہیں ہے۔ جب تک انسان سے اس کی انفرادیت ایک دم سلب نہ ہو جائے جس کی کسی بعید سے بعید مستقبل میں بھی امید نہیں کی جا سکتی، اس

وقت تک عشق کے جذبات ہماری زندگی کے لازمی عنصر بنے رہیں گے اور ہم کو اس ادب کی بھی ضرورت ہو گی، جس کا موضوع عشق ہو۔ البتہ اس موضوع کو وہ غیر ضروری اور غیر متناسب اہمیت نہیں دی جائے گی جو اب تک دی جاتی رہی ہے۔ اب بھوک اور پیاس اور دوسری انسانی حقیقتوں کو ادب اور شاعری میں وہی جگہ دی جائے گی جو حسن و عشق کو دی جاتی رہی ہے۔ اب ادب میں ہل، ہنسیا اور ہتھوڑے کا ذکر بھی اس طرح کیا جائے گا جس طرح کہ ابھی تک 'تیر نگاہ' اور 'خنجر ناز' کا ذکر ہوتا رہا ہے۔ اس لئے کہ اب ہم پر یہ حقیقت روشن ہو چکی ہے کہ زندگی میں روٹی بھی اسی قدر ضروری اور پیاری چیز ہے جس قدر کہ ہمارا معشوق۔

جس "روح عصر"(Zeit geist) پر آج کل اس قدر زور دیا جارہا ہے اس سے کسی زمانے میں بھی ادب خالی نہیں رہا ہے۔ اردو ادب بھی زمانہ اور ماحول سے کبھی یک قلم بے گانہ نہیں رہا، بلکہ اس وقت تک وہ جو کچھ رہا صرف اس لئے رہا کہ زمانہ اور ماحول نے اس کو یہی بنایا۔ اردو ادب بھی تاریخی تقدیروں سے اسی طرح مجبور رہا اور اسی طرح دور بدور ہیئت بدلتا رہا جس طرح کسی اور ملک کا ادب۔ البتہ ترقی کے میدان میں اس کی رفتار بہت سست رہی اس کے جہاں اور اسباب تھے وہاں ایک بڑا سبب یہ بھی تھا کہ اس کی زندگی اس وقت شروع ہوئی جب کہ ملک کے گلے میں غلامی کا طوق پڑ چکا تھا اور یہاں کی معاشرت کو زوال آچکا تھا۔

غلام قوم کا ادب بھی غلام ہوتا ہے۔ ترقی کی راہیں اس کے لئے مسدود ہوتی ہیں اور خود اس کے اندر اتنی بھی سکت باقی نہیں رہتی کہ وہ زندگی کی دوادوش میں خاطر خواہ حصہ لے سکے۔ اس پر بھی تمام ناموافق حالات کے باوجود گزشتہ ساٹھ ستر برس میں اردو ادب نے جتنی ترقی کی ہے وہ کم حوصلہ افزا نہیں ہے اور پچھلے پچیس تیس برس کے اندر جو نئے

میلانات و امکانات اس کے اندر پیدا ہو گئے ہیں، خاص کر نثر میں، اس کو دیکھ کر ہم یہ کہہ سکتے ہیں کہ اردو ادب میں بھی زندہ رہنے کی صلاحیت اور ترقی کرنے کی قابلیت اگر پہلے موجود نہیں تھی تو اب پیدا ہو گئی ہے۔

اس وقت دنیا زندگی کے جس سر سامی دور سے گزر رہی ہے۔ وہ تخلیقی اکتسابات کا دور نہیں۔ ایسے دور میں ہذیانات اور تشنجی علامات ممکن ہوتے ہیں اور زندگی کے صحیح حرکات و سکنات بھی انہیں علامات کے ساتھ کچھ اس طرح مخلوط ہوتے ہیں کہ دونوں میں امتیاز دشوار ہو جاتا ہے۔ اس وقت جہاں بھی جو ادب پیدا ہو رہا ہے اس کا زیادہ حصہ ہذیانی ہے اور نہیں کہا جا سکتا ہے کہ اس میں سے کتنا زندہ رہے گا اور انسان کی زندگی کے لئے صحت بخش ثابت ہو گا اور کتنا مٹ جائے گا۔ اس وقت حیات انسانی ایک کرب کی حالت سے گزر رہی ہے اور جن آثار و علامات کا اظہار کر رہی ہے ان کے متعلق ہم کوئی قطعی حکم نہیں لگا سکتے۔

انیسویں صدی کے دوسرے نصف میں انگریزی کے مشہور ادیب اور شاعر میتھو آرنلڈ نے اپنی صدی کے بارے میں کہا تھا کہ "ہم لوگ دو دنیاؤں کے درمیان کھڑے ہوئے ہیں۔ ایک تو مر چکی ہے اور دوسری میں اتنی سکت نہیں کہ پیدا ہو سکے۔" یہ انیسویں صدی کے بارے میں کہا گیا تھا، جبکہ اس مرض کا ابتدائی دور تھا جس کو نئی تہذیب کے مہتم بالشان نام سے یاد کیا جاتا ہے۔ صنعتی انقلاب کو مشکل سے ڈیڑھ سو سال ہوئے تھے۔ اس کے تجربات دنیا کے لئے بالکل نئے اور ناآزمودہ تھے جو دنیا کو امیدوں کے ایک نئے طلسم میں مبتلا کئے ہوئے تھے۔ مہاجنی تہذیب کو انسانیت کی تکمیل اور اس کی نجات کا تنہا ذریعہ سمجھا جا رہا تھا۔

یہ بیسویں صدی ہے، دنیا جنگ عظیم اور مابعد کے تجربات سے گزر چکی ہے۔

انقلاب روس اور اس کے اثرات ساری دنیا کو متاثر کر چکے ہیں۔ سرمایہ داری کے پردے فاش ہو چکے ہیں۔ دولت شاہی (Plutocracy) اور مہاجنی تہذیب کے گڑھے ہوئے بت ایک ایک کر کے ٹوٹ رہے ہیں۔ میتھو آرنلڈ کا قول اس وقت حرف بحرف تو صحیح نہیں ہے، اس لئے کہ وہ دنیا تو پیدا ہو چکی ہے، لیکن ایک نوزائیدہ کی طرح بے شمار خطروں میں گھری ہوئی ہے۔ نہیں کہا جاسکتا ہے کہ یہ نیا بچہ ان خطرات سے صحیح سلامت گزر جائے گا یا ان کی نذر ہو جائے گا۔ اگر ان خطروں سے اپنی جان سلامت لے گیا تو آگے چل کر کیا ہو گا؟ اس کے متعلق بھی ہم کوئی حکم نہیں لگا سکتے۔ غرض اس وقت ہم پرانی دنیا کو پیچھے چھوڑ آئے ہیں اور نئی دنیا نظر کے سامنے ہے۔ ابھی اس سے پوری واقفیت ہم کو نہیں ہے۔

ہم ایک عبوری (Transitional) دور سے گزر رہے ہیں۔ اس وقت ہمارے خیالات و جذبات، ہمارے اصول و عقائد، ہماری زندگی کا سارا نظام اور اس کے تمام معیار بدل رہے ہیں۔ پرانی قدریں (Values) سب کی سب منسوخ و متروک ہو چکی ہیں۔ نئی قدریں ابھی متعین ہو کر زندگی کے شعبوں میں داخل نہیں ہوئی ہیں۔ ان کا تصور تو ہمارے ذہن میں آ چکا ہے، لیکن ابھی ہم ان کی طرف سے مذبذب اور بدگمان سے ہیں۔ تشکیک اور تذبذب دور زندگی میں آتے رہتے ہیں۔ لیکن ایسے دور میں فکر و عمل کے بہترین نمونے پیدا نہیں ہوتے، اس لئے کہ یہ تخلیق کا دور نہیں ہوتا اور ادب کی تو ایسے دور میں اور بھی نازک حالت ہوتی ہے۔ ادب کی تخلیق کے لئے ضروری ہے کہ زندگی کی کچھ قدریں اور کچھ معیار متعین ہوں جن پر ہم کو اعتقاد بھی ہو۔ یہی بات اس ہیجان و انتشار کے دور میں ہم کو نصیب نہیں ہے۔

اس وقت دنیا میں بے شمار نئے میلانات پیدا ہو گئے ہیں جو ابھی منتشر ہیں۔ ان میں

سے بعض تو ایسے ہیں جو زمانے کے ساتھ مٹ جائیں گے، لیکن بعض مستقل قدر و قیمت رکھتے ہیں اور انسان کی زندگی میں نئی برکتیں لانے والے ہیں۔ ان میں سب سے زیادہ اہم اور ہمہ گیر میلان جمہوریت ہے۔ ادب روز بروز جمہور کی زندگی سے قریب اور طبقہ اعلیٰ کی زندگی سے دور ہوتا جارہا ہے۔ یہ صحت کی علامت ہے اور انسانیت کے لئے مبارک۔ لیکن ہر نئے میلان اور ہر نئی سمت میں خطرے بھی ہوتے ہیں جن سے ہوشیار رہنے کی ضرورت ہے۔ جمہوریت کا میلان بھی خطروں سے خالی نہیں ہے۔ ہم کو جمہوریت کا صحیح مفہوم سمجھ لینا چاہئے۔

انقلابیوں کا ایک طبقہ ہے جو جمہوریت کے صرف یہ معنی سمجھتا ہے کہ تہذیب و تمدن نے اب تک زندگی میں جتنی نفاستیں اور نزاکتیں پیدا کی ہیں ان کو مٹا دیا جائے، اس لئے کہ اب تک تہذیب کی یہ برکتیں صرف طبقہ اعلیٰ اور طبقہ اوسط تک محدود رہی ہیں۔ یہ جماعت کھلے الفاظ میں یا درپردہ یہ چاہتی ہے کہ معاشرت انسانی کا سارا نظام اس ادنی سطح پر آجائے جس پر اس وقت جاہل اور غیر تربیت یافتہ عوام کی زندگی ہے۔ ہم کو یہ یاد رکھنا چاہئے کہ اول تو یہ ایسا ہونا ناممکن ہے، اس لئے کہ ترقی معکوس ناموس فطرت کے خلاف ہے اور اگر ایسا ہونا ممکن بھی ہو تو ایسا نہ ہونا چاہئے، ورنہ جمہوریت کا اصل مقصد پورا نہ ہوگا اور اشتراکی انقلاب اپنی جڑ آپ کھودے گا۔

لینن نے اس نکتے کو سمجھ لیا تھا۔ اسی لئے وہ مزدوروں کی تہذیب (Polecat) کو بادہوائی بات بتاتا ہے جو مریض دماغوں کی ہذیانی اپج ہے۔ ٹراٹسکی بھی اپنی تمام انتہاپسندی کے باوجود اپنی مشہور کتاب "ادب اور انقلاب" میں مزدوروں کی تہذیب" اور "مزدوروں کے ادب" کو خطرناک اصطلاحیں بتاتا ہے، اس لئے کہ اندیشہ ہے کہ یہ چیزیں تہذیب اور تمدن کے معیار کو خراب کردیں گی۔ ٹراٹسکی کے خیال میں اگر

مزدوروں کی تہذیب کے لئے کوئی معنی ہو سکتے ہیں تو صرف یہ کہ عزم اور استقلال کے ساتھ مزدوروں یعنی عوام کے معاشرتی معیار کو بلند سے بلند کیا جائے۔ لینن بھی اپنی معرکتہ الآرا کتاب "کیا کرنا چاہئے" (What is to be done) میں اسی پر زور دیتا ہے کہ ہم کو تعلیم و تربیت کو جلد سے جلد کثیر سے کثیر تعداد میں پھیلا دینے کی ضرورت ہے، تاکہ مزدوروں کی ذہنی سطح بلند ہوتی جائے اور ان کا شعور رچتا جائے۔

اس کے یہ معنی ہوئے کہ جو تہذیب اور جو علم و ادب اس وقت دنیا میں موجود ہے وہ طبقہ اعلیٰ کی میراث نہ سمجھی جائے، بلکہ جلد سے جلد وہ عوام کی ملکیت بن جائے اور خلق اللہ کے جو حقوق ایک کم تعداد اور متمول گروہ غصب کئے رہا، وہ ان کو مل جائیں۔ یہ ہے جمہوریت کا اصل مقصد۔ ادبی جمہوریت کا مقصد بھی یہی ہے۔ جو ادب اس جمہوری مقصد کی تکمیل میں کام آئے اس کو جمہوری ادب کہا جائے گا۔ جمہوری ادب کے نہ تو یہ معنی ہیں کہ وہ صرف طبقہ اسفل کے مصنفوں کا اکتساب ہو اور نہ اس کے یہ معنی ہیں کہ وہ عوام کی غیر مہذب اور ناقابل رشک زندگی کو معیاری زندگی بنا کر پیش کرے۔ ادب کا کام جمہور کی زندگی کو سنوارنا اور بہتر سے بہتر بنانا ہے۔

جمہوریت کے غلط تصور نے ایک دوسرا خطرہ بھی پیدا کر رکھا ہے۔ نئی نسل کی وہ جماعت جس کو یساریوں (Leftists) کی جماعت کہتے ہیں، جمہوریت یا اشتراکیت کے یہ معنی سمجھتی ہے کہ افراد کی جداگانہ شخصیت کو اک دم سلب کر لیا جائے اور انفرادیت کے اظہار کے لئے کوئی گنجائش نہ چھوڑی جائے۔ یہ ایک قسم کا مجنونانہ نہیں تو مجذوبانہ مطالبہ ضرور ہے۔ اسی قسم کے ناممکن اور محال مطالبات پر لینن نے یساریت (Leftism) کو ام الصبیان (Infantile Sickness) بتایا تھا۔ جب تک انسان انسان ہے اس وقت تک اس کے اندر انفرادیت باقی رہے گی اور کوئی اشتراکی یا انقلابی دستورالعمل اس کو اک دم

فنا نہیں کر سکتا۔ روس نے اس کو آزما کر دیکھ لیا ہے۔

انقلابی دور کے اوائل میں روس میں روسی مصنفوں اور ناشروں کی انجمن تھی جو "ریپ" (Rapp) کہلاتی تھی۔ یہ ایک سرکاری محکمہ تھا۔ اس کا کام یہ تھا کہ وہ ہر نئی تصنیف کو شائع ہونے سے پہلے بالاستیعاب دیکھتا تھا کہ آیا وہ اشتراکی تنظیم و تحریک میں کوئی عملی مدد دے سکتی ہے یا نہیں۔ جو تصنیف یا تحریر یا تقریر اس نقطہ نظر سے بے کار ہوتی تھی یا جس کا موضوع اشتراکی موضوع کے سوا اور کچھ ہوتا یا جس میں کوئی انفرادی عنصر زیادہ نمایاں ہوتا تو اس کو غیر اجتماعی کہہ کر رد کر دیا جاتا تھا اور اس کو اشاعت نہ ملتی تھی، لیکن بہت جلد اس کے نقصانات ظاہر ہونے لگے اور ۱۹۳۲ء میں معلوم ہوا کہ روسی ادب اور روسی فنون لطیفہ کی ساری دنیا ایک بے کیف اور تھکا دینے والا ریگستان ہو کر رہ گئی ہے۔ چنانچہ ۱۹۳۲ میں "ریپ" (Rapp) کو توڑ دینا پڑا اور اب روس میں وہ ادبی احتساب نہیں ہے جس کے چلتے اب سے آٹھ دس سال پہلے پڑھنے والوں اور لکھنے والوں کی زندگی ضیق میں تھی۔

ابھی حال میں ایک نقاد نے ادب کے جدید میلانات پر تبصرہ کرتے ہوئے ہم کو بتایا ہے کہ اب ادب کی روح رواں "میں" نہیں "ہم" ہے۔ آج کل شاعری کا جو "غیر ذاتی" نظریہ رائج ہو رہا ہے اور دنیا کی شاعری جو نمونے پیش کر رہی ہے وہ اسی جمہوری میلان کی علامتیں ہیں، لیکن "میں" فنا نہیں ہوا ہے اور نہ اس کو فنا ہونا چاہیے۔ 'میں'، "ہم" میں شامل ہو کر ہم آہنگی کے ساتھ کام کر رہا ہے اور یہی اس کو کرنا چاہیے۔ "میں" کسی مجذوب کا نام نہیں ہے جس کو دنیا و مافیہا سے کوئی واسطہ نہ ہو۔ صحیح انفرادیت یہ ہے کہ اپنی شخصیت کو سالم و صحیح رکھتے ہوئے اس کو اجتماعی ہیئت کا ایک لازمی اور زندگی بخش عنصر بنا دیا جائے۔

انفرادیت کوئی انوکھا پن نہیں ہے۔ جس انفرادیت کے خلاف ہم کو جہاد کرنا ہے وہ خود پرستی ہے۔ اب تک ہم انفرادیت کے یہ معنی سمجھتے رہے کہ اپنے کو لاتعداد عوام الناس سے برتر اور ممتاز سمجھا جائے اور اپنی زندگی کو ان کی زندگی سے یک قلم بے گانہ اور بے تعلق رکھا جائے۔ یہ انفرادیت یقیناً دنیا سے مٹ رہی ہے، اس لئے کہ وہ مٹنے والی تھی ہی۔ لیکن صحیح انفرادیت کی جو تعریف ابھی میں نے کی ہے وہ باقی ہے اور اس وقت تک باقی رہے گی جب تک انسانیت کی ہیئت نہ بدل جائے۔ یہ انفرادیت ادب کا ایک لازمی عنصر ہے جو ادب کی نشوونما میں مدد دیتا ہے۔ بغیر اس کے ادب میں تنوع کے بجائے ایک تھکا دینے والی یک رنگی آجائے گی جو ادب کی ماہیت اور غایت دونوں کو فنا کر دے گی۔

اب سے کچھ عرصے پہلے انقلابیوں کی انتہاپسند جماعت ادب میں کسی قسم کے تنوع کی قائل نہیں تھی۔ وہ اپنے ادیبوں کے لئے موضوع اور اسلوب دونوں خود متعین کئے ہوئے تھی اور جو ادیب مقررہ موضوعات واسالیب سے الگ ہو کر کچھ لکھتا تھا اس کو یہ جماعت ادیبوں کے زمرہ میں شامل نہیں کرتی تھی، یا زیادہ سے زیادہ غیر انقلابی یا رجعت پسند ادیب کہہ کر اس کو رسوا کرنے کی کوشش کرتی تھی۔ لیکن اب یہ جماعت بھی صحیح راستے پر لگ چلی ہے اور ادب میں تنوع اور تنوع کے لئے انفرادیت کی ضرورت محسوس کرنے لگی ہے۔ اس کے علاوہ ادب فلسفہ اور تصوف کی طرح عالم تجرید کی چیز نہیں ہے۔ محض دھیان گیان کو ادب نہیں کہتے۔ مجرد اور خالص تصورات ادب کے صحیح موضوعات نہیں ہیں۔

ادب کا تعلق مادی دنیا کے محسوس اور عامۃ الورود واقعات سے ہے۔ جان اسٹرپچی (John Strachey) نے اپنی معرکۃ الآرا تصنیف "اقتدار کی آئندہ جدوجہد" (The

(Coming Struggle For Power) میں بہت صحیح لکھا ہے کہ "ادب کسی خاص جگہ کسی خاص وقت میں کسی خاص مرد یا کسی خاص عورت کی کسی خاص صورت حال پر روشنی ڈالنے کی کوشش کرتا ہے۔" یعنی تنوع اور انفرادیت سے ادب کا خمیر ہوتا ہے لیکن اس کے یہ معنی نہیں کہ پاگلوں اور مجذوبوں کی دنیا سے نرالی نفسیات اور ان کے محیر العقول زندگی کے حالات کو ادب کا موضوع بنایا جائے تاوقتیکہ یہ نفسیات و حالات کوئی جمہوری اہمیت نہ رکھتے ہوں اور ان کے ذکر سے عوام الناس کا کوئی بھلا نہ ہوتا ہو۔

دنیا نے اب ادب کی ماہیت اور اس کی غایت کو سمجھ لیا ہے۔ ادب یقیناً جماعت کے ہاتھ میں حربہ ہوتا ہے اور ہر عہد میں کسی نہ کسی حد تک ادب یہی رہا ہے یہ اور بات ہے کہ اس حربے اور دوسرے حربوں میں فرق ہے۔ لیکن اس کا مقصد یہی ہے کہ وہ اجتماعی زندگی کی توسیع و ترقی اور اس کی تہذیب و تکمیل میں مدد دے۔ پہلے وہ جماعت جس کے ہاتھ میں ادب ایک ہتھیار تھا، اقلیت کی جماعت تھی۔ اب یہ اکثریت یا جمہور کی جماعت ہو گی اور بہت جلد کل بنی نوع انسان کی ایک جماعت ہو گی جس میں نہ کہیں اقلیت ہو گی نہ اکثریت۔ زندگی اور زندگی کا ہر شعبہ اس وقت جمہوریت اور انسانیت کی طرف مائل ہے اور اس کے اندر آفاقی وسعت روز بروز بڑھ رہی ہے۔

آج ادب سے بجا طور پر یہ مطالبہ کیا جا رہا ہے کہ اس کو پروپیگنڈہ یا آلہ تبلیغ واشاعت ہونا چاہئے۔ میں ادب کو اس معنی میں پروپیگنڈہ نہیں سمجھتا جس معنی میں اخبارات پروپیگنڈہ ہوتے ہیں، یا جس معنی میں مارکس کا "اشتراکی اعلان" (Communist Manifesto) پروپیگنڈا تھا اور نہ ہر پروپیگنڈا ادب ہوتا ہے۔ اگر ایسا ہوتا تو ادبیات میں سب سے پہلے اخبارات کو جگہ دی جاتی اور ان سیاسی تقریروں کو ادبی شہ پاروں میں شمار کیا جاتا جو خاص جماعت یا خاص فرقہ کی حمایت اور تائید میں آئے

دن ہوا کرتی ہیں۔ آج کٹر سے کٹر انقلابی بھی اخبارات کو ادب میں کوئی جگہ نہیں دیتا۔ روس کے مشہور اجتماعی آلہ نشرواشاعت "پروڈا" کو کوئی ادبی کارنامہ نہیں سمجھا جاتا۔ ادب ڈھنڈورے کے قسم کی چیز نہیں اور ادیب نہ کوئی ڈھنڈورایا ہوتا ہے نہ مبلغ۔ لیکن اس اعتبار سے ادب یقیناً ایک طرح کی تبلیغ واشاعت ہے کہ اس کے اندر ایک چھپا ہوا اور غیر محسوس غایتی میلان ہوتا ہے جو اس کا ایک اہم ترکیبی جزو ہوتا ہے اور جو ادب اس میلان سے خالی ہے وہ ادب نہیں ہے۔

میں خالص "جمالیت" (Aestheticism) "ادب برائے ادب" کے نظریے کا قائل نہیں۔ اس دنیائے اسباب وعلائق میں کوئی چیز نہ آپ اپنا سبب ہو سکتی ہے، نہ آپ اپنی غایت۔ ادب کا کام زندگی کی نمائندگی کرنا اور اس کو فروغ دینا ہے۔ لیکن میں اس گروہ کی ہاں میں ہاں نہیں ملا سکتا جو ادب کو سیاسیات کی طرح صرف عصری حالات کا آئینہ تصور کرتا ہے اور اس کو وقتی اور عارضی چیز بنائے رہنا چاہتا ہے۔ یہ گروہ ماضی کے اکتسابات کی قدروقیمت کو تسلیم نہیں کرتا اور ان کو حرف غلط کی طرح مٹا دینا چاہتا ہے۔ یہ کم ظرفوں اور سبک سروں کا گروہ ہے جو اپنے وقت کے ہیجان وانتشار میں کھو کر رہ گیا ہے۔ ماضی سے نہ انسان کی زندگی کبھی انکار کر سکتی ہے نہ ادب۔ انسان جو کچھ ہے ماضی کا بنایا ہوا ہے اور آئندہ جو کچھ ہوگا ماضی اور حال کی بدولت ہوگا۔ اقبال کی "شمع" نے شاعر سے کیا کہا تھا،

گل بداماں ہے مری شب کے لہو سے میری شمع
ہے ترے امروز سے ناآشنا فرداترا

یہی مجھے اس جماعت سے کہنا ہے جو مستقبل کے جنون میں ماضی کی اہمیت کو بھول گئی ہے اور جو بغیر تاریخ اور ارتقا کے راز کو سمجھے ہوئے ترقی کی پکار لگا رہی ہے۔ ماضی میں

کھو کر رہ جانا تو موت کا پیغام ہوتا ہے۔ لیکن آج تک اس قوم کا بھی کوئی مستقبل نہیں ہوا جس کے پاس اپنا کوئی ماضی نہ ہو اور وہ ادب ترقی نہیں کر سکتا جس میں روح عصر کے ساتھ ساتھ ماضی کی روح بھی نہ موجود ہو۔ ترقی پسند جماعت کے اکثر لوگ ہم سے پوچھتے ہیں کہ ہم شعر و قصائد کے اس ناپاک دفتر کو کیا کریں جو ہمیں ترکے میں ملا ہے۔ آخر میر اور سودا، ذوق اور غالب، داغ اور امیر ہمارے کس کام کے ہیں؟ یہ ایسا سوال ہے جو اب انقلابی روس میں بھی نہیں اٹھایا جاتا۔ شروع شروع میں روس میں ایک جماعت تھی جو اسلاف کے کارناموں کو کوڑا کرکٹ سمجھ کر پھینکے ہوئے تھی لیکن اب اسی روس کو اپنے اسلاف کے ادبی فتوحات پر ناز ہے۔

روس اپنے جدید انقلابی ادب کی تعمیر کے لئے ضروری سمجھنے لگا ہے کہ قبل انقلاب جتنے شاعر اور ادیب گزرے ہیں ان کو نہ صرف محفوظ رکھا جائے بلکہ کثیر سے کثیر تعداد کو اس قابل بنایا جائے کہ وہ ان کی تصنیفات پڑھ سکیں اور ان کے بہترین اثرات کو اپنے اندر جذب کرکے زندگی کے نئے رجحانات اور نئی ضرورتوں میں کام لا سکیں۔ میر اور غالب سے بھی ہم یہی کام لے سکتے ہیں۔ ان کا مطالعہ ہمارے نئے شاعروں اور ادیبوں کی تہذیب کرے گا اور خود ان کے کارناموں کی قدر کو مستحکم کرے گا۔ اس کے علاوہ قدماکا مطالعہ ہمارے اندر تاریخی بصیرت پیدا کرے گا۔ اگر ادب کو ترقی کرنا ہے اور زندگی کی تعمیر و تکمیل میں نمایاں حصہ لینا ہے تو اس کو چاہئے کہ ماضی کا بار بار جائزہ لیتا رہے، حال میں مشغول رہے اور مستقبل کو پیش نظر رکھے۔ جن ملکوں میں ادب رو بہ ترقی ہے وہاں یہ ہو رہا ہے اور جن ملکوں میں ایسا نہیں ہے وہاں ادب مفقود ہو رہا ہے۔

جرمنی کی مثال سامنے رکھئے جہاں ڈاکٹر گوئبل لوگوں کو یہ سمجھا رہا ہے کہ "ہمارے دماغی مشاغل نے ہماری قوم کو مسموم کر رکھا ہے۔" جہاں ایک شاعر کے انگوٹھے اس لئے

کاٹ دیے گئے کہ بیچارے نے قید خانے سے اپنی بیوی کو خط لکھنے کی اجازت مانگی تھی، جہاں لوگوں کے ذاتی کتب خانے اس لئے ضبط کر لئے گئے کہ ان میں انگریزی کے مشہور مصنف ڈی ایچ لارنس D.H.LA WRENCE اور روس کے رشی فسانہ نگار داسفسکی کی کتابیں بھی نکل آئیں۔ ایسے ملکوں میں ادب کا جو حال ہو گا ظاہر ہے۔ لیکن میں آپ کو یقین دلاتا ہوں کہ جرمنی کو ادب کے ساتھ اپنا برتاؤ بدلنا ہو گا۔ ورنہ بہت جلد اس کو تسلیم کرنا پڑے گا کہ وہ دنیا کی مہذب اور ترقی یافتہ قوموں میں کسی حیثیت کا مالک نہیں ہے۔ اٹلی اس معاملے میں جرمنی سے صرف کسی قدر زیادہ ہوش مند اور عاقبت اندیش نظر آتا ہے۔

جس قوم کے پاس اپنا کوئی تاریخی ادب نہیں اس کی مثال ایسے شخص کی ہے جس کی ایک پسلی غائب ہو اور جس قوم کا ادب زمانے کے ساتھ ترقی نہیں کر رہا ہے وہ قوم ایک مہنط لاش سے زیادہ قدر و قیمت کی چیز نہیں۔ ادب انسانیت کی نشو و نما کے لئے اسی قدر ضروری ہے جس قدر زندگی کا کوئی اور شعبہ اور ادب اسی وقت زندہ رہ سکتا ہے اور ترقی کر سکتا ہے جب کہ وہ جمہوری اور مجموعی زندگی کی توسیع و ترقی میں مددگار ثابت ہو۔

قدرتی طور پر اس وقت پھر ہمارا ذہن اردو ادب کی طرف منتقل ہوتا ہے۔ اردو ادب کہاں تک زمانے کے ساتھ ہے اور اس کے حال سے کس مستقبل کا اندازہ ہوتا ہے؟ میں یقین اور اعتماد کے ساتھ کہہ سکتا ہوں کہ اس کی حالت اتنی مایوس کن نہیں ہے جتنی کہ ہم سمجھ رہے ہیں۔ یہ سچ ہے کہ اس کی رفتار بہت سست رہی ہے اور اب ممکن ہے کہ اس کو جست لگانا پڑے لیکن غدر کے بعد سے وہ مستعدی کے ساتھ برابر ترقی کے راستے پر چلتا رہا ہے۔ اردو نثر کے ہر شعبے میں جدید میلانات سرایت کئے ہوئے ہیں۔ اردو افسانہ نگاری اور اردو تنقید نئے میلانات و امکانات کو جس طرح اپنے اندر سمو رہی ہے وہ باوجود

خاطر خواہ نہ ہونے کے ہم کو اطمینان دلانے کے لئے کافی ہے۔

ہم کو سب سے زیادہ اردو شاعری کی طرف سے اندیشہ تھا، اس لئے کہ اول تو شاعری یوں بھی نثر کے مقابلے میں روایات و رسوم کی زنجیروں میں زیادہ جکڑی ہوتی ہے، دوسرے اردو شاعری تو سرے سے روایات کے بوتے پر زندہ تھی اور اختراع و ایجاد کو اپنے اوپر حرام کئے ہوئے تھی۔ لیکن گزشتہ پچیس تیس برس سے اس کی جو رفتار رہی ہے، اس کو دیکھ کر ہم کہہ سکتے ہیں کہ اس کی حالت اتنی خراب نہیں ہے جتنی کہ ہم سمجھتے ہیں اور وہ اس قدر پیچھے نہیں جس قدر کہ اس پر الزام لگایا جاتا ہے۔

ارو شاعری میں ترقی کی جو لے پہلے پہل حالی نے چھیڑی تھی اور جس کو اقبال نے اپنے حکیمانہ پیغام عمل سے اور چکبست نے اپنی وطنیت سے فروغ دیا، وہ اب بھی جاری ہے اور اس میں روز بروز زیادہ وسعت اور گہرائی پیدا ہو رہی ہے۔ جو لوگ غزل سے بیزار ہیں ان کو اطمینان رکھنا چاہئے کہ اب اردو شاعری غزل سے باہر اور میدانوں کا بھی جائزہ لے رہی ہے اور اپنے لئے نئے امکانات اور نئی طاقتیں پا رہی ہے۔ غزل باقی اب بھی ہے اور باقی رہے گی۔ اس لئے کہ ہماری انفرادی زندگی کی شدید کیفیتوں کو بیان کرنے کے لئے غزل کی ضرورت ہمیشہ رہے گی۔ لیکن ہم کو اس حقیقت کا بھی احساس ہو گیا ہے کہ غزل ہماری زندگی کی اور ضرورتوں پر قادر نہیں ہے، خاص کر ہماری غیر ذاتی اور خارجی زندگی کا غزل کسی طرح احاطہ نہیں کر پاتی۔ اس احساس کے ماتحت نظم کو جو رواج مل رہا ہے وہ بڑی حوصلہ افزا علامت ہے۔

اس وقت نظم نگاروں کی ایک پوری جماعت ہے جو زندگی کی نئی صلاحیتوں سے اثر قبول کر رہی ہے اور شاعری کو نئی صورت دے رہی ہے۔ جو لوگ اردو شاعری کو محض تحریک خواب (Hypnosis) سمجھے ہوئے ہیں وہ جوش، احسان دانش، روش صدیقی، مجاز

اور علی سردار کی نظموں کو پڑھیں اور خود فیصلہ کریں کہ اردو شاعری جدید ترین انقلابی میلانات کے اظہار پر قادر ہے یا نہیں؟ غرض کہ اردو ادب میں بھی ترقی کے کافی آثار ظاہر ہو چکے ہیں اور آئندہ ظاہر ہوتے رہیں گے۔ ہم کو صرف اس بات کو ملحوظ رکھنا چاہیے کہ زندگی کس سمت میں جارہی ہے اور اس میں کون کون سے نئے اسباب و محرکات پیدا ہو رہے ہیں۔

اب آخر میں ادب کے متعلق چند عام باتیں ذہن نشین کرادینا چاہتا ہوں۔ اب تک کے ادب پر نئی نسل کا یہ اعتراض ہے کہ اس کا بیشتر حصہ تفریحی یا فراری (Escapist) ہے۔ یہ اعتراض غلط نہیں۔ ادب کی تفریحی غایت پر اب تک ضرورت سے زیادہ زور دیا جاتا رہا ہے اور اس کے افادی اور عملی مقصد کو ہم بھولے رہے ہیں۔ اب ادب کی حقیقت کو دنیا نے سمجھ لیا ہے۔ ادب زندگی کی ایک غایتی حرکت ہے اور وہ محض تفریح نہیں ہو سکتا۔ لیکن اس سے بھی انکار نہیں کیا جاسکتا کہ ادب کی ایک غایت تفریح اور زندگی کی تکان دور کرنا بھی ہے۔ مارکس جو ہر چیز کو اقتصادی اور معاشرتی نقطہ نظر سے دیکھتا ہے وہ بھی ادب کی تفریحی اہمیت کو تسلیم کرتا ہے۔

فرانز مہرنگ (Franz Mehring) نے کارل مارکس کی جو سوانح عمری لکھی ہے اس میں اس نے لکھا ہے کہ مارکس ادب کے مطالعے سے دماغی تفریح اور تازگی حاصل کرنے کی کوشش کرتا تھا۔ مارکس کی ادبی بصیرت اس کے سیاسی اور اجتماعی تعصبات سے بالکل پاک تھی۔ البتہ وہ خالص جمالیت (Pure Aestheticism) کا قائل نہیں تھا اور "ادب برائے ادب" کو خطرناک نظریہ سمجھتا تھا۔ لیلن کی نجی زندگی کے جو غیر مربوط حالات مکیسم گورکی اور کلیرا زٹکن (Clarazetkin) نے لکھے ہیں ان سے صاف معلوم ہوتا ہے کہ زندگی کے شدید بحرانی اوقات میں بھی لینن ادب کی تفریحی

اہمیت کا قائل تھا اوراس سے وہ سکون اور تازگی حاصل کرتا تھا جس کو نفسیات کا ماہر ولیم جیمس "اخلاقی تعطیل"(Moral Holiday) کہتاہے اور جس سے ہمارے اندر عملی زندگی کی ایک نئی تاب پیدا ہو جاتی ہے۔

حقیقت یہ ہے کہ ادب کے دو عنصر ہوتے ہیں۔ ایک تو داخلی یا انفرادی یا جمالیاتی ہے، دوسرا خارجی یا اجتماعی یا افادی ہے۔ چونکہ افراط تفریط کا خطرہ زندگی کی ایک عام خصوصیت ہے، اس لئے ادب میں بھی کبھی ایک عنصر غالب رہتاہے اور کبھی دوسرا۔ اب تک ادب میں جس عنصر کی افراط رہی ہے وہ داخلی اور جمالیاتی تھا۔ اسی لئے ادب کے تفریحی رخ پر اب تک زیادہ زور دیا گیاہے۔ اب اس کے برعکس ادب میں خارجی عنصر کا غلبہ ہورہاہے اور اس کے عملی اور افادی رخ پر ضرورت سے زیادہ زور دیا جارہاہے لیکن کامیاب ادب وہی ہے جس میں یہ دونوں عناصر ایک مزاج ہو کر ظاہر ہوں۔

***

تخلیق و تنقید

تنقید کیا ہے یا وہ کون سا مرکزی لازمی عنصر ہے جس کے بغیر تنقید تنقید نہیں ہو سکتی۔ اب سے ایک دو نسل پہلے یہ سوال کبھی اٹھایا نہیں گیا۔ اس لئے کہ اب تک فنکار اور نقاد کے درمیان کوئی محسوس فرق نہیں تھا۔ دونوں کا تصور ایک ساتھ ذہن میں آتا تھا۔ تخلیق اور تنقید دونوں کو ایک ہی قوت کے دو مظاہرے سمجھا جاتا تھا۔ شاعری کے دائرہ میں اگر بحث کو محدود رکھا جائے تو کہا جا سکتا ہے کہ شاعر کا نقاد او نقاد کا شاعر ہونا لازمی تھا۔ جب شاعر "تحسین ناشناس" اور "سکوت سخن شناس" کا ذکر کرتا تھا تو اس کا صاف مطلب یہی ہوتا تھا کہ اصلی نقاد خود بھی شاعر ہوتا ہے یہ دوسری بات ہے کہ وہ شعر نہ کہتا ہو۔

یہ سمجھنا کوئی مشکل کام نہیں کہ کوئی ایسا شخص شاعری پر صحیح تنقید نہیں کر سکتا جو خود فن شاعری میں پورا درک اور اس کے اصول اور اسالیب سے پوری آگاہی نہ رکھتا ہو، بالکل اسی طرح جس طرح کہ فن تعمیر کے نقاد کے لئے کم سے کم اصولی اور نظری طور پر فن تعمیر کا ماہر ہونا ضروری ہے۔ شاعر بھی اس وقت تک بڑا شاعر نہیں ہو سکتا جب تک کہ اس کے اندر نہایت کھری اور کارگر قسم کی تنقیدی صلاحیت موجود نہ ہو۔ تخلیق بغیر تنقید کے ممکن نہیں۔ ایک شاعر کے لئے بہت ضروری ہے کہ وہ اساتذہ کے کلام کے بہترین نمونوں سے پوری واقفیت رکھتا ہو اور فن شاعری کے اصول اور روایات کو اچھی

طرح سمجھنے اور پرکھنے کے قابل ہو۔

شعرائے ماسلف میں کوئی ایسی مثال نہیں ملتی کہ شاعر اصول فن سے نابلد ہو، یا اسلاف کے کلام کا قابل لحاظ حصہ اس کے مطالعہ سے نہ گزر چکا ہو۔ بہت سی مثالیں تو ایسی ملیں گی کہ شاعر نقاد بھی ہے اور نقاد شاعر بھی۔ فارسی میں رودکی سے لے کر متاخرین تک اور اردو میں سراج اور ولی سے لے کر امیر مینائی اور ان کے متبعین تک ایسے شعراء کی کمی نہیں ہے جنہوں نے اچھے شعر بھی کہے ہیں اور ایسے تذکرے بھی لکھے ہیں جن سے آج بھی ہم بے نیازی نہیں برت سکتے۔

اردو میں میر، سودا، قائم چاندپوری، لچھمی نارائن صاحب و شفیق، مصحفی، میر حسن اور بہت سے بعد کے شعراء صف اول کے تذکرہ نگار بھی رہے ہیں۔ انگریزی ادب کی تواریخ میں سر فلپ سڈنی، ڈرائڈن، کولرج، ورڈس ورتھ، شیلی، میتھو آرنلڈ، رابرٹ برجز اور ٹی ایس ایلیٹ ہمارے اس دعوے کے ثبوت میں پیش کئے جاسکتے ہیں کہ ماہیت کے اعتبار سے شاعر اور نقاد دونوں ایک ہیں۔ جرمنی کا مشہور شاعر اور تمثیل نگار گوئٹے دنیا کے زبردست مفکروں اور نقادوں میں شمار کیا جاتا ہے۔ نقاد اور شاعر میں ایک ظاہری فرق ضرور ہے اور وہ یہ کہ نقاد عملاً تجزیہ اور تبصرہ کا زیادہ ماہر ہوتا ہے۔ شاعر عموماً اپنے فن کے اصول اور اسالیب کا غیر شعوری احساس رکھتا ہے جو اس کی تخلیقی کوششوں میں بلا ارادہ کام کرتا رہتا ہے۔

شاعری یا ادب کی کسی دوسری صنف کے لئے کم سے کم دو ہستیوں کا ہونا لازمی ہے، ایک تو وہ جو شاعر یا ادیب ہے اور دوسرا وہ جو اس کی تصنیف کو سنے یا پڑھے اور سمجھے۔ بقول اسکاٹ جیمس گویا ایک سرے پر ایک آواز ہوتی ہے اور دوسرے سرے پر ایک سننے والا۔ سننے والا نقاد ہے جو سنی ہوئی بات کے کسی جزو کو چھوڑتا نہیں اور اس کے معنی کی

تمام گہرائیوں سے لے کر الفاظ اور لب ولہجہ کی تمام نزاکتوں اور بلاغتوں کو اچھی طرح سمجھتا ہے۔

نقاد کا پہلا کام یہ ہے کہ اس نے جو کچھ سنا ہے اس کو بغیر بدلے ہوئے اس کی ترکیب کا تجزیہ کر سکے اور اس کے لئے ضروری ہے کہ سننے والے کے اندر ایسا جامع اور محیط تخیل ہو کہ وہ کہنے والے کی نفسیات کو اپنے ذاتی تجربات کی طرح سمجھ سکتا ہو۔ اصلی کارنامہ تو شاعر کا ہے جس نے شعر کی تشکیل کی۔ لیکن اگر نقاد میں یہ صلاحیت نہیں ہے کہ وہ اس شعر کی اندرونی کائنات اور بیرونی ہیئت کا تجزیہ کر کے اس کو از سر نو ویسی ہی شکل دے سکے جیسی کہ شاعر نے دی تھی تو وہ نقاد کا اصلی فرض ادا کرنے سے قاصر رہ جائے گا۔

لیکن عملاً نقاد کے کام کا آغاز وہاں سے نہیں ہوتا، جہاں سے شاعر کی تخلیق شروع ہوتی ہے۔ شاعر واقعی زندگی یا اس کے کسی ایک جزو پر اپنے کلام کی بنیاد رکھتا ہے۔ خارجی عالم اسباب سے جو تاثرات اس کے اندر پیدا ہوتے ہیں وہ ان کو نظم و ترتیب کے ساتھ ایک صورت دیتا ہے اور اپنی تخیل سے اس صورت میں رنگ آمیزیاں کرتا ہے، یعنی شاعر اپنے تجربات اور ذہنی نقوش کو الفاظ کا جامہ پہنا کر ایک مکمل ہیئت میں پیش کرتا ہے۔ نقاد کا نقطہ آغاز یہی مکمل ہیئت ہے، لیکن جیسا کہ اسکاٹ جیمس نے اپنی کتاب "ادب کی تشکیل" The Making of Literature میں واضح کر دیا ہے، نقاد کو اس قابل ہونا چاہئے کہ وہ شاعر یا ادیب کے کسی کارنامہ پر تبصرہ کرتے ہوئے الٹے پاؤں واپس جا سکے تاکہ وہ خود اپنے تخلیقی تخیل سے کام لے کر آغاز سے نقطہ تکمیل تک اس کارنامہ کا تجزیہ کر کے اس کو سمجھ اور سمجھا سکے۔

نقاد کے لئے بھی کائنات اور انسانی زندگی کا مطالعہ اور مشاہدہ اتنا ہی ضروری ہے جتنا شاعر کے لئے، ورنہ وہ یہ نہ سمجھ سکے گا کہ شاعر نے اپنی تخلیق کے لیے مواد کہاں سے

حاصل کیا ہے اور ان مواد کو اس نے جو صورت دی ہے وہ کس حد تک موزوں اور ناگزیر ہے۔ نقاد کو زندگی کے خارجی اور داخلی واقعات و واردات کا ویسا ہی حقیقی اور بھرپور شعور ہونا چاہئے جیسا کہ فنکار کے لئے ضروری ہے، نہیں تو فنکاری میں زندگی کی جو نمائندگی کی جائے گی نقاد اس کا احاطہ نہ کر سکے گا۔

اس علم کائنات یا شعور زندگی سے آخر کیا مراد ہے؟ محض واقعات یا حالات کے اضطراری نقوش اور ارتسامات کو کائنات کا علم یا زندگی کا شعور نہیں کہتے۔ شاعر اور نقاد دونوں کے لئے کائنات اور زندگی کے ارتقا اور تواریخ کا منضبط اور مدلل علم ضروری ہے۔ ماضی کی زندہ یاد، حال کے تمام اکتسابات پر جامع اور ہمہ گیر نظر اور مستقبل کے ارتقائی امکانات کا نہایت واضح اور صحیح تصور فنکار اور نقاد دونوں کے لئے لازمی ہے اور شاعر ہو یا نقاد، زندگی کا یہ درک اور شعور اس کے اندر اس وقت تک نہیں پیدا ہو سکتا جب تک کہ وہ زندگی کو متحرک اور ترقی پذیر نہ سمجھے۔ زندگی کو اگر ساکت اور صامت مان لیا گیا تو تواریخ کے کوئی معنی نہ ہوں گے۔

زندگی اگر تواریخ ہے، اگر اس میں ماضی، حال اور مستقبل اصل وجود رکھتے ہیں تو یقیناً وہ ایک متحرک حقیقت ہے جو عہد بہ عہد بدلتی جاتی ہے اور بہتر سے بہتر ہوتی رہتی ہے۔ یہ محض مارکس اور لینن کے خیالات نہیں ہیں، بلکہ بیرگساں (BERGSON) رودلف آئیکن (Rudolph Eucken) اور کروچ (Croce) جیسے متصورین کے بھی نظریات یہی ہیں۔ یہ سب زندگی کی قوت کو متحرک اور مسلسل یعنی تواریخی مانتے ہیں۔

فنکاری اگر زندگی کی نقل یا تخلیق جدید ہے تو وہ اس بنیادی تصور سے انحراف نہیں کر سکتی۔ زندگی کے اس تصور میں ماضی، حال اور مستقبل یعنی روایات اور انقلابات ترکیبی عناصر کی طرح داخل ہیں اور ایک دوسرے سے جدا نہیں کئے جا سکتے۔ بقول ٹی ایس

ایلیٹ حال کے شعور میں ماضی کی پوری آگاہی کام کرتی ہوتی ہے اور مستقبل کا تصور حال کے شدید احساس سے بے تعلق نہیں رہ سکتا۔

اگر فنکاری یا شاعری کا موضوع قدماء کے خیال کے مطابق محض حسن قرار دیا جائے تو پھر حسن کو ایک نہایت وسیع اور خلاق قوت ماننا پڑے گا۔ جس کا شعوری یا غیر شعوری احساس خواص اور عوام سب میں موجود ہوتا ہے۔ جو حسن صرف چند چیدہ اور برگزیدہ ہستیوں کے شعور میں آسکے اور جس کی قدر عام بنی نوع انسان نہ کرسکیں اس کا اصلی وجود کہیں نہیں ہے۔ حسن کے اس غیر حقیقی تصور سے اب دنیا بہت آگے بڑھ گئی ہے۔

اب ہم حسن اور اس کے شعور اور اس کی قدر کو سارے بندگان خدا کا حق سمجھتے ہیں۔ اس کے یہ معنی ہرگز نہیں کہ شاعر اور عوام میں کوئی فرق نہیں۔ اختلاف مراتب کا کسی نہ کسی حد تک بہر حال قائل ہونا پڑے گا۔ کسی میں یہ شعور زیادہ واضح، زیادہ شدید اور زیادہ توانا ہوتا ہے اور وہ اس قابل ہوتا ہے کہ اس شعور کو ذریعہ اظہار دوسروں تک بھی پہنچا سکے، لیکن جب تک دوسروں میں بھی کم و بیش یہ شعور موجود نہ ہو، اس وقت تک دوسرے شاعر یا فنکار کی کوششوں سے کوئی اثر قبول نہیں کرسکتے۔

شاعر کا کام محض عوام کے خوابیدہ یا نیم خوابیدہ شعور کو جگا کر ہشیار کر دینا ہے۔ نقاد میں، جیسا کہ بتایا جا چکا ہے وہی شعور ضروری ہے جو شاعر کے اندر کار فرما ہوتا ہے ورنہ وہ شاعر کی تخلیقی کوششوں پر صحیح تنقیدی حکم نہ لگا سکے گا۔ نقاد شاعر کا ہم شعور اور رفیق کار ہوتا ہے۔ شاعر کو نقاد سے ملتی ہے۔ وہ خود جس کام کو نہیں کر سکتا وہ نقاد اس کے لئے کرتا ہے۔ شاعر کو اپنی کوشش اتنی عزیز ہوتی ہے کہ وہ اس کی اچھائی یا برائی کو پرکھنے میں دھوکا کھا سکتا ہے جس سے نقاد اس کو بچاتا ہے۔ تنقید نئ تخلیق کے لئے شمع راہ بنتی ہے۔

ہم کہہ سکتے ہیں کہ ایک شاعر کے اختراعات فائقہ کی صحیح قدر متعین کرنا کسی دوسرے شاعر ہی کا کام ہے۔ یہ دوسرا شاعر نقاد ہے۔

مختصر طور پر اشارتاً جو کچھ میں نے کہا ہے اس سے اتنا تو واضح ہی ہو گیا ہو گا کہ بغیر ماضی کے مطالعہ، حال کے مشاہدے اور مستقبل کے تصور کے نہ کوئی صحیح معنوں میں فنکار ہو سکتا ہے نہ نقاد۔ اس لئے کہ ان تینوں اجزا کے امتزاج کے بغیر ہمارے اندر تواریخی بصیرت نہیں پیدا ہو سکتی اور تواریخی بصیرت کے بغیر نئی تخلیق ایک اسقاطی کوشش سے زیادہ قابل قدر نہیں ہو سکتی۔ ہمارے نوجوان فنکاروں کو یہ راز سمجھنا ہے۔

***

تاریخ اور تخلیق

انسان کے جملہ ثقافتی اکتسابات میں جو اس نے تاریک ترین زمانہ قبل تاریخ سے لے کر اب تک حاصل کئے ہیں سب سے اہم، سب سے اعلیٰ اور افضل اور سب سے زیادہ قابل فخر وہ اکتسابات ہیں جن کو مجموعی طور پر فنون لطیفہ کہا جاتا ہے اور جن کی ابتدا اتنی ہی قدیم ہے جتنی کہ "انسان دانا" (Homosapiens) کی ہستی۔ بلکہ ہم تو یہ کہیں گے کہ فنون لطیفہ کی پہلی داغ بیل اس وقت پڑی جب کہ اس نوع حیوانی نے جس کو "بشر نما" (Anthropoid) کہتے ہیں۔ خطرات کی مدافعت اور اپنی حفاظت اور زندگی کی روزمرہ ضروریات کے لئے درختوں کی ٹہنیاں اور پتھر کے ٹکڑے تراش کر اپنے لئے آلات بنانا سیکھا۔

کیا جاوا میں کیا پیکنگ میں، کیا افریقہ میں اور کیا مغربی یورپ میں جہاں جہاں قدیم ترین "نیم انسانی" (Homonids) کے آثار پائے گئے ہیں وہاں وہاں یہ بھی شہادتیں ملی ہیں کہ وہ لکڑی چقماق اور دوسرے پتھروں سے ایسے اوزار بناتے تھے جن سے وہ مختلف موقعوں پر مختلف کام لیتے تھے۔ آج فنون لطیفہ ارتقا اور تہذیب کی بے شمار منزلیں طے کر کے جس بلندی پر ہیں، اس سے صحیح اندازہ لگانا بڑا تاریخی درک چاہتا ہے کہ ان کی بنیادیں کتنی ادنی اور کس قدر فطری محرکات پر ہیں اور ان کے اولیں نمونے ہمارے آج کے معیار سے کیسے بھدے اور بے قرینہ تھے، اس جگ کو گزرے ہوئے پانچ لاکھ سال

نہیں تو کم سے کم ڈھائی لاکھ سال ضرور ہو چکے ہیں۔

انسان کی اختراعی کوششوں میں سب سے زیادہ پرانی اور سب سے زیادہ مہتم بالشان اور جلیل القدر وہ کوشش ہے جو بعد کو فن کاری (Art) کے نام سے موسوم ہوئی اور جس کی جڑیں انسان کی ذاتی اور سماجی ضرورتوں میں اور اس کی زندگی کی ہمہ سمتی فلاح و بہبود کے اغراض میں دور تک پھیلی ہوئی ملیں گی۔ فن برائے فن کے تصور سے حیات انسانی کی تواریخ بالکل ناآشنا ہے۔ ہر زمانے کا فن اس زندگی کی بدولت زندہ رہا ہے جس کے نقش اس نے پیش کئے ہیں۔ فن ہمیشہ ایک مخصوص معاشرہ کے بطن سے پیدا ہوا ہے اور فن کا سرچشمہ ارضی اور مادی زندگی ہے۔

فنون لطیفہ کی سب سے زیادہ تربیت اور سب سے زیادہ لطیف صورت ادب یعنی الفاظ کا فن ہے جو سنگ تراشی اور مصوری کے بعد وجود میں آیا اور ادب کی سب سے زیادہ قدیم، سب سے زیادہ فطری اور سب سے مقبول عام شکل شاعری ہے اور شاعری کی سب سے زیادہ بے ساختہ اور سب سے زیادہ پاکیزہ صنف وہ ہے جس کے لئے فارسی اور اردو میں عربی لفظ غزل ہوتا ہے اور جس کو دوسری زبانوں میں گیت، نغمہ یا مزماریہ یا غنائیہ یعنی (Lyric) کہتے ہیں۔ ہم کو یہ بات ذہن میں رکھنا ہے کہ شاعری معصوم انسان کی معصوم زبان اور اس کا پہلا ذریعہ اظہار و ابلاغ ہے۔

ہم اس فضول اور لاحاصل بحث میں پڑنا نہیں چاہتے کہ دنیا کا سب سے پہلا شاعر کون ہے اور سب سے پہلے شعر کس نے کہا۔ سامی روایت کے مطابق سب سے پہلے جس نے شعر کہا وہ آدم تھے، ان کے صالح اور نیک بخت بیٹے ہابیل کو ان کے باغی اور سرکش بڑے بیٹے نے جذبہ رقابت سے مغلوب ہو کر قتل کر دیا اور یہی حادثہ ان کی شعر گوئی کا محرک ہوا۔ یعنی پہلے اشعار غم کے اظہار میں کہے گئے اور اصطلاحاً وہ مرثیہ کے تحت میں

آتے ہیں۔ اس موقع پر ہم مولوی جماعت کی اس تکرار سے بھی گریز کریں گے جو ظہور اسلام کے بعد شروع ہوئی۔ شاعری کو جنون یا جادو ٹونے کی قسم قرار دیا گیا تھا۔ اس لئے آدم نے شعر نہیں کہا بلکہ نثر میں آپ نے غم کا اظہار کیا۔

ان لوگوں نے دو نکتوں کو نہیں سمجھا۔ ایک تو یہ کہ اصلی شاعری کے لئے عروضی وزن اور قافیہ لازم نہیں ہیں۔ دوسرے یہ کہ معیاری نثری پارہ کی اصل روح ایک اندرونی آہنگ ہوتا ہے جو شعر کے باہری اور ظاہری آہنگ سے کہیں زیادہ بلیغ اور پر کیف ہوتا ہے۔ بہر حال سامی روایت یہی ہے کہ دنیا کا سب سے پہلا شاعر وہ مخلوق ہے جس کو اساطیری تواریخ میں آدم کہتے ہیں۔ خسرو کا یہ شعر اسی روایتی عقیدہ کی طرف اشارہ کرتا ہے۔

ما ہمہ دراصل شاعر زادہ ایم

دل بایں محنت نہ از خود دادہ ایم

اور صائب کا شعر تو ضرب المثل ہو گیا۔

آں کہ اول شعر گفت آدم صفی اللہ بود

طبع موزوں حجت فرزندی آدم بود

یہ سب تخیلی باتیں صحیح ہوں، یا غلط لیکن ایک بات یقینی ہے کہ حیوان ناطق میں جس کسی نے بھی سب سے پہلے اپنے ذاتی تاثرات کا بے ساختہ اظہار موزونیت کے ساتھ الفاظ میں کیا وہ دنیا کا پہلا شاعر ہے اور یہ خیال صحیح ہے کہ ایک آدم نہیں بلکہ سیکڑوں آدم گزرے ہیں، تو بیک وقت کئی شخصیتیں ایسی نکلیں گی جنھوں نے پہلے پہل شعر کہے ہوں گے۔ بہر صورت یہ دعویٰ تو اپنی جگہ ناقابل تردید ہی معلوم ہوتا ہے کہ "طبع موزوں" اور "شاعری" فرزندی آدم کی علامتیں ہیں اور جو حکم شاعری کے بارے میں لگایا گیا ہے،

وہ انسان کے تمام جمالیاتی تجربات واکتسابات پر صادق آتا ہے۔

انسان کو دوسرے حیوانات سے جو خصوصیتیں ممتاز کرتی ہیں ان میں دو بہت اہم ہیں۔ ایک حسب حاجت آلات واوزار بنانے کی قابلیت اور دوسری قوت ناطقہ یا گویائی کی سب سے زیادہ رچی ہوئی صورت شاعری ہے جو بنی آدم کی ہمزاد اور رفیق ازلی ہے۔

قدرت کی پیدا کی ہوئی تمام مخلوقات میں انسان سے زیادہ نازک، اس سے زیادہ مجبور اور ہر طرح کی آفات ارضی وسماجی میں گھری ہوئی اور اس سے زیادہ غیر محفوظ کوئی دوسری مخلوق نہیں۔ جب ہم سب سے پہلے انسان سے روشناس ہوتے ہیں تو اس کو ایک ننگا ضعیف الاعضاء وحشی پاتے ہیں جس کے پاس اپنی حفاظت کے لئے نہ تو قدرت کی طرف سے مہیا کئے ہوئے ذرائع ہیں اور نہ ابھی خود وہ اپنی آسائش اور تحفظ کے لئے اوزار اور اسلحہ اور دوسرے سامان ایجاد کر سکا ہے۔

وہ ابھی جانوروں میں ایک ادنی جانور ہے اور سب سے زیادہ کمزور، بے بس، بزدل اور ہر وقت سہما رہنے والا جانور ہے جو چہار طرف اپنے سے زیادہ توانا اور ہیبت ناک درندوں اور گزندوں میں گھرا ہوا ہے۔ ان خوفناک اور مہلک طاقتوں سے بچنے کے لئے اس کے پاس سوائے درختوں کی ٹہنیوں اور پتھر کے ٹکڑوں کے کچھ نہیں، آگ کی راحت بخش گرمی اور روشنی سے وہ بالکل ناآشنا ہے۔ دن بھر اپنی خوراک کے لئے چڑیوں کے انڈوں، جنگلی پھلوں اور ساگ پات کی جستجو میں سرگرداں رہنا اور رات کو کھلے میدان میں آسمان کی چھت کے نیچے خوف وہراس کے عالم میں پڑ کر بسر کر دینا۔ یہ تھی ہمارے مورث اعلیٰ کی روزانہ کی زندگی۔

انسان کو صیانت نفس اور بقائے نسل کے لئے کیسی کیسی مصیبتوں اور آزمائشوں سے گزرنا پڑا ہے اور عناصر قدرت اور کائنات کی تمام ناموافق قوتوں سے اپنے کو پہلے مامون

رکھنے اور پھر بعد میں ان پر قابو پانے کے لئے کتنی محنت اور مشقت برداشت کرنا پڑی ہے؟ آج ہم تہذیب و ترقی کے اتنے مدارج طے کر چکنے کے بعد اس کا صحیح اندازہ نہیں کر سکتے۔ راحت کی خواہش، عیش و فراغت کی جستجو، فطرت حیوانی کا بہت عام اور ممتاز میلان ہے۔ بہایم بھی قدرت کی شدتوں سے پناہ مانگتے ہیں اور اپنے لئے سکون اور آسائش کی صورت تلاش کر لیتے ہیں۔ لیکن انسان صرف راحت طلب اور عیش کوش جانور نہیں۔ وہ جتنا ہی سست نہاد ہے اتنا ہی متحمل، جفاکش اور سخت کوش بھی رہے۔ تحمل اور جفاکوشی نے اس کے اندر وہ توانائیاں پیدا کیں جن سے دوسرے جانور محروم ہیں۔ مخالف خارجی حالات و عوارض کے مقابلے اور ان کی برداشت سے انسان میں ادراک، تعقل اور تفکر پیدا ہوا اور مسلسل محنت اور پے بہ پے سعی و عمل نے جمالیاتی شعور کی تخلیق کی اور یہ شعور ہر غلطی اور ہر نئی کوشش اور نئے تجربے کے ساتھ ترقی کرتا رہا۔

وہ خصوصیت، جس کو جمالیات کی اصطلاح میں قرینہ یا آہنگ یا تال سم کہتے ہیں، ظہور انسان سے پہلے بھی نظام قدرت میں موجود تھا۔ غیر انسانی کائنات بھی قرینہ (Symmetry) یا آہنگ (Rhythm) سے کبھی خالی نہیں رہی۔ اس لئے کہ قوت کا وجود بغیر حکمت کے ناممکن ہے اور حرکت بغیر آہنگ محال ہے۔ آہنگ آفرینش کا پہلا عنصر ہے۔ انگریزی کے ایک شاعر کا قول ہے، "ایک آہنگ سے، ایک فردوسی آہنگ سے اس کائنات کے ڈھانچے کی ابتدا ہوئی۔" اسی آہنگ کو صوفی نے حسن ازل کہا اور شاعر نے محض حسن۔

لیکن قدرت کی تخلیقات میں یہ آہنگ باوجود عالمگیر ہونے کے نہایت خام اور ناقص تھا۔ انسان نے اپنی مشقتوں اور ریاضتوں سے خلقت کو سنوارا ہے اور نظام قدرت میں جو بھدا پن تھا اس کو دور کیا ہے۔ اس نے فطرت کے ناقص آہنگ کی تہذیب و

تحسین کی ہے۔ یہ کہنا غلط نہ ہو گا کہ انسان کی فن کاری قدرت کی تخلیق پر اضافہ ہے۔ اس سے انکار نہیں کیا جا سکتا کہ چٹیل میدان، لق و دق دشت و بیابان، پرشکوہ پہاڑ اور وادی، ذخار دریا اور سمندر پیدا کرنا بڑی خلاق مشیت کا کام تھا، لیکن پھلواری لگانا، باغ مرتب کرنا، کھیت تیار کرنا، دریاؤں اور سمندروں میں کشتیاں رواں کر دینا، ہیبت ناک اندھیرے میں اپنی کوشش سے روشنی پیدا کرنا، مختصر یہ کہ زمین اور آسمان کے عناصر اور قوتوں کو اپنے اختیار میں لا کر ان سے حسب مراد کام لینا، یہ سب بھی معمولی تخلیقی قوت کے مظاہرے نہیں ہیں۔

فن کاری کی ابتدا براہ راست محنت سے وابستہ ہے، وہ محنت جس نے انسان کی زندگی کو دوسرے مخلوقات کی زندگی سے زیادہ مقدس، مبارک اور زیادہ خوش آئند بنایا اور فن کاری کی لطیف ترین صنف ہونے کی حیثیت سے شاعری انسان کی محنت آگیں زندگی کا بہترین حاصل ہے۔

شاعری کا تعلق ابتدا ہی سے حیات انسانیت کے اغراض و مقاصد اور اس کی فلاح و ترقی سے ہے۔ اس کا آغاز تمدن کے اس زمانے میں ہوا جس کو خرافیات (Mythology) کا اولین دور کہتے ہیں۔ شاعری جادو ٹونے کے ساتھ وجود میں آئی۔ شعر کے قدیم ترین نمونے منتر یعنی جادو کے وہ بول ہیں جو قدرت کے بے درد فوق البشر عناصر اور ناقابل تسخیر قوتوں کو راضی رکھنے یا ان پر فتح پانے کے لئے بنائے گئے تھے۔ قدیم انسان عناصر قدرت کو ارواح سمجھتا تھا، اور نیک روحوں کو رام کرنے کے لئے ان کی شان میں بھجن کہتا تھا، یا پھر خبیث روحوں کو زیر کرنے لئے افسوں یا منتر بناتا تھا۔ یہ عناصر پرستی اور صنمیات کا دور تھا جو آگے ترقی کر کے مذہبی دور ہو گیا۔ آج جو کام حکمت اور فلسفہ سے لیا جا رہا ہے وہی کام ہمارے نیم مہذب اجداد نے مذہب سے لیا۔

مذہب کائنات کو سمجھنے اور خلقت کی تشریح و تاویل کرنے کی قدیم ترین کوششوں میں سے ہے۔ علم اور اخلاق، معاشرت اور تمدن، اقتصادیات اور عمرانیات غرض کہ انسان کی ساری فکری اور عملی زندگی کی تہذیب و ترقی کا پہلا آلہ صنم پرستی تھا جس نے بعد کو مذہب کی ہیئت اختیار کی۔ پرانے زمانے کی شاعری کے جو نمونے ہم تک پہنچے ہیں، ان کے مطالعہ سے بھی نتیجہ نکلتا ہے کہ ہر ملک اور ہر عہد میں شاعری اور زمانے کے اجتماعی اور تمدنی حالات و معاملات کا آئینہ رہی ہے اور اس سے انسان نے اپنے گردوپیش کی دنیا کو اپنی ضرورتوں اور مرادوں کے مطابق بنانے میں بڑی مدد لی ہے۔

شاعری نہ صرف حال کی عکاسی کرتی رہی ہے بلکہ مستقبل کی تشکیل اور حیات انسانی کی تہذیب و ترقی میں ایک مؤثر قوت ثابت ہوتی رہی ہے۔ شاعری نے انسان کی زندگی کی قدریں اور ہیئتیں اسی طرح بدلی ہیں جس طرح آج سائنس کے نت نئے انکشافات و ایجادات بدل رہے ہیں۔ کہا جا چکا ہے کہ کسی زمانے میں سارا علم انسانی مذہب کی شکل اختیار کئے ہوئے تھا اور اس علم کی زبان شاعری تھی۔ شاعری کی قدیم ترین مثالیں بھجن اور اوراد وظائف ہیں اور ان کے سب سے پہلے مہذب نمونے وہ مقدس کتابیں ہیں جو صحف آسمانی کہلاتی ہیں اور جن کو ہمیشہ غیب کی آواز سے منسوب کیا گیا ہے۔ اوستا، وید، توریت، زبور، انجیل وغیرہ انسانی تمدن کے عہد ہائے پارینہ کے بہترین اکتسابات شعری ہیں۔

ضمیات اور مذہب کے اس وسیع دور میں انسان کے تمام تجربات اور معلومات اشعار ہی میں مدون کئے جاتے تھے۔ یعنی شاعری کا رائج الوقت حکمت نظری اور حکمت عملی سے الگ کوئی وجود نہیں تھا۔ انگریزی کے مشہور شاعر شیلی (Shelley) نے شاعر کا جو جامع تصور پیش کیا ہے وہ غلط نہیں ہے۔ "یہ لوگ (شعراء) قوانین کے مرتب،

مہذب و ہیئت اجتماعی کے بانی اور زندگی کے علوم و فنون کے موجد ہیں۔ وہ ایسے معلم ہیں جو غیر مرئی دنیا یا عالم غیب کے اسباب و محرکات کے اس ناقص ادراک کو، جس کو مذہب کہتے ہیں حسن اور حقیقت کے وجدان کے جوار میں کھینچ لاتے ہیں۔" سر فلپ سڈنی(Sir Phillip Sidney)نے شاعری کو" علم انسانی کی دایہ" بتایا ہے۔

شاعری یقیناً روشنی کی وہ پہلی کرن ہے جس نے جہالت کی ظلمت کو دور کیا۔ پرانی تاریخ کے اوراق الٹیے اور کال دیا، بابل، ایران، اشوریہ، چین، ہندوستان، مصر، فلسطین، یونان اور روما کے تمدن کا جائزہ لیجئے تو یہ بات دن کی طرح روشن ہو جائے گی کہ اگلے زمانے میں شاعری انسان کے تمام علمی اور عملی اکتسابات پر محیط تھی۔ وید کے اشلوک، اوستا کے فرگرد، کنفیوشیش کے ملفوظات، اسفار، موسوی کی تنبیہیں اور ہدایتیں، زبور کی مناجاتیں، سلیمان بن داؤد کے امثال اور گیت، انجیل کی بشارتیں، سب کی سب شاعری ہی کی مثالیں ہیں۔

قدیم یونان کے حکماء شاعری ہی کا لباس پہن کر ظاہر ہوتے۔ نہ صرف میوزیوس (Musaeus)ہیسیڈ(Hesiod)اور ہومر (Homer)نے اپنے اختراعات شعر میں پیش کئے بلکہ طالیس (Thales) امپافلیس (Empedocles) اور فیثا غورث (Pythagoras) جیسے حکماء نے نظام کائنات اور حیات انسانی کے بارے میں اپنے سارے افکار و نظریات کو شاعری ہی کی زبان میں ادا کیا۔ سولن(Solon)نے تمدن اور تدبر سے متعلق جو کلیات مرتب کئے اور جو بعد کو روما کے توسط سے تمام مغربی دنیا کے لئے قوانین بنے وہ اشعار ہی کی شکل میں ہیں۔ اسی لئے یونانی زبان میں شاعر کوPoetیعنی صانع یا خالق کہتے تھے اور اہل روما شاعر اور نبی یعنی غیب کی خبر دینے والے کے لئے ایک ہی لفظYatesاستعمال کرتے تھے۔ عربی، فارسی اور اردو میں "شاعر" کا لفظ استعمال ہوتا

ہے جس کے اصلی معنی باخبر اور خبر دینے والے کے ہیں۔ سنسکرت کے لفظ "کوی" کے بھی اصلی معنی دانشور اور عارف کے ہیں۔

ہمارا یہ خیال بالکل بے بنیاد ہے کہ شاعری سکون، تنہا نشینی اور مطالعہ نفس کا نتیجہ ہے۔ شاعری تاثر و تفکر کا نتیجہ ہے اور تاثر و تفکر خارجی دنیا کے ساتھ مقابلہ اور کائنات کے مطالعے کے نتائج ہیں۔ شاعری کا آغاز اور اس کی غایت براہ راست جہد للبقا سے متعلق ہے۔ اجتماعی محنت اور متفقہ سعی وپیکار سے الگ ہو کر کم سے کم انسان کی زندگی کے قدیم ترین زبانوں میں شاعری کا تصور نہیں کیا جاسکتا تھا۔

ظہور انسان کے ابتدائی ایام میں ہمارے وحشی اسلاف اتنے شریف النفس نہیں تھے جتنا کہ ہم سمجھے ہوئے ہیں۔ خوفناک غیر انسانی مخلوقات میں ایک اجنبی اور بے بس مخلوق کی حیثیت سے ان کو اپنی زندگی گزارنا تھی۔ ممیتھ (Mammoth)، ماستودن (Mastodon)، دیناسار (Dinosaur) ترانوسا (Tyrannosaur) گینڈے، خنجر کی طرح دانت رکھنے والے چیتے، شیر، دیوزاد اژدہے اور دوسرے درندے اور بہائم ہر وقت ان کو کھا جانے کے لئے تیار تھے۔ سوا چٹانوں کی آڑ اور لمبی گھاسوں کے ان کے لئے کوئی جائے پناہ نہ تھی۔ شدید سردی، دل دہلانے والی بادل کی گرج، بینائی کو اچک لے جانے والی بجلی کی چمک، بھیانک اندھیرا، ان مہیب اور مہلک قوتوں سے محفوظ رہنے کی کوئی صورت نہ تھی۔ اس پر مصیبت یہ کہ بھوک، پیاس، رفع کرنے کے لئے پریشانی اور پے بہ پے ناکامی کے عالم میں دن کے دن اور رات کے رات دوڑ دھوپ میں گزر جاتا تھا۔ اکثر کئی روز بے کھائے پیے سخت مشقتوں اور صعوبتوں کے بعد وہ اپنے خورد ونوش کے سامان مہیا کر پاتے تھے جو عام طور سے ناکافی ہوتے تھے۔

اولیں انسان کی زندگی میں سب سے زیادہ ناگزیر اور اہم محرکات بھوک اور خوف

تھے۔ خوف کے اسباب میں کچھ تو اصلی وجود رکھتے تھے اور کچھ موہوم تھے جو اس کی جہالت کی پیداوار تھے مثلاً ہوا، بادل، بجلی، اندھیرے جیسی دہشت انگیز چیزوں کو وہ غضب ناک اور ہلاک کرنے والی روحیں سمجھتا تھا اور ان کو رام کرنے کے لئے طرح طرح کی تدبیریں اختیار کرتا تھا۔

ایسے حالات و اسباب میں رہ کر انسان قدرتی طور پر بزدل، خود غرض، حریص، جھگڑالو، چور اچکا اور فریبی تھا۔ وہ حیوانات میں سب سے زیادہ کمینہ اور بداطوار حیوان تھا۔ دوسروں کی خوراک چرا لینے، صرف اپنے لئے غذا فراہم کرلینے کی غرض سے دوسروں کو، کبھی کبھی خود اپنی اولاد کو بے دردی اور قساوت کے ساتھ مار ڈالنے میں اس کو کوئی دریغ نہ ہوتا تھا۔

لیکن بہت جلد انسان کے اندر یہ شعور پیدا ہو گیا تھا کہ اکیلے اکیلے "ہر کوئی صرف اپنے لئے" کے اصول پر کاربند رہ کر آسمان اور زمین کی غارت گر قوتوں کا مقابلہ نہیں کیا جاسکتا، اگر تمام خطرات و مہلکات سے اپنے کو بچانا ہے تو تنہا گزینی اور نفس پروری سے کام نہیں چل سکتا۔ کائنات میں جتنے موجودات انسان کو ضرر پہنچانے والے ہیں اور اس کے بقا اور بہبود کے راستے میں جتنے حالات و مزاحم ہیں، ان کو زیر کرنے کے لئے ضروری ہے کہ دس بیس پچاس مل کر زندگی بسر کریں اور متفقہ سعی و پیکار سے تمام مردم آزار طاقتوں کا مقابلہ کر کے ان پر قابو آئیں۔ اس شعور نے جلد ہی انسان کو گروہ بندی اور جماعت آرائی کے لئے مجبور کر دیا۔ یہیں سے سماجی شعور کی ابتدا ہوتی ہے اور یہی سب سے پہلا عمرانی معاہدہ (Social Contract) ہے۔ انسان کے ان مساعی جمیلہ کی بنیاد، جن کو فنون لطیفہ کہتے ہیں، تمدنی تاریخ کے اسی دور میں پڑی۔ اجتماعی زندگی اور مشترکہ محنت نے فنون لطیفہ ایجاد کئے جن کا تعلق زندگی کے مقاصد اور مطالبات سے تھا۔ شاعری بھی

ایک فن لطیف کی حیثیت سے اسی زمانہ کی تخلیق ہے۔

کہا جاتا ہے کہ شاعری سحر وافسوں کی بالیدہ اور بالغ صورت ہے اور اس کا آغاز اس احساس سے ہوا کہ ہم کو ایک مخالف اور غیر ہمدرد دنیا سے سابقہ ہے جس کو اپنی ضرورتوں اور مرادوں کے مطابق بنانے کے لئے ہم کو سخت جہاد کرنا ہے۔ اس احساس کا ایک مہتم بالشان اظہار شاعری ہے اور اس کے پہلے ترکیبی عناصر وہ مواد و موثرات ہیں جو کائنات کے مواجہے اور مطالعے سے پیدا ہوئے۔ شاعری کی ترکیب میں مطالعہ نفس بہت بعد میں داخل ہوا۔ شاعری کے بنیادی اجزا یقیناً خارجی اور غیر ذہنی ہیں، لیکن انہیں اجزا کو شاعری کی ساری کائنات سمجھ لینا ایک دوسرے قسم کی بربریت ہوگی۔

شاعری فن کاری کے دوسرے اصناف کی طرح خلقی طور پر دو عنصری ہے(Bie Lemental)ہے۔ شاعری کسی مفرد کا نام نہیں ہے۔ وہ ایک مرکب ہے اور اگر ہم علم کیمیا کی زبان میں گفتگو کرنا چاہیں تو شاعری کی ترکیب دو قسم کے اجزا سے ہوئی ہے۔ پہلے اجزا تو خارجی ہیں جو مجہول اور انفعالی ہیں، دوسرے اجزا جو اجزائے اعظم کا حکم رکھتے ہیں، داخلی اور انفرادی ہیں۔ پہلے اجزا یعنی خارجی مواد بسائط یا مفردات (Simple elements) کے مانند ہیں۔ دوسرے یعنی داخلی اجزا جو شاعری کے اصل محرکات ہیں عوامل(Reagents) کا حکم رکھتے ہیں۔ جن کے بغیر یہ مفردات نہ حرکت میں آسکتے اور نہ کوئی کیمیاوی صورت اختیار کرسکتے۔

ہم کہہ چکے ہیں کہ شاعری نام ہے خارجی اور مادی دنیا کو اپنی آرزوؤں اور حوصلوں کے مطابق بنانے کی خواہش اور اس کی کامیاب یا ناکامیاب کوشش کا اور اس کے مزاج میں خارجی حقائق اور داخلی واردات دونوں یکساں داخل ہیں۔ شاعری واقعہ اور تخئیل کا امتزاج ہے۔ کرسٹوفر کاڈویل (Christopher Caudwell) نے "التباس اور

حقیقت "(Libusion and Realty) کے نام سے جو ادق اور پیچیدہ کتاب لکھی ہے، اس کا خلاصہ یہی ہے۔

انسان کے داعیات اور مقاصد اور کائنات یا نظام قدرت کی طرف سے جو جبر اس پر عائد کیا گیا ہے، دونوں کے درمیان سخت تصادم ہے۔ اس جبر و تصادم سے آزاد ہونے کی خواہش آدمی کے اندر شروع سے کام کرتی رہی ہے۔ اس خواہش کے اظہار کی ایک صورت شاعری ہے۔ شاعر کے جبلی میلانات اور خارجی تجربات کے درمیان جو تناقص ہے، وہی شاعری کا اصلی سرچشمہ ہے۔ یہ کشاکش شاعر کو مجبور کرتی ہے کہ وہ التباسی تمثال یا شبیہ (Illusory Phantasy) کی ایک نئی دنیا تعمیر کرے، جو اس حقیقی اور خارجی دنیا سے جس کا وہ لازمی نتیجہ ہے، بہرحال ایک فطری اور قطعی تعلق رکھتی ہے۔

جارج ٹامس نے اپنے مختصر رسالہ "مارکسیت اور شاعری" میں اس نکتہ کو واضح کیا ہے۔ شاعری اس لئے وجود میں آئی کہ انسان نقل یا تخلیقی عکاسی کے ذریعے خارجی دنیا میں اپنی ضرورتوں اور خواہشوں کے مطابق کچھ تبدیلی پیدا کر سکے۔ شاعری کا کام حقیقت پر التباس عاید کرنا ہے۔ دوسرے الفاظ میں شاعری کا اصل منصب یہ ہے کہ انسان خارجی مواد کو اپنے ذہنی میلانات کے سانچے میں ڈھال کر ان پر اپنی مہر لگائے اور اس طرح ان کو اپنی زندگی کے لئے سزاوار بنائے۔ جو لوگ اس التباس یا داخلی تحریک کو بیگانہ اصلیت سمجھتے ہیں وہ بڑے نادان ہیں۔ التباس خود اپنی جگہ ایک حقیقت ہے اور ایک فعال حقیقت ہے جس کا دوسرا نام تخیل ہے۔ شیلی نے شاعری کو تخئیل کا اظہار کہا ہے۔ یہ بہت صحیح ہے۔ تخئیل یا داخلی تحریک کے بغیر شاعری صورت پذیر نہیں ہو سکتی۔

نیوزی لینڈ کے اصلی باشندوں ماوری (Maoris) اور دنیا کے بہت سے وحشی قبائل کی مثالیں سامنے ہیں۔ ان کے ملک کی آب وہوا کچھ ایسی ہے کہ ان کی بوئی ہوئی فصلوں کو

قدرت کے شدائد، مثلاً انتہائی سرد یا جھلسا دینے والی گرم ہوا، طوفانی بارش اور اولے برباد کر سکتے ہیں۔ یہاں کے مرد اور عورت کھیتوں میں جاکر ناچتے ہیں اور بدن کے حرکات و سکنات سے ہوا کے جھونکوں، بارش کے جھکوروں اور فصل کے اپجاؤ اور بارآوری کی نقلیں کرتے ہیں اور ناچتے وقت گاتے ہیں اور گانے میں فصل کو مخاطب کر کے کہتے ہیں کہ وہ ان کے حرکات و سکنات کی تقلید کرے۔ یعنی یہ بھولے بھالے لوگ اپنے خیال میں خارجی دنیا کی سنگین قوتوں کو اپنے مطالبات کے مطابق موڑنے کی کوشش کرتے ہیں اور ان کا عقیدہ یہ ہے کہ ایسا کرنے سے خارجی دنیا ان کی امیدوں کے مطابق بدل جائے گی۔ یہی ساحری ہے اور یہی شاعری۔

یعنی ایک التباسی یا تخئیلی اسلوب کے زور سے کائنات کو اپنی زندگی کے موافق پھر سے تخلیق کرنے کی آرزو اور کوشش۔ لیکن یہ کوشش صرف اس لئے کہ التباسی ہے، بے اثر اور لاحاصل نہیں ہے۔ ظاہر ہے کہ اس ناچ اور گانے کا کوئی اثر براہ راست فصل کی بالیدگی پر نہیں پڑ سکتا، مگر خود ناچنے والے والوں پر اس کا زبردست اثر پڑتا ہے۔ ناچ اور گیت کا جوش اور یہ عقیدہ کہ اس طرح ان کی فصلیں محفوظ رہیں گی، ان کو اس قابل بنا دیتا ہے کہ وہ اپنی فصلوں کی داشت اور نگرانی زیادہ انہماک، زیادہ سرگرمی اور زیادہ اعتماد کے ساتھ کر سکیں۔ اس طریقے سے خارجی حقیقت کی طرف ان کا ذہنی میلان بدل جاتا ہے۔ جس سے بالآخر حقیقت بھی بدل کر رہتی ہے۔

اس کے یہ معنی ہوئے کہ شاعری اپنی اصل وغایت کے اعتبار سے عملی اور افادی ہے۔ شاعری محض پیغمبری کا ایک جزو نہیں ہے۔ شاعری اپنی اصل کے اعتبار سے ساحری، کہانت اور پیغمبری رہتی ہے اور ساحر یا کاہن یا پیغمبر کے سامنے زندگی کے عملی مسائل ہوتے ہیں جن کو وہ تخئیل کے زور سے حل کرتا ہے۔ اسی لئے ولیم بلیک

(William Blake) نے اپنی مخصوص زبان اور اپنے نرالے اسلوب میں تخئیل کو "روح القدس" کا دوسرا نام بتایا ہے۔

اگر قدیم ترین تاریخ میں سراغ لگایا جائے تو معلوم ہو گا کہ آغاز آدمیت ہی سے شاعری اور رقص و سرود باہم لازم و ملزوم ہیں۔ انگریزی کے مشہور انشاپرداز رابرٹ لنڈ (Robert Lynd) نے بڑے دل پذیر انداز میں اس خیال کو ادا کیا ہے۔ وہ کہتا ہے کہ ڈانٹے (Dante) کی "طربیہ ربانی" (Divine Comedy) کی ہیروئن اور خود شاعر کی محبوبہ بیٹرس (Beatrice) کی طرح شاعری ایک رقصاں ستارے کے زیر اثر پیدا ہوئی۔ شاعری کے خمیر میں رقص و غنا غالب عنصر ہیں۔ تال سم کے بغیر شاعری ظہور میں نہیں آسکتی تھی جیسا کہ اس سے پہلے اشارہ کیا جا چکا ہے۔ جہاں جہاں زندگی تخلیقی قوت کارفرما ہے، وہاں وہاں تال سم یا رقص صوتی کہیں محسوس کہیں غیر محسوس، کہیں ناقص کہیں مکمل صورت میں موجود ہے۔

رقص و موسیقی شاعری سے زیادہ قدیم ہیں، مگر جب سے شاعری وجود میں آئی اس وقت سے شاعری و موسیقی کا چولی دامن کا ساتھ رہا ہے۔ جب موسیقی کے ساتھ گویائی یعنی بامعنی الفاظ شامل ہو گئے تو اس مرکب کا نام شاعری پڑا۔ یونان اور دوسرے ملکوں کی پرانی تاریخ کے مطالعہ سے معلوم ہوتا ہے کہ موسیقی روز اول سے شاعری کی ایسی سہیلی ہے جس سے وہ دم بھر کے لئے جدا نہیں ہو سکتی۔ جب سے انسان اس قابل ہوا کہ اپنے جذبات اور خیالات کو بامعنی الفاظ میں ظاہر کر سکے اس وقت سے خالص موسیقی کم تر درجہ کا فن ہو گیا۔

دنیا کے قدیم ترین متمدن ممالک میں شاعری کے بہترین نمونے وہ تھے جو ساز و نغمہ کے معیت کے لئے بنائے جاتے تھے۔ یونانی المیہ کا لازمی اور اہم جز و کورس

(Chorus) اس امر پر آج تک دلالت کرتا ہے کہ شاعری اور رقص و سرود کے درمیان ایک پیدائشی نسبت ہے۔ شاعری کی ایک مقبول عام صنف (Lyric) ہے جو داخلی شاعری کا منتہائے کمال ہے اور جس کی خالص مثال اردو اور فارسی میں غزل ہے۔ اس صنف کا نام ہی اپنی اصلیت کی طرف اشارہ کرتا ہے۔ یہ نظم اسی لئے ہوتی تھی کہ مزمار یا بربط پر گائی جائے۔ عربی اور فارسی میں نشید ایسے ہی اشعار کو کہتے تھے جو لحن اور ترنم کے ساتھ پڑھے جائیں۔ زمزمہ جواب موسیقی کی اصطلاح ہو گیا ہے اور جس کے معنی گٹکری کے ہیں، دراصل وہ دعائیں تھیں جن کو مجوس آگ کی عبادت کرتے وقت خوش الحانی ک ساتھ بلند آواز میں پڑھتے تھے۔ چونکہ اہل عرب کے لئے ان دعاؤں کے الفاظ ناقابل فہم تھے، اس لئے وہ ان کو زمزمہ کہنے لگے جو زمزم سے مشتق ہے جس کے معنی گڈمڈ اور بے معنی آواز کے ہیں۔

قبل اس کے ہم شاعری اور اس کی روح غزل کی بحث میں آگے بڑھیں، رقص و سرود کے بارے میں چند باتیں سمجھ لینا بے محل نہ ہو گا۔ جو کچھ اس سے پہلے کہا جا چکا ہے اس سے اتنا تو واضح ہو گیا ہو گا کہ فن کاری کے لئے مواد خارجی اور مادی دنیا مہیا کرتی ہے۔ لیکن فن کاری کی دل کشی کا اصل راز مواد میں نہیں ہے۔ اگر ایسا ہوتا تو خارجی مواد کا وجود ہی ہمارے لئے کافی تھا اور فن کاری کی کوئی ضرورت نہیں تھی۔ فن کاری کی ناگزیر دل کشی کا راز اس کی ہیئت اور اسلوب میں ہے۔ غیر متمدن قبائل کے ناچ سے لے کر مہذب سے مہذب قوموں کی ناچ تک، چاہے وہ شکار کی تمہید ہو، چاہے وہ فصل کی برومندی کے لئے ہو، چاہے کرشن اور رادھا کے رومان کی تمثیل ہو چاہے آج کل کے کسی مشرقی یا مغربی ملک کا جدید ترین ناچ، سب میں بدن کے لوچ اور لچک اور بھاؤ سے اثر پیدا ہوتا ہے اور یہ عناصر داخلی میں جو انسان کے جذبات و تصورات کے اندرونی ابھار یعنی

تخئیل کی نمائندگی کرتے ہیں۔

فن کاری نام ہے مادی اور خارجی دنیا پر اپنی مرادوں یا تخئیل کی چھاپ لگانے کا۔ اول اول یہ تخئیل جماعتی تھی یعنی جماعت کے مختلف افراد مل کر اس تخئیل کو صورت دیتے تھے لیکن انفرادی کیفیت سے کبھی یک لخت حالی نہیں رہی۔

سرود یا گانے کے متعلق بھی یہی حکم لگایا جاسکتا ہے۔ گانے میں علت مادی اور علت غائی جو خارجی اور اجتماعی دنیا سے تعلق رکھتی ہیں، لیکن علت فاعلی جس کے ساتھ علت صوری بھی شامل ہے خالصتاً انسان کی اندرونی کائنات کی پیداوار ہے اور ایک باطنی کیفیت رکھتی ہے۔ یہ اور بات ہے کہ اس کیفیت کا اگر تجزیہ کیا جائے تو کہیں نہ کہیں پہنچ کر اس کا سبب بھی بیرونی محرکات میں ملے گا جو لوگ فن کاری کو محض کیفیت باطن کا نتیجہ سمجھتے ہیں۔ وہ زندگی کو ہوا اور بادل میں تحلیل کئے ہوئے ہیں لیکن جو لوگ ساری حقیقت کو صرف خارجی موجودات سے منسوب کرتے ہیں وہ زندگی کو گھور بنائے رکھنا چاہتے ہیں۔ زندگی کوئی سادہ اور اکہری حقیقت نہیں ہے۔ دوئی اور تضاد زندگی کے خمیر میں ہیں۔ تصادم اور پیکار اس کی صحت کی علامت اور اس کی ترقی کی ضمانت ہیں۔ جدلیت نہ صرف حیات انسانی بلکہ سارے نظام کائنات کی فطرت اولی ہے۔

یہ جدلیت طبعی طور پر مجبور ہے کہ جب اپنے کو ظاہر کرے تو ایک حرکت متبادل یعنی قرینہ یا آہنگ یا وزن یا تال سم کی صورت اختیار کرے۔ رقص و موسیقی کا حرکاتی یا صوتی آہنگ دراصل اس آہنگ کا بے ساختہ اظہار ہے۔ جس کے بغیر زندگی ایک بے معنی لفظ کے سوا کچھ نہیں۔ اگر ذرا تامل سے کام لیا جائے تو ہوا کے جھونکوں اور دریا کی لہروں میں ایک باضابطہ تال سم محسوس ہو گا۔ جاندار مخلوقات کی سانس اور نبض میں ایک مسلسل اور متواتر اتار چڑھاؤ ہوتا ہے، انسانی مخلوق میں یہ اندرونی آہنگ محنت کے

وقت جسمانی حرکات کے تناسب یا آواز کے موزوں اور مترنم تموج کی شکل میں ظاہر ہوتا ہے۔ یہی مترنم تموج موسیقی اور شاعری کی جان ہے۔

فن کاری اور بالخصوص شاعری کا وہ لازمی ترکیبی جزو جس کو آہنگ یا مترنم تموج کہا گیا ہے یکسر داخلی ہے۔ اگر انفرادیت کا لفظ ایک اصطلاح بن کر آج بدنام نہ رہ گیا ہوتا تو ہم کہتے کہ یہ آہنگ انفرادی ہوتا ہے۔ پھر بھی ہم اتنا کہے بغیر نہیں رہ سکتے کہ تال سم کا تعلق عالم فردیت سے ہے۔ یہ اور بات ہے کہ انسان کے ایام طفولیت اور دوران بلوغیت تک انفرادی ہستی اور اجتماعی وجود کے درمیان کوئی فرق نہیں تھا، ایک فرد واحد کے جذبات و میلانات تمام تنوعات کے باوجود وہی ہوتے تھے جو جماعت کے تمام افراد کے ہوتے تھے۔

مختصر یہ کہ شاعری کی ترکیب میں غالب اور حاوی عنصر وہی ہے جس کو رقص صوتی یا موسیقیت کہتے ہیں اور جو سرتاسر داخلی ہے۔ غنائیت یا مزماریت یا نغمگی شاعری کی اصلی روح ہے۔ آئندہ سطروں میں ہم شاعری کی اس روح کو غزل یا غزلیت یا تغزل کہیں گے۔ شاعری کی ہر صنف کا بنیادی سر وہی داخلی عنصر ہے جس کو مزماریت یا غنائیت یا تغزل کہتے ہیں۔

مزماری شاعری ایک جداگانہ نوع کی حیثیت سے بہت بعد کی چیز ہے۔ سب سے پہلے جیسا کہ کہا جا چکا ہے ساحری اور شاعری دونوں ایک ہی قسم کی کوششیں تھیں اور دونوں نفس انسانی کی اس قدیم ترین تحریک کا مظاہرہ تھیں جس کو پرستش یا عبادت کہتے ہیں۔ اس تحریک کی ابتدا تو خارجی عالم اسباب سے ہوئی لیکن اس کو صورت دینے والی قوت انسان کے وہ تاثرات و جذبات ہیں جو خارجی دنیا کے تجربات سے اس کے اندر رونما ہوتے رہے۔ اسی لئے جب بدن کے حرکات و سکنات یا آواز کی شکل میں اس کا اظہار ہوا

تو آپ سے آپ اس میں زیر و بم، تال سم بھی آ گیا۔ کتب مقدسہ کی سورتیں اور آیتیں لحن کے ساتھ پڑھنے کے لئے ہوتی تھیں اور بلا استثناء ان میں غالب خصوصیت وہی غنائیت یا غزلیت ہے جو شاعری کا اصلی کمال ہے۔

وید کے اشلوک، اوستا کی وہ دعائیں جو گاتھا کہلاتی ہیں، "عہد عتیق" (Old Testament) اور "عہد جدید (New Testament) کے اہم اجزا سب کے سب نغمہ یا سرود کا انداز لئے ہوئے ہیں، چاہے عروض کی اصطلاحی معیار سے ان پر شاعری کا اطلاق نہ ہو سکے۔ "عہد عتیق" میں یسعیاہ، جزقیل، اور دانیال کی کتابوں میں جو تنبیہ و تہدید اور جو پیشین گوئیاں ہیں وہ اپنے تمام جلال و تمکنت کے باوجود اپنے لب و لہجہ میں وہی پر وقار گداز رکھتی ہیں جس کو ہم غزل کی سب سے زیادہ پاکیزہ صفت سمجھتے ہیں۔ یرمیاہ کے نوحے (Lamentations) مسلسل غزل ہی کی دھن میں ہیں۔ روت یا راعوث (Ruth) کی کتاب اور استر (Esther) کی کتاب ان تمام نازک کیفیات کی حامل ہیں جن کو غزل سرائی کے ساتھ مخصوص کرتے ہیں۔ اگرچہ دونوں میں قصے بیان کئے گئے ہیں۔

"ایوب کی کتاب"(The Book Of Job) میں وہ خستگی و گداختگی بھرپور موجود ہے، جو تغزل کی سب سے زیادہ اہم اور نمایاں خصوصیات میں داخل ہیں۔ داؤد کے زبور تو گیت ہی ہیں۔ زبور کے معنی ہی گیت کے ہیں۔ "امثال سلیمان"(Proverbs of Soloman) میں جو متانت اور سنجیدگی پائی جاتی ہے، اس کے لئے غزلیت کے سوا کوئی دوسرا لفظ نہیں اور سلیمان کی ایک کتاب کا نام ہی "گیت" یا "گیتوں کا گیت"(Song of Songs) ہے۔ جس کو عربی میں 'غزل الغزلات" کہتے ہیں۔ مسیح کے یادگار ملفوظات میں جو بلیغ زمی اور جو لطیف گداز محسوس ہوتا ہے اس کو

تغزل ہی سے تعبیر کیا جائے گا۔

خالص مذہبی شاعری سے الگ ہو کر جملہ اصناف سخن کا جائزہ لیجئے تو یہ تسلیم کرنا پڑے گا کہ ہر صنف میں اعلیٰ شاہ کار وہی ہیں جن میں تغزل کا تیز رنگ موجود ہے۔ ایسکائیلس (Aeschylus) سفوکلیز (Sophocles) اور یوریپائیڈیز (Euripides) کے المیہ ڈراموں میں سب سے زیادہ توانا اور مؤثر پارے وہ ہیں جہاں شدید داخلیت کام کر رہی ہے۔ کالی داس کی "شکنتلا" میں وہی مواقع زیادہ پر تاثیر ہیں جہاں انہاک کے ساتھ کامیاب اسلوب میں داخلی کیفیات و واردات کا اظہار کیا گیا ہے۔ شیکسپئر کے المناموں (Tragedies) میں یادگار حصے وہ ہیں جن میں دل پذیر انداز کے ساتھ جذباتی رد عمل یا اندرونی پیکار کو پیش کیا گیا ہے۔ رزم ناموں (Epics) میں ہومر کی "الیڈ" سے لے کر ملٹن کی "فردوس گم شدہ" تک، "مہابھارت" سے تلسی داس کی "رامائن" تک اور "خدائے نامہ" سے "شاہ نامہ" اور "سکندر نامہ" تک غور سے مطالعہ کر ڈالئے، ان میں قابل انتخاب اور یادگار وہی اشعار ہوں گے جو داخلی تاثرات و جذبات کے آئینہ دار ہیں اور جن میں وہی کیفیت چھائی ہوئی ہے جس کو ہم نے غنائیت یا نغمگی کہا ہے۔

دنیا میں شاعری کی جتنی بھی تعریفیں کی گئی ہیں، ان سب میں دو خصوصیات پر زیادہ زور دیا گیا ہے، ایک تو اس کی جذباتی ماہیت، دوسرے موسیقیت اور یہ دونوں داخلی حقیقتیں ہیں۔ ڈاکٹر جانسن نے شعر کو "موزوں تصنیف" (Metrical Composition) کہا ہے۔ جان اسٹیورٹ مل پوچھتا ہے، "شاعری ایسے خیال اور الفاظ کے سوا جن میں جذبات کو بے ساختہ ظاہر کر سکیں اور کیا ہے؟" کارلائل شاعری کو "مترنم خیال" بتاتا ہے۔ شیلی تخیل کے اظہار کو شاعری کہتا ہے۔ ہیزلٹ کے نزدیک

شاعری "تخیل اور جذبات کی زبان" ہے۔ لے ہنٹ کا خیال ہے کہ "انسان کے اندر حقیقت، حسن اور قوت کی طلب کا جو پر خروش جذبہ ہے اسی کے بے اختیار اظہار کا نام شاعری ہے اور اس اظہار کے لئے تخیل اور الفاظ کا متناسب اتار چڑھاؤ لازمی ہیں۔" کولرج کے تصور میں "شاعری علم و حکمت کی ضد ہے اور اس کا نصب العین حقیقت کی تلاش نہیں بلکہ حصول انبساط ہے۔" ورڈسورتھ کی لغت میں "شاعری تمام علم انسانی کی جان اور اس کی لطیف ترین روح ہے۔ شاعری جذبات کی وہ پر جوش علامت ہے جو تمام علم و حکمت کے چہرے میں نمایاں ہوتی ہے۔" ایڈگر ایلن پو کے خیال کے مطابق "شاعری حسن کی پر آہنگ اور مترنم تخلیق کا نام ہے۔" وائس ڈنٹن (Wais Dunton) کا قول ہے کہ "شاعری جذباتی اور مترنم زبان میں شعور انسانی کے محسوس اور جمالیاتی اظہار کا نام ہے۔"

ان تمام اقوال و آراء کا خلاصہ عام فہم زبان میں یہ ہے کہ شاعری موزوں اور پر ترنم الفاظ میں دلی جذبات کا اظہار ہے اور اس کا مطلب صرف یہ ہے کہ شاعری کی ترکیب میں جو عناصر غالب ہیں وہ داخلی ہیں اور جو چیز داخل ہو گی اس کا انفرادی ہونا لازمی ہے۔ لیکن انفرادیت کے معنی اپنی ذات میں کھوئے ہوئے رہنے کے نہیں۔ سچی اور صحت مند انفرادیت اپنی جگہ خود ایک اجتماعی حقیقت ہے۔ مزماری شاعری کا (جس کی سب سے زیادہ رچی ہوئی صورت وہ صنف ہے جو فارسی اور اردو میں غزل کہلاتی ہے) اصلی جوہر شخصیت یا انفرادیت ہے۔

لیکن یہ یاد رکھنے کے قابل بات ہے کہ اس صنف شاعری کے بہترین شاہکاروں کی عظمت ادبی دنیا کی تواریخ میں اس لئے ہے کہ وہ انسان کے عامۃ الورود جذبات و افکار کی ترجمانی کرتے ہیں، جس سے ہر سننے والے یا پڑھنے والے کے اندر یہ احساس بیدار ہو جاتا

ہے کہ یہ تو اسی کے دل کی باتیں ہیں۔ سچی غزلیت یہی ہے کہ سامع یا قاری کو یہ زحمت اٹھانا نہ پڑے کہ وہ تخیل کے زور سے اپنے کو شاعر کے مقام پر پہنچائے بلکہ اس کے اندر یہ احساس پیدا کر دیا جائے کہ خود شاعر پہلے ہی سے اپنے کو ہر سامع اور ہر قاری کی صورت حال میں تصور کئے ہوئے ہے۔ غرض کہ شاعری کی اصل روح مزماریت یا غزلیت ہے۔ خارجی سے خارجی صنف شاعری کے اندر یہ روح کام کرتی ہوئی ملے گی۔

خارجی شاعری کی ایک بڑی پرانی اور مقبول عام صنف وہ ہے جو مغربی ممالک میں "بیلڈ" (Ballad) یا مختصر منظوم افسانہ کہلاتی ہے جو دنیا کی تقریباً ہر پرانی زبان میں موجود ہے۔ یہ صنف بے ساختہ خود بخود پیدا ہوئی اور فن شاعری کے ارتقا کی قدیم ترین منزلوں کی نمائندگی کرتی ہے۔ ہندوستان کی مختلف مقامی بولیوں میں اس کے نمونے بکثرت ملیں گے۔ اس کی بہترین مثال "آلھا" ہے۔ جس کو گا کر سنانے کے لئے ایک خاص مہارت درکار ہے۔ اہیروں کا مشہور منظوم قصہ "لورکائن" (لورک اور سانور کی داستان) اسی عنوان کی چیز ہے۔ "راجہ بھرتری کی عبرت ناک سرگزشت" اور "رانی سارنگا" کا بلیغ الم نامہ اسی قسم کی تخلیقات ہیں۔

یہ منظوم داستانیں خاص اسی غرض کے لئے ہوتی تھیں کہ سامعین کے مجمع میں گا کر سنائی جائیں۔ موضوع کے اعتبار سے ان کا تعلق عوام کی زندگی کے روزمرہ حالات و واقعات سے ہوتا تھا۔ خطرات و مہمات کے مقابلے میں جدال و قتال کے معرکے، جواں مردی اور شجاعت کے کارنامے، گھریلو زندگی کے محبوب ترین مشاغل، محبت، رشک و رقابت، رفاقت و عداوت، خلق دوستی اور خدا ترسی کی رومانی رودادیں یہ ہیں۔ اس صنف شاعری کے عام موضوعات اور سادگی اور بے تکلفی، بیان کی سرعت، لب و لہجہ کی متانت اور سنجیدگی کے ساتھ ایک معصومانہ انداز اس کے اسلوب کی ممتاز ترین خصوصیات ہیں۔

اس بیانیہ صنف کی ترقی یافتہ صورت رزمیہ ہے۔ کہا جا سکتا ہے کہ مختلف منظوم افسانوں کو ایک رشتہ میں پرو کر ایک طویل اور مفصل اور مربوط داستان بنا دیا گیا تو اس کا نام رزمیہ پڑا۔ ہومر کی "الیڈ" اور "اوڈیسی" سے اسپنسر کی "فیری کوئن" تک اور "مہابھارت" سے "شاہ نامہ" تک دنیا کے بڑے سے بڑے رزمیہ اختراعات کا مطالعہ کر جائیے تو دو خصوصیتیں عام اور مشترک ملیں گی۔ ایک تو یہ کہ ایک مرکزی قصے کے گرد بہت سے قصے باہم منسلک اور ملفوف ہوں گے جو درمیانی یا ضمنی قصے (Episodes) کہے جاتے ہیں، دوسرے یہ کہ رزمیہ نظموں میں اگرچہ اصل مقصد سورماؤں کے کارنامے بیان کرنا ہوتا ہے لیکن اس سلسلے میں ادنی سے اعلیٰ تک زندگی کا کوئی ایسا معاملہ یا مسئلہ نہیں جس کے متعلق کوئی ضمنی قصہ نہ ہو۔

دنیا کا کا شاید ہی کوئی شاہکار رزم نامہ ہو جو حسن و عشق کی حکایتوں کا مخزن نہ ہو۔ یہ امر تامل انگیز ہے کہ عشق و محبت کی جن حدیثوں کو عالمگیر شہرت حاصل ہوئی اور جو آج کلاسیکی حیثیت کی مالک ہیں ان میں سے بیشتر رزمیہ منظومات ہی میں ملتی ہیں۔ ہومر کی "الیڈ" ورجل کی "اینیڈ" (Aeneid) طاسو (Tasso) کی "یروشلم آزاد" (Jerusalem Liberal) ایریسطو (Ariosto) کی "غضبناک آرلاندو" (Orlando Furiso) اسپنسر کی "فیری کوئن" (Faerie Queen) "فردوسی کا شاہنامہ" یہ سب نظمیں ایسے تذکروں سے بھری پڑی ہیں جن میں محبت کی نہایت بلند اور پاکیزہ تخئیل پیش کی گئ ہے اور اگر دانتے (Dante) کی "طربیہ ربانی" (Divine Comedy) کو بھی رزمیہ شاعری میں داخل کر لیں، جیسا کہ اس کی ہیئت اور فنی اسلوب کا مطالبہ ہے، تو پھر ماننا پڑے گا کہ صرف محبت کی داستان پر بھی ایک مہتم بالشان رزمیہ کی عمارت کھڑی کی جا سکتی ہے۔

بیٹرس (Beatrice) سے زیادہ معصوم، زیادہ منزہ اور زیادہ بلند حسین اور محبوب عورت کی تخئیل دنیا میں آج تک نہ تو تاریخ پیش کر سکی ہے نہ اساطیر اور کہا جا سکتا ہے کہ "طربیہ ربانی" میں بیٹرس ہیرو اور ہیروئن دونوں کی جگہ لئے ہوئے ہے۔ "فیری کوئن" کی مختلف کتابوں میں کوئی کتاب ایسی نہیں جس میں شجاعت کے معرکوں کا مرکز عشق کا دردنہ ہو۔ ہر غازی ایک محبوبہ ہے جس کی یاد میں اور جس کا نام ورد کرتے ہوئے وہ مہلک سے مہلک خطروں پر قابو پا جاتا ہے اور بڑی سے بڑی مہم سر کر لیتا ہے۔

اس سلسلے میں ایک اور بات یاد رکھنے کے قابل ہے۔ دنیا کا کوئی رزم نامہ ایسا نہیں ہے جو عورت کو مرکز بنائے ہوئے بغیر اپنی رفتار میں سر مو آگے بڑھ سکا۔ "رامائن" سے سیتا کو "الیڈ" سے ہیلن کو "طربیہ ربانی" سے بیٹرس کو نکال لیجئے تو رزمیہ داستان کی ساری تعمیر ڈھہ کر رہ جائے گی۔ ملٹن جیسے سخت اور بے انتہا سنجیدہ شاعر نے "فردوس گم شدہ" کے نام سے جو مشہور عالم رزمیہ نظم لکھی ہے اس میں شیطان ہیرو ہے تو حوا ہیروئن، اور سچی بات تو یہ ہے کہ شیطان اپنی فتح کے لئے حوا کا محتاج ہے۔ حوا سے بے نیاز رہ کر نہ تو شیطان اپنی مہم سر کر سکتا تھا اور نہ ملٹن کی 'فردوس گم شدہ" رزمیہ شاعری کا ایسا کامیاب نمونہ بن سکتی تھی۔ اس دعویٰ کا ثبوت یہ ہے کہ "فردوس بازیافتہ" (Paradise Regained) جس میں شاعر نے زبردستی آدم کو ہیرو بنانا چاہا ہے اور بالآخر یزداں کی فتح دکھائی ہے، "فردوس گم شدہ" کے مقابلہ میں بڑی ضعیف اور بے جان نظم ہے۔

اس طویل کلام کا مقصد یہ ہے کہ جید سے جید اور انتہائی گھن گرج اور آواز کی رزمیہ نظم جذبات کے لطیف ارتعاشات سے بے نیاز نہیں رہ سکی ہے اور پھر چاہے وہ محبت کا کاروبار ہو یا شجاعت کے معرکے ہوں یا اخلاقی محاسن کی تبلیغ ہو یا تمدن اور سیاست کے معیاری تصورات ہوں یا تدبیر منزل اور گھریلو زندگی کے مثالی نمونے ہوں، سب میں

شاعر کی اپنی تخئیل کارفرما محسوس ہو گی۔ وہ رستم کی بہادری ہو یا منیژہ کا جاں بازانہ ولولہ عشق، سہراب کی جواں مردی ہو یا بیوی اور ماں کی حیثیت سے تہمینہ کی بلند شخصیت یا ایک کنواری ایرانی لڑکی کی حیثیت سے جو فن حرب وضرب کی بھی ماہر ہو کر گرد آفرید کا کردار، اکیلیز (Achilles) کی عسکری شجاعت ہو یا افجینیا (Iphigenia) کی قربانی، یہ سب گویا خارجی موجودات پر شاعر کی اپنی تخئیل کی مہریں ہیں اور سرتاسر داخلی ہیں۔ شاعر کا کام ادنی کو اعلی بنانا ہے۔ فردوسی کا یہ کہنا کوئی تعلی نہیں ہے بلکہ شاعر کے اصلی منصب کی طرف نہایت بلیغ اشارہ ہے۔

منش کردہ ام رستم داستاں
وگرنہ یلے بود در سیستاں

بعض مبصرین وسیع مطالعہ اور غائر تامل کے بعد اس نتیجے پر پہنچتے ہیں کہ فن کاری کا اصلی محرک موجود سے ناآسودگی اور ممکن الوجود کی تمنا ہے اور ہم نے اسی کا نام تخئیل رکھا ہے جس کے بغیر شاعری کی کوئی صنف اچھے اور قابل قدر نمونے نہیں پیش کر سکتی۔ حال پر قناعت نہ کرنا اور ایک بہتر مستقبل کے حصول کی آرزو میں لگے رہنا، اسی کو تخئیل کہتے ہیں اور یہی شاعری کی جان ہے جو بالکل داخلی اور انفرادی اپج ہے۔

اب خارجی شاعری کی کسی دوسری نوع کو لیجئے اور ہمارے قول کی روشنی میں اس پر نظر ڈالئے، مثلاً تمثیل یا ناٹک، ڈرامہ کو خارجی شاعری ہی کی ایک صنف قرار دیا گیا ہے، مگر یہ ایک ایسی صنف ہے جس میں واقعہ نگاری، منظر کشی، اظہار جذبات، ہر قسم کے خارجی اور داخلی مواد اور محرکات شامل ہوتے ہیں اور شاعر ان تمام مختلف مواقع پر دو خاص طریقوں سے کام لیتا ہے۔ کردار اور مکالمہ اور ان دونوں میں جو توانائی اور تاثیر آئی ہے وہ شاعر کی تخئیل یا انفرادی قوت تخلیق سے آئی ہے۔ ڈرامہ میں بھی یادگار اجزا وہی

ہوتے ہیں جن پر شاعر اپنی اختراعی قوت کو پوری سکت اور شدت اور تنہائی آزادی کے ساتھ صرف کرتا ہے۔

یہاں ایک اور بات یاد رکھنا چاہئے۔ فنون لطیفہ خاص کر شاعری میں جتنے اسلوبی طریقے استعمال کئے جاتے ہیں وہ خارجی عالم کے ساتھ نسبت رکھتے ہوئے سب کے سب خالص ذہنی یا انفرادی اختراعات ہیں۔ مثلاً تشبیہ، استعارہ، کنایہ، مجاز مرسل، محاورہ وغیرہ ایسی صنعتیں جن کے بغیر شاعری تو ایک طرف، سیدھی سادی روزمرہ کی بول چال میں بھی کام نہیں چل سکتا اور اگر لفظی اور معنوی صنعتوں کا تجزیہ کرکے ان پر غور کیا جائے تو معلوم ہوگا کہ ہر صنعت تشبیہ یا استعارہ کا بدلا ہوا روپ ہے۔ تشبیہ یا استعارہ فنکار کی اپنی ذہنی اپج ہوتا ہے اور ہم لاکھ سادہ سے سادہ اور بے تکلف سے بے تکلف زبان میں باتیں کرنا چاہیں، کسی نہ کسی مقام پر اپنے کو مجبور پائیں گے کہ استعارہ یا محاورہ سے کام لیں۔

استعارہ کی ایک بہت عام قسم وہ ہے جس کے لئے انگریزی میں رسکن(Ruskin) نے(Pathetic Fallacy) کی اصطلاح ایجاد کی تھی اور جس کو ہم "مغالطہ حسی" کہیں گے۔ شاعر اکثر اپنی ذہنی کیفیتوں اور قلبی حالتوں کو خارجی عناصر یا موالید سے منسوب کرتا ہے، اس کو سارا عالم اس کے اپنے ذاتی احساس کے رنگ میں ڈوبا ہوا معلوم ہوتا ہے اور چونکہ یہ ذاتی احساس تغیر پذیر ہے یعنی مختلف لمحوں اور مختلف موقعوں کے اعتبار سے بدلتا رہتا ہے۔ اس لئے عام عناصر بھی اس کو اپنے ذہنی عالم کی روشنی میں مختلف اوقات میں مختلف نظر آتا ہے۔ مثلاً پو پھٹنے کو کبھی صبح کا ہنسنا کہا، کبھی گریباں چاک ہونا۔ گلاب کا کھلا ہوا پھول کبھی خنداں، کبھی سینہ فگار اور کبھی گریباں دریدہ چاک دامن ہوتا ہے۔ شبنم کبھی موتی کبھی آنسوؤں کا قطرہ۔ دریا کبھی گنگناتا کبھی روتا ہے۔ شفق کبھی گلگونہ ہے، کبھی

کوئے قاتل کی زمین ہے وغیرہ وغیرہ۔ انسانی نطق ان استعارات کے بغیر اظہار سے قاصر رہا ہے۔

رسکن (Ruskin) نے اس کو مغالطہ حسی کہہ کر ہم کو بلاوجہ مغالطہ میں ڈال دیا ہے۔ یہ التباس (Illusion) ضرور ہے لیکن یہ التباس خود اپنی جگہ ایک نہایت سنگین اور ناقابل تردید حقیقت ہے۔ تشبیہ یا استعارہ تکمیل آرزو کا تخئیلی پیکر ہے۔ تشبیہ یا استعارہ اس بات کی نہایت صحت مند علامت ہے کہ انسان حال سے ناآسودہ اور حسین تر مستقبل کی فکر میں بے چین ہے۔ "شرر" سے ستارہ اور "ستارہ" سے "آفتاب" کی جستجو کرنے کے لیے انسان مجبور ہے۔ "شمع کشتند وز خورشید نشانم دادند۔" سورج کا سراغ لگانے کے لئے نہ جانے کتنے روشن چراغوں کو بے دردی کے ساتھ گل کر دینا پڑتا ہے۔ یہی انسان کی زندگی کا المیہ ہے اور یہی اس کی ترقی کا راز۔ تشبیہات اور استعارات کی نفسیات بھی یہی ہے کہ،

ہے جستجو کہ خوب سے ہے خوب تر کہاں

اور یہ میلان جستجو تخئیل کا کرشمہ ہے۔ مشبہ بہ مشبہ پر اور مستعار منہ مستعار پر یقیناً ایک اضافہ ہے اور دونوں کے درمیان وہی نسبت ہے جو واقعہ اور تخئیل کے درمیان ہوتی ہے۔ مشبہ موجود یا حال ہے اور مشبہ بہ ممکن الوجود یا مستقبل۔ نہ صرف شاعری میں بلکہ فن کاری کی کسی صنف میں بھی آج تک بغیر استعارے کے کام نہیں چل سکا ہے۔ یہ اور بات ہے کہ فن کاری کے مختلف انواع میں استعارے کے اسالیب مختلف ہوتے ہیں۔

***

حسن اور فنکاری

فنکاری ایک فکریاتی حرکت (Ideological Activity) ہے جو انسان کے اجتماعی جذبات اور خیالات کی نمائندگی کرتی ہے۔ پوچھا جا سکتا ہے کہ اس اعتبار سے فنکاری اور انسان کے اجتماعی شعور کے دوسرے مظاہر کے درمیان کیا فرق ہے؟ فن کاری حقیقت کو ایک مخصوص تخیلی پیکر دے کر پھر سے پیدا کرتی ہے، لیکن یہ پیدائش جدید میکانیکی یا اضطراری نہیں ہوتی، جیسا کہ بعض مادہ پرست یا چند بھولے بھالے سطحی واقعیت کے شیدائی سمجھے ہوئے ہیں۔ فنکاری ایک پیچیدہ جدلیاتی تخلیقی عمل کے ذریعے واقعی یا خارجی حقیقت کو نیا جنم دیتی ہے۔

وہ حال کو از سر نو اس طرح تشکیل دیتی ہے کہ اس میں ایک زیادہ خوش آئند اور مبارک مستقبل کی جھلک ہم کو مل جائے اور ہم زندگی کو سر تاسر عذاب سمجھ کر شکست خوردگی، پسپائی اور فراریت کی طرف نہ مائل ہوں۔ بلکہ ہمارے اندر یہ احساس پیدا ہو جائے کہ ہماری موجودہ زندگی میں جو خرابیاں اور الجھنیں ہیں وہ ہماری ہی یعنی ہماری ہیئت اجتماعی کی پیدا کی ہوئی ہیں اور ہم ہیئت اجتماعی اور اس کے تمام اداروں کو بدل کر ان خرابیوں کو دور کر سکتے ہیں اور ایک ایسا مستقبل تیار کر سکتے ہیں جو ماضی اور حال دونوں سے زیادہ خوشگوار اور بافراغت اور دونوں سے زیادہ جمیل ہو۔

فنکار ایک فرد ہوتا ہے اور فنکاری یقیناً ایک واحد اور منفرد شخصیت کی تخلیق ہوتی

ہے۔ اس شخصیت کی تمام انفرادی خصوصیات فنکاری کی ترکیب میں داخل ہوتی ہیں۔ فنکا رلاکھ اپنے زمانے اور ماحول کی مخلوق سہی، جب ایک مرتبہ اس کا ایک کردار بن گیا اور اس نے ایک مستقل اکائی کی صورت اختیار کرلی تو اس کی تمام شخصی خصوصیات، اس کے جملہ جسمانی اور ذہنی حرکات وسکنات میں برروئے کار آئیں گی۔ وہاں اگر فنکار صالح کردار کا مالک ہے اور کھری شخصیت رکھتا ہے تو اس کے اختراعات اور زمانے کے میلانات اور مطالبات کے درمیان کوئی تصادم یا نفاق نہ ہوگا اور اگر کوئی مسخ شدہ کردار یا بگڑی ہوئی شخصیت ہے تو وہ جو کچھ پیدا کرے گا وہ حیات کلی یعنی ہیئت اجتماعی کے کام نہیں آ سکتا، بلکہ عام بنی نوع انسان کی فلاح و بہبود کے لئے مضر ثابت ہوگا۔

لیکن یہ بھی مسلم ہے کہ شخصیتوں کو بگاڑنے کی ذمہ داری عام طور سے غلط معاشرتی نظام پر عائد ہوتی ہے۔ غلط معاشرتی نظام سے مراد وہ نظام ہے جو اپنے مقدر اور اپنی غایت کی تکمیل کرچکا ہو اور اپنی میعاد سے آگے اپنے کو قائم رکھنے کی زبردستی کوشش کررہا ہو۔ اب اگر کوئی شخصیت ایسی پیدا ہوگئی جو اپنے دور کی تمام رجعتی اور تخریبی قوتوں پر قابو پا گئی اور ان سے بلند و بالا ہوکر زمانہ پر اپنا نقش جما سکی تو وہ اپنے کو بھی مضر اثرات سے بچا لیتی ہے اور ہیئت اجتماعی کے لئے ترقی کی تحریک کا سبب بنتی ہے۔ ایسی ہی شخصیتیں اپنے اپنے دور کے لئے پیغمبر ہوئی ہیں، ایسی ہی شخصیتوں نے دنیا کی رہنمائی کی ہے اور ایسی ہی شخصیتیں تواریخ میں ناقابل فراموش یادگاریں چھوڑ گئی ہیں جو آنے والے دور کے لئے فکر و عمل کے میدان میں شمع راہ بنی ہیں۔

لیکن انسان محض ایک مجرد اور بے تعلق فرد نہیں ہے۔ وہ جماعت کا ایک رکن بھی ہے بلکہ یہ کہنا زیادہ صحیح ہوگا کہ ہر فرد کے اندر جماعت موجود اور کارفرما ہوتی ہے۔ ہر انسان ایک خاص ہیئت اجتماعی اور ایک خاص دور تمدن کی مخلوق ہوتا ہے اور دونوں کے

اثرات و میلانات اس کے جسم اور ذہن کی تشکیل اور اس کے کردار کی ترکیب میں داخل ہوتے ہیں۔ فرد جماعت میں ہے اور جماعت فرد میں۔ اقبال نے شاید اسی نکتے کو سمجھ کر کہا تھا۔

فرد تا اندر جماعت گم شود
قطرہ وسعت طلب قلزم شود

فرد جماعت میں فنا نہیں ہوتا بلکہ باقی رہتا ہے، ورنہ وہ جماعت کی نئی ترتیب و تحسین میں کوئی حصہ نہیں لے سکتا۔ قطرہ قلزم ہونے کے بعد بھی اپنی قطرہ والی شخصیت کو برقرار رکھتا ہے۔ موج دریا سے باہر بے اصل و بے حقیقت ہو جاتی ہے، لیکن دریا میں رہتے ہوئے بھی ہر موج اپنی فردیت کو قائم رکھتی ہے جس سے دریا کی عظمت اور اس کے شکوہ میں اضافہ ہوتا ہے۔

یہ سب کچھ ہے، مگر سو حقیقتوں کی ایک حقیقت یہ ہے کہ انسان جماعت پسند اور جماعت آفریں جانور ہے۔ جب سے اس نے آدمیت کا رنگ و روپ پایا، وہ اجتماعی رہا اور اپنے اجتماعی نظام کو روز بروز زیادہ وسیع، زیادہ مستحکم اور زیادہ مہذب بناتا رہا۔ انسان جو کچھ کرتا ہے اس میں شعوری یا غیر شعوری طور پر ایک اجتماعی میلان یا غایت نمایاں یا پوشیدہ ضرور ہوتی ہے۔ اگر ایسا نہیں ہے تو اس کی ہر حرکت ساقط الاعتبار ہے۔ انسان اور دوسرے جانوروں میں یہی فرق ہے۔ فن کاری میں بھی ہمیں یہ فرق ملے گا۔ انسان کے درجے س سے نیچے بھی بعض جانور ہیں جو جبلی یا یعنی اضطراری طور پر فنکار ہیں، لیکن ان کی فن کاری صرف ذاتی ضروریات اور مفاد پر مبنی ہے۔ وہ جو کچھ کرتے ہیں، اپنی فوری ضرورت سے مجبور ہو کر اور اپنی نسل کی بقا اور فلاح کے لئے کرتے ہیں۔ برخلاف اس کے انسان کی فنکاریاں اس کی ذاتی مسرت اور راحت کا بھی سبب ہوتی ہیں اور پوری

جماعت بلکہ اکثر تمام بنی نوع انسان کی ترقی و تہذیب میں بھی مددگار ثابت ہوتی ہیں۔

مارکس اور اس کے ہم خیالوں کا یہ تصور بہت صحیح ہے کہ ایک خارجی دنیا کی عملی تشکیل و تخلیق، ایک غیر نامیاتی بے جان عالم عناصر کو حسب مراد صورت دینا اور اس میں نئی زندگی پیدا کرنا اس بات کا ثبوت ہے کہ انسان نوع حیوانی کا ایک ذی ارادہ ارتقائی رکن ہے۔ وہ حیوانات میں ایک ایسی مخلوق ہے جس کی تخئیل یہ ہے کہ تمام بنی نوع انسان کے ساتھ ویسا ہی برتاؤ کیا جائے جیسا کہ خود اپنی ذات کے ساتھ اور اپنی ضرورتوں کی طرح اپنے تمام ہم جنسوں کی ضرورتوں کا رفیقانہ احساس رکھا جائے۔ یہ شرف کسی اور مخلوق کو حاصل نہیں اور اگر انسان کو اشرف المخلوقات کہا جا سکتا ہے تو اسی بنا پر دنیا میں اور بہت سے جانور ہیں، مثلاً شہد کی مکھیاں، مٹے، دیمک اور بھڑ اور چڑیوں میں بیا وغیرہ جو کافی تخلیقی یا تعمیری قابلیت اپنے اندر رکھتے ہیں اور ضرورت کے وقت بے ساختہ اس سے کام لیتے ہیں۔ وہ چھتے، دیموٹ اور گھونسلے ایسی فنکارانہ خوش اسلوبی کے ساتھ بناتے ہیں کہ انسان ان کی نقل بھی نہیں اتار سکتا۔

لیکن یہ ادنی درجے کے جانور جو کچھ کرتے ہیں اپنی ذاتی یا زیادہ سے زیادہ اپنی اولاد کی فوری ضرورتوں کو رفع کرنے کے لئے کرتے ہیں۔ ان کی کوششیں یک طرفہ ہوتی ہیں۔ انسان کے مساعی اجتماعی قدر لئے ہوئے ہوتے ہیں۔ حیوانات جو کچھ کرتے ہیں اپنی قدرتی جسمانی ضرورتوں کے تقاضوں سے مجبور ہو کر کرتے ہیں اور انسان یعنی مہذب انسان اپنی جسمانی ضرورتوں سے آزاد ہو کر تخلیقی فن کی طرف متوجہ ہوتا ہے۔ وہ اپنی بہترین تخلیق اس وقت کر سکتا ہے جب کہ اس کی ادنی حیوانی ضرورتیں آسودہ ہو چکی ہوں اور وہ ان کے ترددات سے فراغت پا چکا ہو، غیر انسانی مخلوقات اپنی اپنی ذاتوں میں کھوئی ہوئی ہیں۔ وہ زیادہ سے زیادہ اپنے کو پھر سے پیدا کر سکتی ہیں اور انسان سائر کائنات کو

پھر سے پیدا کر سکتا ہے۔

دوسرے جانوروں کی تخلیقی کوششیں ان کی جسمانی خواہشوں اور ضرورتوں سے براہ راست متعلق ہوتی ہیں، یعنی وہ اپنے فطری مطالبات کے غلام ہوتے ہیں بر خلاف اس کے انسان اپنی تخلیقات کا پورے احساس و فکر اور مکمل آزادی کے ساتھ سامنا کر سکتا ہے اور ان پر نگاہ بازگشت ڈال سکتا ہے جو خود اپنی جگہ ایک نئی تخلیقی حرکت ہے۔ جانور صرف اپنی نوع کی ضرورت کو اپنی تخلیقات کا پیمانہ بناتے ہیں، انسان ہر نوع کی ضرورت کے مطابق اور ہر وقت ہر موقع پر موضوع کے اعتبار سے نئے پیمانے مہیا یا ایجاد کر سکتا ہے۔ دوسرے حیوانات کی فنی تخلیق میں جو حسن ملتا ہے وہ اضطراری طور پر اس کی ترکیب میں داخل ہوتا ہے۔ انسان کو اس حسن کا نہ صرف شعور بلکہ درک بھی ہوتا ہے اور وہ اپنے ارادے اور اپنی قوت سے اس حسن کو اور زیادہ حسین و جمیل بنا سکتا ہے۔ انسان کی فنکاری نہ صرف ایک مفروضہ حسن کا اظہار ہوتی ہے بلکہ حسن کے اندرونی ناموس کے مطابق خوب سے خوب تر کی جستجو اور اسے پانے کا نام انسانی لغت میں فنکاری ہے۔

حسن کے وجود اور اس کی اثر آفرینی سے آج تک کوئی انکار نہیں کر سکا ہے۔ لیکن یہ حسن ہے کیا؟ اس سوال نے بڑے بڑے اہل فکر و بصیرت کو حیران رکھا ہے۔ مشہور آفاق سائنسداں اور نظریہ ارتقا کا مبلغ ڈارون مور کی دم کا راز نہ سمجھ سکا۔ مور کی دم پر اس قرینے کے ساتھ گل کاریاں ہوتی ہیں؟ اس سوال نے ڈارون کی عقل کو چکر میں ڈال رکھا تھا، وہ زندگی کے ہر مظہر کو جہد للبقا، قدرتی انتخاب اور بقائے اصلح کی روشنی میں سمجھنا چاہتا تھا لیکن محض حیاتیاتی مقصد کے ماتحت حسن یعنی قرینہ یا آہنگ کی تاویل نہیں کی جا سکتی۔

مور کی دم میں اس توازن اور تناسب کے ساتھ خطوط والوان کا التزام نہ ہوتا تو بھی حیاتیاتی غرض یعنی نسل کی افزائش اور اس کی بقا کا مقصد تو پورا ہی ہوتا رہتا۔ قدرت نے اپنے تخلیقی نظام میں یہ جمالیاتی اسلوب کیوں ملحوظ رکھا؟ اس کا جواب ہمارے پاس نہیں ہے تاوقتیکہ ہم یہ نہ تسلیم کرلیں کہ قدرت کے اندر وہ آہنگ طبیعی طور پر موجود ہے جسے ہم حسن کہتے ہیں۔ نہ صرف انسان بلکہ حیوانی اور نباتاتی اور بہ ظاہر بے جان جماداتی دنیا بھی ایک جمالیاتی رخ رکھتی ہے۔ جہاں کہیں بھی زندگی کی قوت ہے وہاں یہ حسن بھی موجود ہے اور زندگی کی بقااور فروغ کا ضامن ہے۔

متقدمین سے لے کر آج تک لوگ حسن کو بلاوجہ ایک غیر ارضی چیز سمجھتے رہے ہیں اور جو چیز کہ سر بسر انسانی دنیا کی پیداوار ہے اس کو خواہ مخواہ ایک دیولوک سے منسوب کرتے رہے ہیں۔ اس ماورائیت نے حسن کو ایک سدیمی (Nebulous) شکل بنا کر رکھ دیا ہے۔ افلاطون نے حقیقت، خیر اور حسن کی سہ گانہ تقسیم کرکے ایک عرصہ تک دنیا کو مبہوت رکھا، لیکن وہ خود بڑی الجھن میں تھا۔ اگر ہم غور سے مطالعہ کریں تو اس کے بیان سے زیادہ اس کے بعض وقت کے سکوت سے پتہ چلتا ہے کہ وہ اپنے نظریہ تصورات کی وجہ سے اپنے نظام فکر میں بہت سے تناقصات محسوس کرتا ہے۔ حسن کے بارے میں بھی اس کو اپنی عدم وضاحت کا احساس تھا۔ اس نے عالم مثال یا عالم تصورات میں پناہ لے رکھی تھی۔ اس عالم اجسام سے باہر ایک عالم ہے، جہاں ہر شئے کا ایک ازلی تصور یا نمونہ موجود ہے۔ عالم موجودات کی ہر شئے اپنے تصور کی ایک ناقص نقل ہوتی ہے۔ پھر ان تصورات سے بلند اور سب پر احاطہ کئے ہوئے تصورات کا تصور، یا تصور اعلیٰ ہے۔ حسن اور خیر اور حقیقت اس تصور اعلیٰ کے تین مختلف رخ ہیں جو عالم اجسام میں الگ پائے جاتے ہیں۔

افلاطون کے انداز سے معلوم ہوتا ہے کہ وہ اپنے مرشد سقراط کی طرح حسن کو حقیقت اور خیر کے ماتحت تصور کرتا تھا۔ اس جگہ ایک بات یاد رکھنے کے قابل ہے۔ ہم سقراط اور افلاطون اور ان کے متبعین کے نظریہ تصورات سے آج ہرگز اتفاق نہیں کر سکتے۔ لیکن ان لوگوں کے بعض متفرق اقوال ایسے ہیں جو حقیقت کے راستے کی طرف اشارہ کرتے ہیں اور جنہیں آج بھی ہم تسلیم کئے بغیر نہیں رہ سکتے، مثلاً حسن کے بارے میں سقراط کے دو اقوال ہیں۔ ایک تو یہ ہے کہ حسن وہ چیز ہے جو لوگوں کو اچھی طرح معلوم ہو، دوسرا یہ ہے کہ حسن اس چیز کا نام ہے جو کسی غرض کو پورا کرے اور غرض سے مراد عملی مفاد ہے۔ آج ہم حیرت کر سکتے ہیں کہ جس مفکر نے حیات اور کائنات کے سارے نظام کی بنیاد مادی اور عملی دنیا سے الگ تصورات پر رکھی ہو وہ حسن کا ایسا افادی نظریہ کیسے پیش کر سکا۔

بعد کے اشراقیوں اور صوفیوں نے اسی تصور یا عالم مثال کے نظریہ کو اور زیادہ وسعت دی اور ہر ترقی یافتہ زبان کے بڑے بڑے شاعروں اور مفکروں نے اس سرابی بنیاد پر رنگ برنگ کی نازک اور دل پذیر عمارتیں تیار کیں اور ان لوگوں نے لافانی حسن، ازلی حسن، لاہوتی حسن، حسن مطلق، حسن حقیقی وغیرہ جیسے بت تراشے جن کے آگے سر جھکانے والوں کی آج بھی کمی نہیں۔ کیٹس نے حسن کو حقیقت اور حقیقت کو حسن بتایا اور اسی کے اظہار کو شاعری کہا۔ بیدل بھی حسن حقیقت کے قائل ہیں یعنی حسن اور حقیقت کو ایک سمجھتے ہیں اور ہر وقت اور ہر جگہ اسے سامنے موجود مانتے ہیں اور کہتے ہیں کہ اس کی جستجو نہ کرنا ہی اس کو پانا ہے۔

حسن کے اس پراسرار تصور نے فکر واحساس کی دنیا میں بڑی بڑی نزاکتیں پیدا کیں اور اس کی بدولت شاعری اور دوسرے فنون لطیفہ کے ایسے ناقابل فراموش کارنامے

وجود میں آئے جن کی تواریخی قدر ہمیشہ مسلم رہے گی۔ اسی سلسلے میں حسن صورت اور حسن معنی، حسن خیال اور حسن عمل، حسن مجاز اور حسن حقیقت سے متعلق فلسفہ تصوف اور شاعری نے بڑی بڑی موشگافیاں کیں جن کی آخری تان رومانیت کا وہ دبستاں ہے جو مجاز اور حقیقت، جسم اور روح، صورت اور معنی کے درمیان کوئی دوئی نہیں محسوس کرتا، اور جس کی بہترین مثال انیسویں صدی کے اواخر میں انگریزی مصوروں اور شاعروں کی وہ جماعت ہے جو "پیش رفائیلی اخوت"(Pre-Rahpaelite Brother hood) کے نام سے مشہور ہے۔ ان لوگوں کا دعوی یہ ہے کہ صورت معنی ہے معنی صورت، حقیقت مجاز ہے، مجاز حقیقت۔ دوئی کا احساس ہماری فکر و نظر کا قصور ہے۔

یہ نظریہ جدید متجسس ذہن کے لئے شاید نا قابل قبول نہ ہوتا، اگر چھپے ہوئے طور پر اس کی اندرونی ترکیب میں ماورائیت یا تصوریت کی ایک مرکزی لہر کارفرمانہ ہوتی۔ حسن کی مادی اصلیت اور اس کی افادی غایت کو ہمارے فنکاروں اور گیانیوں نے بالکل نظر انداز کر دیا اور حسن کو ایک غیر مادی اور ابدی دنیا سے منسوب کر کے ایک سیمیائی نمود بناڈالا اور ہم حسن کی جستجو میں صحر انورد یا مجذوب ہو کر رہ گئے۔ اس ماورائی رومانیت سے ہماری فکر و بصیرت اور اسلوب اظہار میں جتنی وسعت اور نکھار پیدا ہوا ہے اس کا اعتراف کرتے ہوئے ہمیں یہ کہنا پڑتا ہے کہ حسن کی تلاش میں ہم آج تک بھکے اور بھٹکے ہوئے ہیں، حالانکہ یہ سمجھنے کے لئے زیادہ گہرائی میں جانے کی ضرورت نہیں کہ حسن کا کوئی ازلی نمونہ یا کوئی جامع اور مانع تصور ایک استحالہ یا منطقی مغالطہ ہے۔ یہ احساس بیدل جیسے تصور پرست کو بھی تھا، اگرچہ وہ اس کا اظہار بڑے فریب آفریں الفاظ میں کرتا ہے،

نزاکتہاست در آغوش میناخانہ حسرت
مژہ برہم مزن تانشکنی رنگ تماشارا

استعارات کا پردہ ہٹانے کے بعد اشارتاً شعر کا سادہ مطلب یہ ہے کہ انسانی حسرت یعنی انسان کی ضرورت اور مطالبے سے الگ حسن کی نزاکتوں کا وجود نہیں ہے اور پلک جھپکاتے، رنگ تماشا فنا ہو سکتا ہے یعنی رنگ تماشا کا وجود و عدم صاحب تماشہ کے ساتھ وابستہ ہے۔

حسن یا عشق یا شاعری کے بارے میں ہمارے اسلاف نے اپنے زمانے اور ماحول اور اپنی قوت فکر کے مطابق لطیف اور نازک خیالات کا ایک ذخیرہ ہمارے لئے چھوڑا ہے جسے بغیر جوں کا توں قبول کئے ہوئے بھی ہم اپنے دور کی تشکیل اور تحسین میں جذب کر سکتے ہیں۔ اگلے وقتوں کے افکار و نظریات سے ہمیں جس قدر بھی اختلاف ہو، لیکن ان کو سامنے رکھے بغیر ہمارا کام نہیں چل سکتا۔ نئے افکار و نظریات کی تخلیق کے واسطے ہمیں اپنے آبا و اجداد کے تخلیقی اکتسابات سے استقرا اور استخراج کرنا ہے۔ یہ دوسری بات ہے کہ نئے دور کی ضرورتوں اور تقاضوں کے مطابق ہمارے نتائج اور ہمارے بزرگوں کے نتائج کے درمیان مشرق اور مغرب کا فرق ہو۔

قبل اس کے کہ عصر حاضر کے میلانات کی روشنی میں حسن اور فنکاری کی اصل ماہیت تک پہنچنے کی کوشش کی جائے، جی چاہتا ہے کہ ہمارے پیش رووں نے اپنی اپنی ندرت فکر و بصیرت کے مطابق جو کچھ سمجھا اور کہا ہے اس پر بھی ایک نظر ڈال لی جائے، اس لئے کہ اگلے زمانے کے خیالات میں ہمیں پوری حقیقت تو نہیں لیکن حقیقت کے کچھ پہلو مل جائیں گے اور ان سے ہم زندگی کی نئی سمتوں میں آگے بڑھنے کے لئے اشارے پائیں گے۔

انگریزی کا مشہور شاعر شیلے، جس کا مارکس تک قائل تھا، کہتا ہے، "عشق اور حسن اور مسرت کے لئے نہ تغیر ہے نہ موت، یہ تو صرف ہم ہیں جو بدلتے رہتے ہیں۔" ظاہر

ہے شیلے ایک تصور پرست تھا اور وہ حسن کو ایک ابدی حقیقت مانتا تھا اور انسان کو حادث اور فانی سمجھتا تھا۔ آج ہم اس منزل سے آگے بڑھ گئے ہیں اور کسی عالم کی ابدیت کے قائل نہیں ہیں یا یوں سمجھئے کہ سارے وجود ابدی پاتے ہیں۔ آج ہم حقیقت تک پہنچ گئے ہیں کہ حدوث اور ترقی کے سوا کوئی حقیقت دائمی اور غیر فانی نہیں ہے۔ شیلے نے صرف حسن کو لافانی بتایا تھا۔ آج حکیمانہ بصیرت ساری خلقت کو لافانی بتاتی ہے، مگر اس مسلمہ کی بنا پر کہ ہیئتیں بدلتی رہتی ہیں اور بدلتی رہیں گی۔ شیلے کی آواز اپنے زمانے کی آواز تھی اور اپنے زمانے کے اعتبار سے انقلابی آواز تھی جو ہمارے لئے اب ایک پرانی دھن ہوگئی ہے لیکن اس نازک اور حسین آواز کے ارتعاشات ہمارے اندر نئی دھن کا ذوق پیدا کر رہے ہیں۔

شاعری کے پیر مغاں حافظ کے بعض ملفوظات یادگار ہیں جن میں حسن کی ماہیت کی طرف مبہم اشارے کئے گئے ہیں۔

در ازل پر تو حسنش ز تجلی دم زد
عشق پیدا شد و آتش بہ ہمہ عالم زد

دوسری جگہ کہتے ہیں،

دلبر آں نیست کہ موئے و میانے دارد
بندہ طلعت آں باش کہ آنے دارد

ایک دوسرا شعر ہے،

جہاں شخص ز زلف ست و خط و عارض و خال
ہزار نکتہ دریں کاروبار دل داریست

اس ایک 'آن' اور ان ہزار نکتوں کا احاطہ کون کر سکتا ہے؟ عام انسانی شعور سے یہ

منزل بہت دور ہے، لیکن شاعر نے ہمارے لئے اتنا تو کیا ہے کہ حسن کو چند سطحی احساسات اور محض ظاہری خصوصیات کی قید سے باہر لا کر اور آزاد کر کے اس کو وہ پاکیزگی اور شرافت عطا کی جو تمدن انسانی کی رو سے اس کا پیدائشی حق تھا۔

فغانی شیرازی کا بھی ایک شعر سننے کے لائق ہے،

خوبی ہمیں کرشمہ و ناز و خرام نیست
بسیار شیوہاست بتاں را کہ زام نیست

غالب کا مشہور شعر ہے،

دہر جز جلوہ یکتائی معشوق نہیں
ہم کہاں ہوتے اگر حسن نہ ہو تا خود بیں

آسی غازی پوری کے یہ اشعار بھی اپنی مخصوص کیفیت رکھتے ہیں۔

اسی کے جلوے تھے لیکن وصال یار نہ تھا
میں اس کے واسطے کس وقت بے قرار نہ تھا
لالہ و گل میں اسی رشک چمن کی ہے بہار
باغ میں کون ہے اے بادِ صبا کیا کہئے

اصغر گونڈوی ایک "نمونہ جلوہ بے رنگ" سے اس قدر گم کردہ ہوش ہیں،
"کہ پہچانی ہوئی صورت بھی پہچانی نہیں جاتی"

ہمارے دور کے مشہور اور ممتاز شاعر فراق گورکھپوری نے اپنی غزلوں اور رباعیوں میں حسن کی جسمانیت پر بڑا زور دیا ہے اور اس کے مادی روپ میں بڑی لطیف رنگینیاں دیکھی ہیں اور یہ جدید نسل کے لئے ان کی بہت بڑی دین ہے۔ لیکن وہ بھی بسا اوقات ہمارے اندر یہ احساس پیدا کرتے ہیں کہ حسن کوئی غیبی یا داخلی قدر ہے۔

اور عزیز لکھنوی نے تو حد کر دی۔ بعض مخصوص حالات یا ذہنی کیفیات کے زیر اثر کسی کی انگڑائی لاکھ ولولہ انگیز سہی، لیکن عام طور سے انگڑائی یا جماہی کوئی حسین یا خوش آہنگ نظر نہیں پیش کرتی۔ اس کے بارے میں یہ کہنا کہ "اپنے مرکز کی طرف مائل پرواز تھا حسن" ایک ایسی بلاغت نظر ہے جس کو اوسط درجے کا ذہن مجذوبیت کے سوا اور کچھ نہیں سمجھ سکتا۔

یہ ساری باتیں تو ایک طرف ذرا داغ کا چونچلا بھی دیکھئے۔ ساری عمر گوشت و پوست کے عشق میں سرشار رہے۔ سڈول اور اشتہا انگیز بدن کے علاوہ حسن کا کوئی مفہوم ان کے ذہن میں سما نہیں سکتا تھا، لیکن خواہ مخواہ کا شوق ہوا تو بغیر سمجھے بوجھے کہہ بیٹھے،

وہی تو ہے شعلہ تجلی جو دشت ایمن سے تنگ ہو کر
جب اس نے اپنی نمود چاہی کھلا حسینوں پہ رنگ ہو کر

عصر جدید کے بعض مشہور شاعروں اور نقادوں، مثلاً رابرٹ بریجیز (Robert Bridges) ڈبلیو بی ییٹس (W. B. Yeats) ہربرٹ ریڈ (Herbert Read) آئی اے رچرڈز (I. A. Richards) وغیرہ نے بھی حسن یا اس حقیقت کے جس اظہار کا نام شاعری بتایا گیا ہے، کچھ عجیب اثری (Ethereal) نظریات پیش کئے ہیں۔ ان میں سے بعض نے جس قیاس و استدلال سے کام لیا ہے اسے ہم بظاہر علمی یا حکیمانہ کہہ سکتے ہیں لیکن ان کے نتائج کچھ اس قدر موہوم ہیں کہ ہم اصل حقیقت کی طرف سے جوں کے توں نابلد اور ناآشنا رہ جاتے ہیں۔ رابرٹ ریجیز نے اپنی طویل اور تھکا دینے والی نظم "عہد نامہ حسن" (Testament of Beauty) میں حسن کا جو نظریہ پیش کیا ہے وہ ایک قسم کا رومانی تصوف ہے۔ ڈبلیو بی ییٹس (W. B. Yeats) کے مطالعے سے جو مجموعی اثر ہوتا ہے، یہ ہے کہ حسن کا تعلق ایک نہایت دور از خیال ماضی اور وہ بھی

کلیا طیفی (Celtic) یعنی آئر لینڈ کے اساطیری ماضی سے ہے جو زندگی کی تمام خوبیوں اور سعادتوں کا سرچشمہ ہے۔ اس نے ییٹس کی شاعری کو سرتاسر ایک متصوفانہ رمزیت (Mystical Symbolism) بناکر رکھ دیا ہے جسے اوسط درجہ کا انسانی ذہن سمجھنے سے معذور ہے۔

مفکرین میں افلاطون سے لے کر ہیگل اور ہیگل سے لے کر کروچے تک حسن اور فن کے متعلق جتنے نظریے قائم کئے گئے وہ سب کے سب ماورائی ہیں اور عناصر سے پرے ایک عالم مثال یا عالم خیال کے وجود کو تسلیم کرنے پر ہمیں مجبور کرتے ہیں۔ ایک منفرد وجود کی صورت میں جس کے پس پشت ایک مجرد اور مطلق حقیقت کار فرما ہے، تصور اعلیٰ کے مکمل اظہار کا نام حسن ہے۔ یہ ہیگل کا دعویٰ ہے جو بے انتہا الجھا ہوا ہے۔ اس کے یہ معنی ہوئے کہ ایک منفرد اور محسوس وجود کو حسین اسی وقت کہا جاسکتا ہے جب کہ وہ اپنے مجرد اور مطلق تصور کے ساتھ پوری یگانگت رکھتا ہو، لیکن یہ مطلق اور مجرد تصور کیا ہے اور وہ کون سے معقول اور مستند شواہد اور علامات ہیں جن کی بنا پر ہم اس تصور کو قائم بالذات اور واجب ماننے کے لئے مجبور ہیں؟

ہیگل کے سارے فلسفے کی بنیاد جدلیاتی حرکت پر ہے۔ اس کا خیال ہے کہ اصلی اور اساسی حقیقت تصور ہے، نہ کہ وجود اور یہ تصور فطری طور پر متحرک، تغیر پذیر اور مائل بہ ارتقا ہے۔ "صورت، تردید صورت اور تجدید صورت" اس مثلثی عمل کا کا نام زندگی ہے۔ اگر ہم تھوڑی دیر کے لئے یہ مان بھی لیں کہ اصل حقیقت وجود نہیں ہے بلکہ تصور ہے تو بھی کسی طرح سمجھ میں نہیں آتا کہ تصور مطلق کہاں سے پیدا ہوگیا اور جدلیاتی حرکت یکایک ایک منزل پر آکر رک کیوں گئی۔ ایسا معلوم ہوتا ہے کہ ہیگل بلا کسی معقول دلیل کے جدلیاتی حرکت کو ایک نقطہ پر لاکر ختم کرنے کے لئے بے چین تھا، اس لئے کہ

اس کو پروشی یعنی جرمانی شہنشاہی کو مابعد الطبیعاتی بنیاد پر قائم رکھنا تھا۔ اس کے سارے نظام فکر میں یہ غرض کار فرما معلوم ہوتی ہے۔

ہیگل اور اس کے مدرسے کے دوسرے مفکرین کے فلسفے میں ہمیں تناقصات ملتے ہیں، لیکن ان کے پردہ میں ہمیں زندگی کی ماہیت کے بہت سے نئے پہلوؤں کی جھلکیاں بھی نظر آتی ہیں۔ ہیگل اور اس کے مقلدین کا یہ معمولی کارنامہ نہیں ہے کہ انہوں نے ہستی کو ایک جامد اور مردہ تصور سے ایک زندہ یعنی متحرک اور انقلاب پذیر حقیقت میں تبدیل کر دیا اور زندگی کو حالت کے بجائے حرکت مان کر ایک مسلسل تواریخ بتایا۔ یہ ہیگل کی وہ دین ہے جس سے بعید ترین مستقبل میں بھی کوئی نسل انحراف نہ کر سکے گی۔

حقیقت کا ایک اور رخ جو ہیگل کے متناقص فلسفے کے اندر چھپا ہوا نظر آتا ہے، وہ یہ ہے کہ اگر حقیقت اولی تصور ہی ہے تو مادی یا جسمانی روپ کے بغیر اس کا ہونا نہ ہونا برابر ہے۔ ہیگل اس ہستی کو حسین مانتا ہے جو اپنے تصور کا مکمل اظہار ہو، یعنی وہ چیز حسین ہے جو اپنی نوع میں سب سے اعلیٰ ہو۔ اس سے ہم یہ نتیجہ تو نکال ہی سکتے ہیں کہ حسن کسی مجرد تصور میں نہیں ہوتا، بلکہ ایک زندہ اور منفرد مظہر میں ہوتا ہے۔ حسن، تصور اور اس کی جسمانی شبیہ کے درمیانی مکمل یگانگت کا نام ہے یعنی حسن نہ تو تنہا تصور میں ہے، نہ تنہا جسم میں، بلکہ دونوں کی انتہائی ہم آہنگی میں ہے۔

دوسری بات جو قابل لحاظ ہے وہ یہ ہے کہ حسن سے جو احساس ہمارے اندر پیدا ہوتا ہے یا پیدا ہونا چاہئے وہ کمال مسرت و انبساط ہے۔ اگر ایسا نہیں ہے تو انسان کے لئے حسن کا وجود اور عدم برابر ہے۔ جس چیز سے زندگی کی نمو اور بالیدگی میں اضافہ نہ ہو وہ حسین نہیں ہو سکتی۔ انسان کے لئے سب سے زیادہ اہم اور محبوب چیز زندگی ہے اور اسی نسبت سے انسان موت سے نفرت کرتا رہا ہے۔ اس لئے ہم کہہ سکتے ہیں کہ حسن عین

زندگی ہے۔ وہ چیز حسین ہے جس میں زندگی کے فروغ کا امکان ہو، یعنی جس میں ہم اپنی زندگی کی تخئیل کی جھلک پائیں۔ وہ چیز حسین ہے جو ترقی پذیر زندگی کی علامت ہو، جو ہمیں زندگی کی نت نئی توانائیوں کا احساس دلائے۔

اب اگر یہ تعریف صحیح ہے کہ زندگی اور اس کے مظاہر حسن کے اصلی ترکیبی عناصر ہیں تو بیماری یا انحطاط کے اسباب و علامات قدرتی طور پر غیر حسن یا قبح یا بدصورتی قرار پائیں گے۔ تمام موجودات میں، چاہے وہ جمادات ہوں یا حیوانات، وہی صورتیں جمیل ہیں جو یا تو ساخت اور ہیئت کے اعتبار سے سطح انسانی سے زیادہ قرابت رکھتی ہیں، یا اس کی زندگی کی فلاح اور فروغ میں بیش از بیش مؤید ثابت ہوتی ہے۔ خود ہیگل اور پیروان ہیگل کے اکثر ملفوظات ایسے ہیں جن کا مفہوم یہ ہے کہ نظام قدرت میں وہی عناصر اور مظاہر حسین ہیں جو انسان کی یاد دلائیں یا جو شخصیت کا اظہار کریں۔ ان مفکروں کو اصرار ہے کہ کائنات میں حسن کے معنی صرف یہ ہیں کہ جن چیزوں کو حسین کہا جاتا ہے وہ کسی نہ کسی اعتبار سے حیات انسانی کے اغراض و مقاصد کے ساتھ واسطہ رکھتی ہیں یا اس واسطے کی طرف اشارہ کرتی ہیں۔

ان خیالات پر غور کیجیئے تو تسلیم کرنا پڑے گا کہ اسلاف کے نتائج فکر میں آج بھی ہمیں زندگی کے اسرار و حقائق کی بصیرت افروز جھلکیاں ملتی ہیں جنہیں ہم قبول کرنے کے لئے مجبور ہیں، مثلاً کانٹ کے مشہور شاگرد شلر (Schiller) کا یہ خیال کہ حسن محض ذہن کی پیداوار نہیں بلکہ نظام قدرت میں موجود ہے، حقیقت سے بہت قریب ہے اور آج بھی اس کے اس قول کی تردید مشکل ہی سے کی جاتی ہے کہ فنون لطیفہ مادہ اور ذہنی صورتوں میں یا نفس انسانی اور خارجی مظاہر قدرت سے باہم ربط پیدا کرتے ہیں۔ شلر بھی حسن کو زندگی ہی بتاتا ہے۔ یہ اور بات ہے کہ اپنے زمانے کے عام میلان کے مطابق وہ

جسم اور روح کے فرق کا قائل ہے اور حسن کو جسمانی نہیں بلکہ ایک غیر مادی کیفیت تصور کرتا ہے۔

اس کا یہ خیال بھی بہت بڑی حد تک صحیح ہے کہ فنون لطیفہ اپنے حسن اسالیب کی بدولت ہمیں قدرت پر فتح پانے میں مدد دیتے ہیں اور مادہ کو لطیف بناتے ہیں۔ اگر ہم اپنے اسلاف کے اکتسابات فکری کو تاریخ کی روشنی میں دیکھیں تو ہمیں نہ ان پر کوئی اعتراض کرنے کا حق ہوتا ہے، نہ ان سے کوئی شکایت ہو سکتی ہے۔ زاویہ اور سطح اور نقطہ نظر کا فرق ہے۔ جسم اور روح مادہ اور شعور کے درمیان تضاد اور تناقص قائم کر کے ہم نے خواہ مخواہ اپنے لئے الجھنیں پیدا کر لی ہیں۔ مادہ اور شعور دراصل توام اور شریک ازلی ہیں۔ شعور کی قدیم ترین صورت قوت اور اس کی اولیں علامت حرکت ہے۔

حقیقت یہ ہے کہ ہمارے اور تجربات کی طرح حسن کا تجربہ بھی دو سمتی ہے۔ نہ یہ کہنا صحیح ہے کہ حسن کا وجود خارجی ہے اور نہ یہ دعوی ٹھیک ہے کہ حسن یک سر ایک داخلی کیفیت ہے۔ رنج والم، انبساط و مسرت، سردی اور گرمی کی طرح حسن کا وجود بھی مطلق نہیں اضافی ہے، یعنی ایک حساس ہستی اور ایک محسوس وجود، ایک خارجی مؤثر اور ایک اثر پذیر ذات، ایک معروض اور ایک موضوع کے درمیان ایک ناگزیر اضافت یا تعلق کا نام حسن ہے جو خود اپنی جگہ بڑی اصلی اور ٹھوس حقیقت ہے۔ نہ درد، غصہ، رنج، مسرت بالکل داخلی کیفیتیں ہیں۔ نہ گرمی سردی وغیرہ محض خارجی موجودات کے اعراض ہیں۔ حسن اور گرمی و سردی میں یہ فرق ضرور ہے کہ مؤخر الذکر اثرات کم و بیش زمانہ قبل تاریخ سے اب تک ایک معیار پر قائم ہیں اور حسن کا معیار ملک بہ ملک اور دور بہ دور متغیر ہوتا رہا ہے۔

لیکن کون یہ کہہ سکتا ہے کہ حدت و برودت کا احساس ہمارے بشر نما

(Anthropoid) مورثوں میں اتنا ہی شدید اور نازک تھا جتنا کہ ہم میں ہے اور آج بھی اتنا تو ہے ہی کہ گرم ممالک کے رہنے والوں کو وہاں کی گرمی اس شدت کے ساتھ نہیں محسوس ہوتی جس شدت کے ساتھ سرد ممالک کے لوگ اسے محسوس کریں گے، اگر ان کو گرم ممالک میں منتقل کر دیا جائے۔ بہ ہر صورت ہر خارجی محسوس کے لئے کسی ذی حس ہستی کا ہونا ضروری ہے، بالکل اس طرح جس طرح ہر احساس یا تاثر کے لئے ذی حس ذات سے باہر اور الگ کسی خارجی محسوس ہو یا موثر کا وجود لازم ہے۔

کرسٹوفر کاڈول نے ایک طرف سردی، گرمی، انقباض، انبساط، خوف وغیرہ اور دوسری طرف حسن کے درمیان جو فرق ثابت کرنے کی کوشش کی ہے وہ زیادہ اصلی اور قابل اعتبار نہیں۔ ذات ذی حس سے باہر کسی نہ کسی مؤثر وجود کو تسلیم کئے بغیر احساس کا تصور نہیں کیا جا سکتا اور احساس کے بغیر، جس کا تعلق ذات ذی حس سے ہے، خارجی اور مادی محسوسات و موثرات کا وجود اور عدم برابر ہے۔ انگریزی کے مشہور نقاد آئی اے رچرڈز (I. A. Richards) کا یہ خیال ایک حد تک صحیح ہے کہ حسن ایک طرح کی حسی نسبت یا ہم احساسی (Coenesthesid) ہے، یعنی ایک خارجی محرک یا مہیج سے ایک متناسب داخلی اثر پیدا ہونے کا نام حسن ہے۔ یہ خیال خطرے سے خالی نہیں، کیونکہ اس سے داخلیت میں کھو کر رہ جانے کا اندیشہ ہے۔

کل زندگی کی طرح حسن کی ترکیب میں بھی ثنویت ہے۔ حسن بھی ایک جدلیاتی حقیقت ہے جس کے دو اجزاء ہیں جو بیک وقت باہم متقابل اور رفیق ہیں، ایک خارجی وجود اور ایک نفس ذی ادراک، یہ دونوں اجزا یکساں اہم اور لازم ہیں۔ دونوں کے تعاون عمل کے بغیر حسن کا تصور محض استحالہ ہے۔

اگر ہم یاد رکھیں کہ حسن کا ایک مجرد اور مطلق تصور کی حیثیت سے کہیں کوئی وجود

نہیں تو ہم کبھی غلط اندیشی کا شکار نہیں ہو سکتے۔ حسن کا تصور نہیں ہو تا بلکہ حسین چیزوں کا وجود ہوتا ہے۔ یہ سچ ہے کہ انسان کی فنی تخلیقات سے پہلے کائنات میں وہ خصوصیت موجود تھی، جس کو حسن کہتے ہیں۔ نظام قدرت میں ایک ابتدائی قرینہ، ایک ناقص تناسب، ایک خام آہنگ کا پتہ چلتا ہے جہاں کہیں تخلیقی حرکت کا وجود ہوگا وہاں کسی نہ کسی حد تک آہنگ یا تال سم یا قرینہ بھی ضرور پایا جائے گا۔ لیکن اس کو قرینہ یا حسن انسان نے سمجھا، اس لئے کہ اس کو اپنی زندگی کی فلاح و بہبود اور تہذیب و تحسین میں ضروری اور مددگار پایا۔ اگر داخلیت کے خطرے سے ہم ہوشیار رہیں تو شاعری کے استعارات میں اقبال، بے نظیر شاہ وارثی اور فراق کے یہ اشعار ہمارے اسی خیال کی ترجمانی کرتے ہیں،

نعرہ زد عشق کہ خونیں جگرے پیدا شد
حسن لرزید کہ صاحب نظرے پیدا شد
اقبال

نہ ہو اپنی آنکھ جو حسن بیں تو جہاں میں کوئی حسیں نہیں
جو وہ غزنوی کی نگاہ ہو، وہی خم ہے زلف ایاز میں
بے نظیر شاہ وارثی

مائل دید کوئی اہل نظر ہوتا ہے
حسن اب تک تو نہ تھا حسن مگر ہوتا ہے
فراق گورکھپوری

حسن، خیر اور حقیقت کے درمیان ہزاروں برس سے جو فرق بتایا جا رہا ہے وہ کوئی اصلی اور اساسی فرق نہیں ہے۔ وہ محض رخ اور زاویہ نظر کا فرق ہے۔ تینوں کی بنیاد ایک

ہے جو یقیناً افادی ہے۔ یہ دوسری بات ہے کہ ثقافتی ترقی اور تمدنی تواریخ کے ساتھ خود مفاد کا معیار بدلتا رہا اور کثیف سے لطیف اور لطیف سے لطیف تر ہوتا رہا۔ یہ بھی انسانی زندگی کی بدلتی ہوئی ضرورت اور اس کی فلاح کے تقاضے سے ہوا ہے۔ اس کو ایک معمولی مثال کے ذریعے سے سمجھئے۔ انسان بہت پرانے زمانے سے اوزار بنا رہا ہے۔ قدیم ترین زمانوں کے اوزار اور آج کل کے نفیس سائنسی اوزار و آلات کے درمیان جو زمین و آسمان کا فرق ہے وہ ہم کو صحیح اندازہ کرنے سے قاصر رکھتا ہے لیکن قدیم ترین تواریخ میں کسی دو دوروں کے اوزار کا مقابلہ کیجئے جو ایک دوسرے کے فوراً بعد آئے ہوں، مثلاً قدیم حجری اور جدید حجری دوروں کے اوزار کو دیکھئے۔ آخر الذکر دور کے اوزار اول الذکر دور کے اوزار کے مقابلے میں زیادہ سڈول، زیادہ سبک، زیادہ چکنے اور زیادہ راحت بخش ہوں گے، حالانکہ دونوں زمانوں میں پتھر ہی کے اوزار بنائے جاتے تھے۔

قدیم حجری دود کے انسانوں نے بہت جلد محسوس کیا کہ اس کے بنائے ہوئے بے ڈول اور کھردرے اوزار نہ صرف اس کے ہاتھوں کے لئے تکلیف دہ اور ضرر رساں ہیں بلکہ ان سے اس کی کاری گریوں میں زحمت اور تاخیر بھی واقع ہوتی ہے۔ مسلسل عمل اور فکر و تکرار عمل کے بعد اس کی سمجھ زیادہ واضح ہوتی گئی اور اس کے ہاتھ منجھتے گئے، یہاں تک کہ جدید حجری دور آتے آتے وہ ایسے اوزار بنانے لگا جو اس سے پہلے کے دور کے اوزاروں سے کہیں زیادہ آرام بخش تھے اور جن سے وہ زیادہ سہولت کے ساتھ کم وقت میں اپنا کام کر سکتا تھا۔

غرض کہ فنی اختراعات میں عہد بہ عہد جو لطافتیں پیدا ہوتی گئیں ان میں بھی ایک مقصدی میلان اور ایک افادی پہلو علانیہ یا مضمر موجود ملے گا۔ حسن کبھی مقصود بالذات نہیں رہا اور فن کسی زمانے میں آپ اپنی غایت نہیں قرار پایا۔ حسن اور فنکاری دونوں

معاشرتی مطالبات سے وابستہ رہے ہیں۔ آج فنکاری لطافت، نزاکت اور پیچیدگی کی ایسی منزل پر ہے کہ ہم اس کی مقصدی تہہ تک مشکل سے پہنچ پاتے ہیں اور اس کی تاویل میں طرح طرح کے دوراز کار نظریات گڑھتے رہتے ہیں، لیکن ہمارے قدیم ترین اجداد کی زندگی میں افادی اور جمالیاتی دو الگ الگ قدریں نہیں تھیں۔

فن کاری کا آغاز حیات انسانی کے ناگزیر مطالبات سے ہوا۔ الفاظ کی فن کاری سے بہت پہلے پہاڑوں کے اندر جائے پناہ بنانا اوزار اور ظروف تیار کرنا، جسمانی حرکات و سکنات سے مافی الضمیر کا اظہار کرنا اور کچھ عرصہ بعد چھینی سے پتھر پر نقش و نگار بنانا، فنکاری کے سب سے زیادہ اہم اکتسابات تھے۔ یہ نقش و نگار یا تو واقعاتی زندگی کی نمائندگی کرتے تھے، یا تعویذی یا طلسمی ہوتے تھے۔ ہمارے وحشی آبا و اجداد یا تو نظام کائنات کے ساتھ اپنے مقابلے اور پیکار کے کارناموں کو نقوش کی صورت میں چٹانوں پر اور اپنے ظروف پر ثبت کرتے تھے، یا اپنے زمانے کے معصوم عقائد کے مطابق جو ان کے لئے زندگی کے سارے فلسفے اور سائنس کا حکم رکھتے تھے، وہ ایسے نقوش بناتے تھے جو طلسمی تاثیر رکھتے تھے۔ ان کا ایمان یہ تھا کہ اس وسیلے سے وہ غیر انسانی عناصر اور موثرات پر قابو پا سکیں گے، یا ان کو راضی کرکے اپنے اغراض و مقاصد کے لئے موافق اور مبارک بنا سکیں گے۔ یہ گویا انسان کی قدیم ترین کوششیں تھیں اپنے حال یعنی مقدر کو بدلنے اور سدھارنے کی۔

اولیں بنی نوع انسان کے لئے حسن کا تصور اقلیدس یا ہندسی تھا، یعنی ابعادی تناسب (Dimensional Proportion) سے الگ حسن کا کوئی مفہوم نہ تھا۔ زمانے کے امتداد کے ساتھ انسانی ذہن زیادہ بالغ، زیادہ رسا، زیادہ دور اندیش ہوتا گیا اور اسی نسبت سے حسن کے مفہوم میں بھی روز بروز زیادہ بلاغت اور لطافت آتی گئی، یہاں تک کہ آج

ظاہری تناسب یا سطحی آہنگ کی جگہ باطنی تناسب یا اندرونی آہنگ نے لے لی ہے۔ نقاشی کے پارسی، راجپوت اور مغل دبستانوں کا موازنہ جدید دبستانوں سے کیجئے۔ مؤخر الذکر دبستانوں کی نقاشیاں قدیم روایتی معیار سے بڑی بھونڈی اور بد قرینہ معلوم ہوں گی، لیکن آج کوئی یہ نہیں کہہ سکتا کہ یہ نقاشیاں پرانے زمانوں کی نقاشیوں کے مقابلے میں زیادہ تربیت یافتہ اور بلیغ و لطیف نہیں ہیں۔ ان کے اندر خطوط والوں کا جو آہنگ ہوتا ہے اس کا تعلق ہمارے حواس ظاہری سے اتنا نہیں ہے جتنا کہ باطنی ادراک سے ہے۔ جیسا کہ ہم ایک بار کہہ چکے ہیں حسن کا تصور دور بہ دور کثیف سے لطیف ہوتا گیا ہے۔ اگر کسی کو اصرار ہو تو یہ کہا جا سکتا ہے کہ حسن جسمانی سے غیر جسمانی، مادی سے غیر مادی ہوتا گیا ہے۔

جو بات سب سے زیادہ ناقابل تردید ہے، وہ یہ ہے کہ حقیقت اور خیر کی طرح حسن کا تصور بھی خطہ بہ خطہ اور عہد بہ عہد بدلتا رہا ہے۔ ماحول کے مقتضا اور معاشرت کے مطالبے کے مطابق حسن کے مفہوم میں تغیرات واقع ہوتے رہے ہیں۔ حسن ہو یا خیر یا حقیقت سب کی بنیاد انسانی زندگی کی فلاح اور ترقی پر ہے، اس بات کو ہمیشہ یاد رکھنا چاہئے۔ تینوں قدریں تغیر پذیر اور مائل بہ ارتقا ہیں۔ حسن کسی قدر مطلق کا نام نہیں ہے۔ فنکاری کوئی وحدانیت نہیں ہے۔ تہذیب ہر ملک اور ہر زمانے کے لئے ایک نہیں ہو سکتی۔ حسن کی ابدیت اور فنکاری کی ہیشگی کے اگر کوئی معنی ہو سکتے ہیں تو صرف یہ کہ حسن کی ضرورت انسان کی زندگی میں ہمیشہ رہے گی اور فنکاری کے بغیر انسانی معاشرت بہیمیت سے بدتر ہو جائے گی۔

لیکن اس کا یہ مطلب نہیں کہ حسن کا ایک ہی تصور ہمیشہ قائم رہے گا اور فن کاری کا ایک ہی معیار روز قیامت تک باقی رہے گا۔ اس قسم کے مجرد اور بے معنی مسلمات کو

حسن اور فنکاری سے کوئی واسطہ نہیں ہے۔ فنکاری کے اکتسابات انسانی زندگی کے مفاد کے لئے ہیں اور مفاد کا معیار برابر بدلتا رہتا ہے اور بدلتا رہے گا۔ قدیم ترین زمانوں کی فن کاری کے نمونے ہمارے دعوی کی تصدیق کرتے ہیں۔ جیسا کہ ہم بتا چکے ہیں کہ فن کاری کے اولیں نمونے اور حسن کے تصور کے قدیم ترین مظاہر ظروف اور اوزار ہیں۔ ان کے بعد گھروں اور عبادت گاہوں کی عمارتیں ہیں جو ابتدا میں نہایت بھونڈی اور بھدی ہوتی تھیں، لیکن جو رفتہ رفتہ اس قدر تربیت یافتہ ہوتی گئیں کہ آج ہم ان کی اصلی غایت کو بھول گئے اور ان کی فنی کیفیتوں کو مقصود بالذات قدر سمجھنے لگے۔

حسن، خیر، حقیقت یہ تمام قدریں انسان کی پر محن اور پر آزمائش زندگی کے نتائج ہیں۔ اتنا سمجھنا کوئی مشکل بات نہیں، بشرطیکہ ہم ایمانداری اور سچائی کے ساتھ سمجھنے کے لئے آمادہ ہوں۔ قدرت کی طرف سے انسان پر جو مجبوریاں عائد تھیں اور ان کی وجہ سے وہ جن شدائد اور مصائب میں مبتلا تھا، ان سے وہ برابر مقابلہ کرتا رہا اور بتدریج ان پر فتح پاتا رہا۔ اسی مقابلے اور مجاہدے کا ایک ثمرہ فنکاری ہے۔ محنت نے انسان کی زندگی میں وہ قدر پیدا کی جس کو حسن کہتے ہیں اور حسن کا تصور محنت کے اسلوب کو سنوارتا رہا۔

ارتقاء بشری کی تواریخ میں محنت نے بہت بڑا حصہ لیا ہے۔ محنت جو زندگی کی توام بہن ہے، انسان کے جسمانی اعضا اور دماغی اور روحانی قوی کو روز بروز زیادہ توانا، زیادہ حسین، زیادہ قابل اعتماد اور زیادہ کارگر بنانے میں بڑی مددگار رفیق رہی ہے۔ مثال کے طور پر ہمارے جسمانی اعضاء میں ہاتھ کو لے لیجئے۔ ہمارا عام خیال یہ ہے کہ جو صحیح ہے کہ ہاتھ محنت کی تخلیق کرتا ہے۔ لیکن اس حقیقت کا ایک دوسرا رخ بھی ہے جو اتنا ہی اہم ہے۔ محنت نے ہمارے ہاتھ کی بھی تخلیق و تربیت کی ہے۔ نیم انسان یا انسان قدیم کے ہاتھ بہت بدہیئت، بھدے، سخت اور سست تھے۔ ہزاروں سال پیہم محنت، نئے حالات

اور مواقع کے مطابق نئے طریق عمل اختیار کرتے رہنے، سعی، غلطی، ناکامی اور سعی جدید کے تسلسل نے ہمارے ہاتھوں کو زیادہ خوبصورت، زیادہ نرم اور زیادہ پھرتیلا بتایا۔ کام کرتے کرتے ہاتھوں کے مفاصل اور رگوں اور پٹھوں میں بلکہ ان کی ہڈیوں میں بھی لچک، چابکی اور چستی آتی گئی۔ نسلاً بعد نسل ہمارے ہاتھ بنتے اور سنورتے ہوئے آج اس قابل ہو گئے ہیں کہ وہ نقاشی، مجسمہ سازی، عمارت گری اور موسیقی میں نت نئی نزاکتیں اور نفاستیں پیدا کر رہے ہیں۔

اب ہم حسن اور فن کاری کے متعلق آخر میں چند باتیں ذہن نشین کرا دینا چاہتے ہیں۔ حسن اور فنکاری کے بنیادی تصور میں انسان کی مادی اور جسمانی زندگی کے اغراض و مقاصد اصل اور اہم اجزائے ترکیبی کا حکم رکھتے ہیں اور دونوں میں سے کسی ایک کی مادی ماہیت اور مقصدی غایت سے انکار کرنا ہٹ دھرمی ہوگی۔ دوسری بات، جس کو تسلیم کئے بغیر مفر نہیں، یہ ہے کہ فن کاری کا نصب العین کم سے کم اول اول کسی فرد واحد کی زندگی کی فلاح نہیں بلکہ حیات اجتماعی کی توسیع و ترقی تھا، لیکن اس جگہ بعض مغالطوں سے ہوشیار رہنا ہے۔ اول تو یہ ہے کہ انسانی تہذیب کے کسی دور میں بھی کسی انسانی جماعت کے کل افراد نے مل کر کسی فن کو ایجاد نہیں کیا۔

ہر گروہ یا قبیلہ یا خاندان میں دو چار ایسے افراد رہے ہوں گے جو عوام کے مقابلے میں ذہانت، رسائی، فکر ابداعی قوت اور عملی سوجھ بوجھ کے لحاظ سے زیادہ خوش اندیش، خوش تدبیر رہے ہوں گے اور انہیں ذہن میں پہلے پہل ایجاد و اختراع کا خیال آیا ہوگا۔ اوزار یا ظروف کی ضرورت یقیناً پوری جماعت کی ضرورت تھی، مگر ان کا تصور اور ان کی شناخت کا نقشہ افراد کے دماغوں کی تخلیق ہیں۔ علت مادی اور علت غائی کے لحاظ سے فنکاری خارجی اور اجتماعی ہے لیکن علت صوری اور علت فعلی کے اعتبار سے داخلی اور

انفرادی ہے۔ یہاں یہ بھی یاد رکھنا ضروری ہے کہ فرد خود بھی خارجی اسباب و عوارض اور اجتماعی محرکات و میلانات کی پیداوار ہے۔

فنکاری زندگی کی اور تخلیقات کی طرح اپنی غرض و غایت کی روسے نہ تو انفرادی ہے نہ طبقاتی یا جماعتی بلکہ اجتماعی یعنی جمہوری ہے۔ اس کا مقصد خلائق کی زندگی کا فروغ ہے، لیکن ہماری بد نصیبی سے بہت جلد بہت سی زندگی بخش طاقتوں کی طرح فن کاری کی طاقت بھی مخصوص طبقے کا اجارہ بن کر رہ گئی ہے۔ اس اجارہ دار طبقے نے فنکاری کو عوام الناس پر اپنا رعب قائم رکھنے کا آلہ اور خود اپنے لئے عیش و تفریح کا ذریعہ بنائے رکھا۔ بطریقی (Patriarchal) یا پدر شاہی دور یا پروہت کال سے لے کر آج کل کے دور سرمایہ داری تک ایسا ہی رہا ہے۔ ایک بافراغت اور بااقتدار اقلیت زندگی کی تمام برکتوں کو اپنائے رہی اور انہیں کے بل بوتے پر طرح طرح کے فریب پیدا کرکے اور عوام کو ان کے پیدائشی حقوق سے محروم رکھ کر ان پر حکومت کر رہی ہے۔

اس سے انکار نہیں کیا جا سکتا کہ کوئی دور ایسا نہیں گزرا جس میں زندگی کے اور مساعی کی طرح فن کاری نے بھی ترقی نہ کی ہو، زمانہ قبل تاریخ کے بھونڈے اوزار، بھدے برتنوں اور بد ہیئت مسکنوں سے لے کر عصر حاضر کے نفیس ترین اختراعات تک لطافت اور نزاکت کے ارتقائی مدارج طے کرتی ہوئی فن کاری آج جس بلند مقام پر ہے اس کا اعتراف نہ کرنا تنگ نظری کے سوا کچھ نہ ہو گا۔ لیکن اب دنیا کی آنکھوں سے بہت سے پردے ہٹ چکے ہیں۔ اب التباسات کا زمانہ نہیں رہا۔ اب ہمارا مطالبہ یہ ہے کہ زندگی کی جو سعادتیں اب تک ایک چیدہ اور برگزیدہ کم تعداد گروہ کا اجارہ رہی ہیں، ان کو جمہور کے لئے عام ہو جانا چاہئے۔ فنکاری کے لئے بھی ہمارا مطالبہ یہی ہے۔

اب ہم کو ایسے نظام معاشرت کی ضرورت ہے جو جماعت کے ہر فرد کے لئے ایسے

اسباب اور مواقع مہیا کرے کہ وہ چاہے تو فن کا ہو سکے یا کم سے کم فن کاری کے اکتسابات سے حسب مراد بہرہ اندوز ہو سکے۔ فنکاری انسان کی ثقافتی تخلیقات میں بے انتہا مبارک تخلیق ہے اور اس کی برکت کو تمام بنی نوع انسان کے لئے سہولت کے ساتھ قابل حصول ہونا چاہئے۔ فن کاری کی انفرادی ابداعی قوت کو تسلیم کرتے ہوئے ہمارا اصرار یہ ہے کہ اس ابداعی قوت کے نتائج جمہوری یا اجتماعی زندگی کی صحت اور ترقی میں مددگار ثابت ہوں۔ اب تک فنکار کو پیغمبر یا فوق البشر کی قسم کی مخلوق سمجھا جاتا رہا جو فریب تھا۔ فنکاری حیات انسانی کی نشوونما اور اس کی توسیع و ترقی میں صحیح طور پر اسی وقت مفید اور مددگار ثابت ہو سکے گی جب فنکار اپنے کو عوام کی طرح انسان سمجھے گا اور عوام فن کار کو اپنوں میں شمار کر سکیں گے۔

جب ہمارا معاشرتی نظام بدل جائے گا، جب زندگی کے تمام حقوق عام ہو جائیں گے، جب افلاس اور مارت کی بنا پر اختلاف مدارج مٹ جائے گا، اس وقت ہر فرد بالفعل یا بالقوی فن کار ہو گا، اس وقت فنکار بھی ہماری طرح ایک انسان ہو گا، یا پھر ہم سب فوق الانسان یا اعلیٰ انسان ہوں گے۔ جب تک ایسا نہیں ہوتا اس وقت تک کسی فرد یا کسی انسانی مخصوص گروہ کا زندگی کے تمام حقوق پر قبضہ کر کے فوق الانسان ہونا عام بنی نوع انسان کے لئے بے انتہا مہلک اور تباہ کن ہے۔

***

نظم سے نثر تک

جو سوال میں آپ لوگوں کے سامنے پیش کر رہا ہوں، اس پر کم و بیش ایک چوتھائی صدی سے غور کر رہا ہوں۔ یہ وہ زمانہ تھا جبکہ پہلی بار ایک ذمہ دار شخص نے یہ آواز بلند کی تھی کہ غزل شاعری کی ایک "نیم وحشی" صنف ہے، جو آج تک رہ رہ کر گونج رہی ہے۔ حالی جو آزاد کے ساتھ جدید اردو نظم کے بانی ہیں، اردو شاعری کی ہر صنف بالخصوص غزل میں کئی اعتبارات سے اصلاح اور ترقی چاہتے تھے، لیکن وہ بھی غزل کو "نیم وحشی" قرار دینے کی جسارت نہیں کر سکے تھے۔ قبل اس کے کہ میں اپنے اصل موضوع کی طرف رجوع کروں کچھ نظم اور غزل یعنی Lyric Utterance کی روداد پر احساس و فکر اور اظہار و ابلاغ کی تاریخ کی معیت میں تامل اور تصفیہ کی ضرورت ہے۔

سب سے پہلے ایک دھوکے کو دور کرنے کی ضرورت ہے۔ میں غزل اور نظم کی دوسری صنفوں کے درمیان نبرد آزمائی نہیں چاہتا۔ ہم کو تمام اصناف کی ضرورت ہے، کبھی ایک صنف ہمارے کام آتی ہے، کبھی دوسری صنف۔ لیکن ادبی تاریخ کی ایک حقیقت سے ہم رو گردانی نہیں کر سکتے۔ غزل فارسی اور اردو کے علاوہ کسی دوسری زبان میں نہیں ملتی اور ان زبانوں کے منظومات پر تاریخی نظر ڈالتے ہوئے ہم کو یہ تسلیم کرنا پڑتا ہے کہ غزل کی طرف لوگ اس وقت رجوع ہوئے جب مثنوی اور قصیدہ جیسی صنفیں اچھی طرح تربیت پا چکی تھیں اور زبان مکمل طور پر بالغ اور بلیغ ہو چکی تھی اور شاعر

کو اپنے اوپر اتنا اعتماد پیدا ہو چکا تھا کہ جو بات چالیس مصرعوں میں پھیلا کر کہی جاتی ہے اس کو وہ سمیٹ کر پوری توانائی کے ساتھ دو مصرعوں میں کہہ سکتا ہے۔

فارسی نظم اور دکن کی اردو نظم کی تاریخ ہمارے دعوے کی تائید کرے گی۔ اس لئے ہم غزل کو تو کسی طرح "نیم وحشی" نہیں کہہ سکتے۔ تا وقتیکہ سرے سے نظم کے سارے فن کو "نیم وحشی" نہ قرار دے دیا جائے اور ابھی تک کسی کی اتنی ہمت نہیں ہوئی ہے کہ وہ معصوم انسان کے اس معصوم ذریعہ اظہار کو جس کو نظم کہتے ہیں، نیم وحشی یا نیم مہذب کہہ کر برطرف کر سکے۔

مہذب زبانوں کی نظم کی تاریخ کا اگر غور سے مطالعہ کیا جائے تو یہ اکثر محسوس ہوتا ہے کہ کسی خاص دور میں کوئی خاص صنف یا ہیئت یا بعض مخصوص اصناف یا ہیئتیں زیاہ مقبول اور رائج رہی ہیں۔ یہ بھی ہوا ہے کہ کسی ایک شاعر نے کسی ایک صنف یا ہیئت کو نہ صرف زمانہ کے مزاج کے لئے بلکہ خود اپنے مزاج کے لئے زیادہ مساعد اور موزوں پایا۔ فردوسی نے ہر لحاظ سے مثنوی کو اپنے مزاج سے زیادہ قریب پایا اور اس کے زمانہ کے مزاج کا شاید یہ اظہار ہے کہ اس کی کوئی دوسری مثنوی اتنی مقبول و معروف نہ ہو سکی جتنی کہ اس کی شہرہ آفاق رزمیہ مثنوی ہوئی۔ اسی طرح یہ نظامی گنجوی کے عہد اور خود اس کے مزاج کی ناگزیر نمائندگی ہے کہ وہ صرف اپنی "پنج گنج" اور اس میں بھی "سکندر نامہ بری" اور "خسرو وشیریں" کے بدولت جتنا مشہور ہوا، اتنا نظم کی کسی صنف یا ہیئت کی وجہ سے نہ ہو سکا۔ حالانکہ اس نے نہ جانے کتنے اشعار دوسری صنفوں میں بھی کہے ہیں۔

سعدی کی غزلیں ان کے اپنے مزج کا آئینہ ہیں اور فارسی غزل سرائی میں ایک خاص مقام رکھتی ہیں۔ انہوں نے قصیدے بھی لکھے ہیں جو فارسی قصیدہ کی تاریخ میں

کبھی فراموش نہیں کئے جاسکتے۔ لیکن جو سعدی آج ساری دنیا میں مشہور ہے وہ "گلستان" اور "بوستان" کا سعدی ہے اور اس سے انکار نہیں کیا جاسکتا کہ سعدی کی شخصیت جیسی "گلستان" اور "بوستان" میں اجاگر ہوئی، ویسی نہ غزل میں ہوسکی نہ قصیدے میں۔ اس کا سبب یہ ہے کہ خود سعدی کا مزاج اور ان کے زمانہ کے مزاج کی سچی نمائندگی کے لئے "گلستان" اور "بوستان" ہی کے عنوان کی تخلیقات زیادہ موزوں تھیں۔

جامی نے "لوائح" کے نام سے عارفانہ نثری ملفوظات بھی لکھے اور رباعیاں بھی کہیں اور ان کی غزلیں بھی اپنے اندر بڑا رس رکھتی ہیں۔ ان کی غزلوں کے متفرق اشعار اب تک فارسی جاننے والوں کے درمیان ضرب المثل ہیں۔ مگر کیا ان کا کوئی ادبی کارنامہ ان کی "یوسف وزلیخا" سے زیادہ مطبوع و مقبول اور زبان زد خواص و عوام ہوسکا۔ وہ اب تک "یوسف وزلیخا" کے شاعر سمجھے جاتے ہیں۔ اس کا سبب یہ ہے کہ "یوسف وزلیخا" شاعر اور شاعر کے عہد دونوں کے مزاجوں کو ایک آہنگ بنا کر پیش کرتی ہے۔

خیام اپنے زمانہ کے علم ریاضیات اور علم ہیئت کا بہت بڑا ماہر تھا۔ وہ سرکاری ستارہ شناس بھی تھا اور بڑا رسوخ اور اقتدار رکھتا تھا لیکن جس خیام کی سارے عالم میں دھوم ہے وہ "رباعیات" کا خیام ہے۔ جس شخص نے اتنی رباعیاں کہہ ڈالی ہوں، کیا اس نے شاعری کی کسی دوسری صنف میں ایک شعر بھی نہ کہا ہوگا؟ گورکن محققین سے کہئے تو شاید وہ پتہ لگادیں گے کہ خیام سے قصیدہ اور غزل کے بھی کچھ نمونے یادگار ہیں۔ لیکن ہم تو اس کو رباعیات سے جانتے اور مانتے ہیں۔ یہ بھی عجیب بات ہے کہ یورپ نے خیام کو لذتیت (Hedonism) کا علم بردار سمجھ کر قبول کیا اور اس کا ڈھنڈورا پیٹا۔ یہ ایسا ہی ہے جیسے مغربی ممالک میں "ایپقوریت" (Epicureanism) سستی لذت پرستی اور عیش کوشی کی مترادف سمجھ لی گئی۔ حالانکہ بیچارہ ایپقورس اور اس کے شاگردان رشید لذت پرستی

سے کوسوں دور تھے۔

خیام نے اپنی رباعیات میں زندگی کا جو تصور پیش کیا ہے اس کو مجموعی طور پر عارفانہ لاادریت (Mystial Agnosticism) کہہ سکتے ہیں اور یہ خیام اور اس کے عہد کا مزاج تھا جس کے لئے رباعی سے زیادہ موزوں نظم کی کوئی صنف یا ہیئت نہیں ہو سکتی تھی۔ رباعی زندگی کے کلیات و نظریات کے مجذوبانہ (Rhapsodic) اظہار کے لئے سب سے زیادہ مناسب صورت ہے۔

حافظ نے، جہاں تک مجھے معلوم ہے، دو مختصر مثنویاں ایک بے عنوان اور دوسری "ساقی نامہ" کے عنوان سے کہی ہیں۔ دونوں نامکمل معلوم ہوتی ہیں۔ اس نے بہت سے قطعات اور رباعیات بھی کہیں ہیں۔ اس نے پانچ مختصر قصیدے بھی لکھے ہیں جو پکار پکار کر کہتے ہیں کہ شاعر قصیدہ میں بالکل معذور ہے۔ ہم کیا ساری دنیا جس حافظ کو سینے سے لگائے ہوئے ہے، وہ غزل اور وہ بھی ایک خاص انداز کی غزل کا حافظ ہے۔ بات یہ ہے کہ جیسی غزلیں حافظ نے کہی ہیں وہ نہ صرف اس کے اپنے مزاج کا عکس ہیں بلکہ اس کے عہد کے مزاج کی بھی اگر مکمل آئینہ داری ہو سکتی تھی تو اسی طرز کی غزل سرائی میں ہو سکتی تھی۔

انگریزی میں شیکسپئر سے لے کر ملٹن تک غنائی، ڈرامائی اور رزمیہ شاعری کو قبول عام حاصل رہا اور بیشتر اکابر انہیں اصناف میں اپنے بہترین کارنامے پیش کرتے رہے۔ ہیئتوں میں نظم غیر مقفی اور سانیٹ عوام اور خواص دونوں میں مرغوب ہیئتیں رہیں۔ اس دور کی کچھ اچھی نظمیں چہار مصرعے یعنی (Stanza Form) میں بھی ملتی ہیں۔

جتنی مثالیں اوپر دی جا چکی ہیں، ان میں کسی دور میں کسی شاعر نے شاعری کی کسی صنف یا کسی ہیئت کے خلاف کوئی فتوی نہیں دیا۔ بس یہ ہوتا رہا کہ چاہے اپنے عہد کے

مزاج سے، چاہے خود اپنے مزاج سے غیر شعوری اور بے تکلف طور پر متحرک ہو کر شاعر نے اپنے بہترین کارنامے کسی خاص صنف اور کسی خاص ہیئت میں پیش کئے۔ انگریزی شاعری میں صرف ایک عہد ایسا نظر آتا ہے جس نے نظم غیر مقفی اور سانیٹ کو ڈھنڈورا پیٹ کر دیس نکالا دے دیا اور صرف Heroic Complete کو، جس کو ہندی کا دوہا یا سوٹھا سمجھئے، شاعری میں وقت کا حکم ناطق قرار دیا۔

اس کے علاوہ اگر کسی ہیئت کو یہ عہد سرپرستانہ طور پر برداشت کر سکتا تھا تو وہ چہار مصرعہ یا Stanza Form تھا۔ مگر یہ اٹھارہویں صدی تھی جس کو انگریزی تمدن اور ادب کی تاریخ میں عقل و ہوش اور نثر کی پہلی صدی کہا گیا ہے۔ یہ انگریزی نثر کا پہلا عظیم دور تھا۔ لیکن شعر کہنے کی آرزو ہوس بن کر ہماری روح سے لپٹی رہتی ہے۔ پوپ عظیم نثر لکھنے کی طاقت نہیں رکھتا تھا اور ان معنوں میں وہ شاعر بھی نہیں تھا جن معنوں میں ہم اسپنسر، شیکسپیئر، ملٹن، ورڈسورتھ، کیٹس اور شیلی کو شاعر کہتے ہیں۔ اس لئے اس نے نظم کی ایسی ہیئت اختیار کی جو نثر سے قریب اقرب رکھتی ہو یعنی (Heroic Complets) اور باقی تمام ہیئتوں کو قلم زد کر دیا۔ اس دور میں پوپ کے قد و قامت کا کوئی ایسا بڑا باغی نہیں تھا جو پوپ کی آواز کے خلاف آواز بلند کرتا اور نظم کی ہر صنف اور ہر ہیئت کو اس کا حق دلاتا۔

بہر صورت اٹھارہویں صدی دراصل نثر کی صدی تھی جس نے انگریزی نثر کو پہلی مرتبہ اس قابل بنایا کہ آج وہ نظم کی ہم پلہ ہی نہیں ہے، بلکہ اس سے زیادہ قابلیت اور وسعت اپنے اندر پیدا کرلی ہے۔ انسان کی انفرادی یا اجتماعی زندگی اب جو رخ بھی اختیار کرے انگریزی نثر اس کے تمام نئے مسائل و معاملات سے عہدہ برآ ہو سکتی ہے۔ اٹھارہویں صدی انگریزی ادب میں بڑا اہم دور ہے اور ایسی دانشمندانہ نثر جس کو ادب

بھی کہا جا سکے اس کی سب سے بڑی دین ہے۔ اس سے کوئی قابل تصور مستقبل انکار نہیں کر سکتا، لیکن اس صدی نے اپنے منصب سے ہٹ کر نظم میں بے جا مداخلت کی اور گنتی کے چند مخصوص ہیئتوں اور اصناف کو اپنا معیار بنا کر باقی تمام صنفوں اور ہیئتوں کو تخیل کی بے اعتدالی سمجھا اور ان کی تحقیر آمیز مخالفت اپنا منصبی فرض سمجھا۔

ہم سب جانتے ہیں کہ اٹھارہویں صدی کی آخری دہائیوں میں اس ادبی استبداد و احتساب کے خلاف پیش رومانیوں (Pre Romantics) نے کیسی کیسی مجاہدانہ کوششیں کیں۔ گرے (Gray) نے Odes یعنی خطابیہ نظمیں لکھیں۔ بلیک (Black) نے اپنی معصوم اور مجذوبانہ نظموں کے پردے میں ہم کو ایک ماورائی عالم کا احساس دلانا شروع کیا۔ کاوپر (Cowper) نے صاف صاف کہہ دیا کہ خدا نے دیہاتی بستیاں بنائیں اور آدمی نے شہر بسائے۔ برنس (Burns) نے ہل اور کھیتی کو مرکز قرار دے کر خالص عشقیہ شاعری کی جو آج بھی ہمارے لئے معصوم عشقیہ نظم نگاری میں نمونہ بن سکتی ہے۔

اور پھر کولرج Coleridge اور ورڈسورتھ کا عہد آتا ہے جو رومانیوں (Romantics) کی پہلی نسل ہے جس نے اٹھارہویں صدی کی ادبی جباریت (Literary Tyranny) سے کیا کچھ انتقام نہیں لیا۔ سب سے پہلے ان لوگوں نے جس بات پر زور دیا وہ ایسی مسرت تھی جس سے وسیع سے وسیع تر حلقہ عوام اپنے کو مانوس پائے اور جو کثیر سے کثیر تعداد کے لئے قابل قبول ہو اور پھر زبان اور انداز بیان میں کسی قسم کی غرابت نہ ہو۔ خود ورڈسورتھ اور کولرج اپنے اس معیار پر کس حد تک پورے اتر سکے؟ یہ ایک الگ سوال ہے مگر یہ تو حقیقت ہی ہے کہ ان لوگوں نے اٹھارہویں صدی کی شعری روایتوں سے بغاوت کی اور شدید بغاوت کی اور انتقامی ولولہ کے ساتھ نظم غیر مقفی، سانیٹ اور خطابیہ نظمیں لکھیں۔

رومانی دور کے انگریزی شاعروں نے اپنے غیر فانی منظومات انہیں ہیئتوں میں یادگار چھوڑے ہیں۔ یہاں تک پہنچنے کے بعد اب ہم اس قابل ہیں کہ تعمیم کرکے ایک کلیہ پیش کرسکیں۔ یہ صحیح ہے کہ ہر دور میں تخلیقی اظہار کے اسلوب و ہیئت میں نئے تجربے ہوتے رہے ہیں اور ہوتے رہیں گے اور ان میں سے بیشتر زندہ رہ گئے ہیں اور زندہ رہیں گے۔ لیکن اول تو اس کا یہ نتیجہ نہیں ہونا چاہئے کہ پرانی ہیئتوں نے ہم کو جو کچھ دیا ہے اس سے انکار کر دیا جائے، یا اس کی تحقیر کی جائے۔ دوسرے اگر غور سے کام لیا جائے تو ماننا پڑے گا کہ اصل چیز میلان فکر اور اسلوب اظہار ہے۔ انہیں میں تغیر اور ترقی کی ضرورت ہے۔ میلان فکر اور اسلوب اظہار کو نصف صدی پیچھے نہیں ہونا چاہئے۔

جہاں تک کسی مخصوص صنف یا ہیئت کا سوال ہے تو وہ پرانی ہو یا نئی، اگر وہ ہمارے بدلتے ہوئے میلان فکر کے مطالبات کو پورا کرسکتی ہے اور ہمارے نئے اسلوب اظہار کی متحمل ہوسکتی ہے اور اگر وہ کسی نثر نگار یا نظم نگار کے مزاج سے خاص مناسب رکھتی ہے تو کوئی وجہ نہیں کہ اس کو اختیار نہ کیا جائے۔ اس موقع پر مجھے کچھ مثالیں یاد آرہی ہیں۔ انگریزی نظم کی مشہور و مقبول ہیئت سانیٹ بڑی پرانی ہیئت ہے اور روایتی طور پر غزل کی طرح اس کا بھی اصلی موضوع عشق ہے اور سانیٹ کی اکثریت حسن و عشق کے جذبات و معاملات ہی سے متعلق ہے، مگر ذرا ملٹن اور ورڈسورتھ کو سامنے رکھئے۔ یہ شعرا جہاں نظم غیر مقفی کے مانے ہوئے استاد ہیں، وہیں وہ سانیٹ کی ہیئت کے ایسے ماہر ہیں کہ کسی دور میں بھی انگریزی سانیٹ کی تاریخ ان کو نظر انداز نہیں کرسکتی۔ ان دونوں کی سانیٹ کا حجم اچھا خاصا ہے۔ لیکن ان میں ایک نے بھی عشقیہ جذبات سے متعلق کوئی سانیٹ نہیں لکھی، دونوں نے اپنے اپنے دور کے ایسے عملی مسائل اور فکری رموز سے متعلق سانیٹ لکھیں جو بالکل غیر انفرادی ہیں اور عام انسان کی زندگی سے متعلق ہیں۔

سانیٹ کے سلسلہ میں ایک مثال اور دینا چاہتا ہوں جو ملٹن اور ورڈسورتھ سے بھی زیادہ اہم ہے اور وہ روپرٹ بروک (Rupurt Brooke) ہے جو اٹھائیس سال کی عمر میں اسکائروس کے مقام پر ۱۷ اپریل ۱۹۱۵ء میں اپنے ملک اور اپنی قوم کا ناموس قائم رکھنے کے لئے جنگ میں مارا گیا۔ "سپاہی شاعروں" میں اس کا نام ہمیشہ سر فہرست رہے گا۔ اس نے جہاں اور بہت سی نظموں میں اپنے مزاج اور اپنے دور کے مزاج کی عکاسی کی ہے وہاں چند سانیٹ کا ایک مجموعہ بھی یادگار چھوڑا ہے، جس کا نام ۱۹۱۴ء ہے۔ ان میں سے ہر سانیٹ اپنے زمانہ کی پکار ہے۔

یہ بیسویں صدی تھی جو سانیٹ کی صدی نہیں کہی جا سکتی۔ یہ وہ زمانہ تھا جبکہ ہاپکنس اور ایلیٹ انگریزی نظم میں وہ نئے تجربات کر چکے تھے جو نئی نسل کو اپنی طرف کھینچ رہے تھے۔ اب ذرا اردو غزل کی طرف پھر آیئے۔ آزاد اور حالی کے بعد نظم کی وہ صنف جس کو اصطلاحاً نظم کہتے ہیں، وقت کی آواز ہو چکی تھی اور غزل گو لکیر کے فقیر سمجھے جانے لگے تھے۔ لیکن اقبال پر ذرا غور کیجئے۔ باوجود اس کے کہ ان کے مزاج کو غزل سے فطری مناسبت تھی، انہوں نے نظمیں لکھیں اور آج وہ اردو نظم کی جدید نسل کے پیغمبر مانے جاتے ہیں، لیکن انہوں نے غزلیں کم نہیں کہی ہیں اور اگر تھوڑی دیر کے لئے ان کی نظموں سے قطع نظر کر کے صرف غزلوں تک توجہ محدود رکھی جائے تو نہ صرف یہ کہ وہ غزل کے شاعر معلوم ہوں گے بلکہ واضح طور پر یہ بھی محسوس ہو گا کہ انہوں نے غزل کو ایک نیا مزاج دیا جو ان کے عہد کا مزاج تھا۔

اقبال نے غزل کے دیرینہ روایات اور رموز و علامات میں نئی بلاغتیں پیدا کیں اور اردو غزل کو اس لائق بنایا کہ وہ کائنات کی اصل و غایت، انسانی فطرت کے بدلتے ہوئے داعیات و میلانات اور مائل بہ ارتقا انسانی زندگی کے مسائل کا حل فن کے ناموس کو قائم

رکھتے ہوئے پیش کر سکے۔ یہ اور بات ہے کہ ہم ان کے پیش کئے ہوئے حل سے مطمئن نہ ہوں۔ چکبست اپنے مزاج کے اعتبار سے غزل سے زیادہ نظم کے میدان کے سورما تھے۔ مگر نہ صرف یہ کہ وہ غزلیں بھی کہتے تھے بلکہ مشاعروں میں بھی شریک ہوتے تھے اور اپنی غزلیں سناتے تھے، اس لئے کہ ۱۹۲۶ء تک چند مخصوص صحبتوں کے علاوہ کسی مشاعرے میں کوئی شخص نظم پڑھ کر خواص و عوام میں اپنے کو شاعر نہیں منوا سکتا تھا۔ چکبست کی غزلیں مشاعروں میں بھی اور اخبار و رسائل میں بھی بھرپور داد پاتی تھیں۔ پرانی نسل والے اور نئے دور کے نونہال دونوں اپنے کو چکبست سے مانوس اور ان کی آواز کو اپنے دل کی آواز پاتے تھے۔ چکبست نے اردو نظم (جس کے تحت غزل اور نظم دونوں آتی ہیں) کے روایات و صور اور اصول و اسالیب سے بھی بغاوت نہیں کی۔ بظاہر انہوں نے سب کو جوں کا توں بر قرار رکھا۔ لیکن بڑے نازک اور غیر محسوس طور پر انہوں نے اردو نظم کے ان قدیم ترکیبی عناصر میں نئی روح پھونکنا شروع کی۔ ان کی ایک غزل کو بھی شاید خالص عشقیہ شاعری کے تحت جگہ نہ دی جاسکے۔ نظموں کی طرح ان کی غزلوں کی بھی اصل خصوصیت یہ ہے کہ ان میں ہم کو عام انسانی زندگی کے مسائل و مراحل کی کسک محسوس ہوتی ہے اور ان کے حل کی طرف اشارے ملتے ہیں۔

اس تمام طول کلام کا مقصد صرف یہ تھا کہ ہم سمجھ لیں کہ نظم یا نثر کی کسی خاص صنف یا ہیئت کی شرط نہیں ہے۔ اصل شرط اپنی فکری دیانت داری اور اپنے فنی کردار کی سالمیت ہے۔ اگر ہم واقعی کوئی نئی فکری استعداد رکھتے ہیں، اگر ہم واقعی کسی فن کے اہل ہیں تو ہم کچھ کسی صنف یا ہیئت میں پیش کریں گے، وہ ذاتی تخلیق کی ایک ناقابل فراموش مثال بھی ہو گی اور فکر و فن کی تاریخ میں ایک یادگار منزل بھی۔ نہیں تو وقتی اور عارضی رہے گی اور ثقیل مادی نقطہ نظر سے آپ جتنی بھی چند روزہ شہرت حاصل کر لیں اور مادی

اعتبار سے آپ جس قدر بھی کامیاب ہونے کا دعویٰ کر سکیں، لیکن ایک چوتھائی صدی بعد آپ کو نہ افراد یاد رکھیں گے نہ تاریخ۔ یہ نہ تو نظم و غزل کا سوال ہے نہ نظم و نثر کا۔ یہ تو جس کی "جس سے بن آئی" والی بات ہے۔ اس لئے کہ فن کاری کی کوئی بھی قسم ہو وہ محبت کی طرح بہر حال "دل کا ایک سودا ہے۔"

ابھی تک بات سادہ اور سیدھی تھی جس میں صرف رایوں کا اختلاف ہو سکتا تھا، لیکن اس سیدھی سادہ بات سے قدرتی طور پر ذہن ایک دوسرے مسئلہ کی طرف منتقل ہوتا ہے جو بہت نازک ہے۔ غزل یا نظم کی کسی ہیئت کو "نیم وحشی" یا مہذب کہہ دینا تو بڑی سستی قسم کی سہل انگاری ہے۔ نظم انسان کے حاصل کئے ہوئے اولین فضائل میں سب سے اعلیٰ فضیلت ہے۔

ارسطو نے المیہ کو نقل بتایا ہے۔ ہماری ساری فن کاری بنیادی طور پر مقصدی اور تخلیقی نقل ہے۔ چٹانوں کی نقاشی، رقص، موسیقی، سنگ تراشی، نظم نگاری اصل میں تعویذی یا افسونی قدر رکھتی تھیں اور ہماری روز مرہ زندگی کی مرادوں کی تخیلی نقلیں ہوتی تھیں۔ ان سے اور کچھ ہو یا نہ ہو ہمارے دلوں میں زندگی کا نیا ولولہ اور سعی و پیکار کا تازہ حوصلہ پیدا ہوتا تھا۔ ان تخیلی کوششوں میں سب سے بلند و برتر کوشش نظم نگاری ہے۔ ہمارے مذہبی ملفوظات جن کو الہام کہا جاتا ہے اگر ضوابط کی ظاہری پابندیوں کے ساتھ منظوم نہ بھی ہوں تو بھی منظوم ہونے کا حکم رکھتے ہیں۔ اس لئے الہامی کتابوں کے ایک مکمل جملہ کو آج تک Verse کہا جاتا ہے، جس کے اصل معنی زنجیر یعنی کڑی سے کڑی ملانے کے ہیں اور جو آج نظم کے معنوں میں عام طور پر مستعمل ہے۔ اس سے فن نظم کی برگزیدگی کا اندازہ کیا جا سکتا ہے۔

لیکن یہ بھی تاریخ کی ایک حقیقت ہے کہ انسان کا تہذیبی سفر نظم پر رک کر نہیں

رہ گیا۔ سوچنے کی بات ہے کہ بالغ اور تربیت یافتہ انسان کی ضرورت اگر صرف نظم سے ہمیشہ کے لئے پوری ہو سکتی تھی تو نظم کے بعد اس کے پیٹ ہی سے نثر کیوں وجود میں آتی اور آج وہ نظم کی ہمسر اور بعض اعتبارات سے اس سے برتر فنکاری کی ایک اہم صنف کیسے ہوگئی۔ ترقی یافتہ مغربی ممالک کی دو سو سال اور اپنے ملک کی سو سال کی تاریخ کو سامنے رکھئے۔ اگر آپ حقیقت کو حقیقت ماننے کی لیاقت رکھتے ہیں تو اس حقیقت سے انکار نہیں کر سکتے کہ رفتہ رفتہ نظم کی جگہ نثر لیتی گئی ہے اور روز بروز نظم سے زیادہ نثر میں فنکارانہ رچاؤ پیدا ہوتا گیا ہے اور نثر نظم سے زیادہ ہماری زندگی سے قریب ہو کر ہمارے مسائل و مطالبات کی داد دینے اور ان سے عہدہ بر آہونے کے قابل ہوتی گئی ہے۔

بعض ممالک تو ایسے ہیں جو ہمارے ملک سے کہیں زیادہ ترقی یافتہ ہیں اور جن کے ادبی اکتسابات ہمارے ادبی اکتسابات سے کہیں زیادہ دنیا میں تخیلی نمونے تسلیم کئے جا چکے ہیں، مگر ان ملکوں کی نظم نے دنیا کو اتنا متاثر نہیں کیا ہے جتنا کہ ان کی نثر نے کیا ہے، روس، امریکہ، ناروے، سویڈن اور ڈنمارک ہمارے دعوے کی تائید کریں گے۔ ان ملکوں کی نظم نگاری نے خود ان کے ملک کو جتنا بھی ابھارا ہو، لیکن عالمی قدر و اہمیت ان کی نثر ہی کو حاصل ہو سکی ہے۔

اب ذرا انگریزی ادب پر پھر تاریخی نظر ڈالئے۔ انگریزی میں پہلے بھی نثر لکھی جا چکی تھی۔ جان لائیلی (John Lyly) کی Euphues سر فلپ سڈنی کی Apologic For Poesic سر طامس براؤن کی Religio Medice اور Hydrotaphia اور Bacon کے مضامین لکھے جا چکے تھے جو انگریزی نثر کے فنکاری ہونے کے اولین شواہد ہیں۔ لیکن انگریزی نثر نے جو اعتبار اور جو امتیاز اٹھارہویں صدی میں حاصل کیا وہ اس سے پہلے اس کو کبھی نصیب نہیں ہوا تھا۔ اس کے بعد انگریزی نثر برابر اعتماد اور

استقامت کے ساتھ آگے بڑھتی گئی اور نظم کے مقابلہ میں زیادہ ترقی کرتی رہی۔ اٹھارہویں صدی تو خیر انگریزی نثر کی صدی کہی گئی ہے، ذرا انیسویں صدی کے ادبی اکتسابات کو نگاہ میں رکھیئے۔ کولرج اور ورڈسورتھ سے لے کر مارس اور سوئنبرن تک عظیم نظم نگاروں سے عظیم نثر نگاروں کی تعداد کچھ زیادہ ہی ملے گی اور پھر جو تنوعات آپ کو نثر میں ملیں گے وہ نظم میں نہیں ملیں گے۔

ورڈسورتھ اور کیٹس سے لے کر ٹینی سن، میتھو آرنلڈ اور سوئنبرن تک نظم میں فکر اور اسلوب دونوں کے اعتبار سے وہ رنگارنگی نہیں ملے گی جو اس دور کی زندگی کا تقاضہ ہے اور جو کولرج سے لے کر آسکر وائلڈ تک کے نثری کارناموں میں ہم کو ملتی ہے اور پھر یہ نہ بھولئے کہ جن لوگوں کے نام گنائے گئے وہ سب کے سب نظم نگار بھی تھے اور نثار بھی۔ لیکن ان میں اکثر ایسے ہیں جن کے نثری کارنامے، ان کی نظموں کے مقابلہ میں ہم کو زیادہ متاثر کر رہے ہیں، باوجود اس کے کہ وہ خود اپنے دور کے معمولی نظم نگار نہیں تھے۔ مثلاً کولرج، میتھو آرنلڈ، طامس ہارڈی وغیرہ اور بیسویں صدی کی انگریزی نثر تو افکار اور اسالیب، مواد اور ہیئت دونوں میں تنوع اور ہمہ گیری کے لحاظ سے انگریزی نظم سے منزلوں آگے ہے۔

یہی حال اور ترقی یافتہ ملکوں کے ادب کا ہے۔ خود اردو میں ۱۸۵۷ء کے بعد نثر میں جو تنوع پیدا ہوا ہے اور جو جامعیت آئی ہے اور اردو نثر زندگی کی تمام سمتوں پر جس طرح حاوی ہوگئی ہے، اردو نظم اقبال، چکبست، جوش اور ان کے ورثہ داروں کے باوجود اس کی مثال نہیں پیش کر سکتی۔ نظم اپنے ضوابط کی وجہ سے کبھی بھی زندگی کے نئے میلانات اور ان نئے میلانات کے موافق نئے اسالیب کو اس مستعدی کے ساتھ اور اتنا جلد قبول نہیں کر سکتی جو نثر کا عام دستور ہے۔ نثر میں نظم کے مقابلہ میں ردوقبول اور زندگی کی بدلتی

ہوئی قدروں سے ہم آہنگی کی صلاحیت زیادہ ہوتی ہے، اس لئے کہ اس کو نظم کے مقابلہ میں آزادیاں اور سہولتیں زیادہ نصیب ہیں۔ نظم کی تاریخ ہزاروں برس کی ہے اور نثر کی عمر گنتی کی چند صدیاں ہیں۔

ہم نظم یا نظم کی کسی صنف یا ہیئت کو "نیم وحشی" کہنے کے لئے تیار نہیں ہیں، لیکن یہ کھلی ہوئی بات ہے کہ نظم انسان کے گہوارے کی زبان ہے اور اس کے بچپن اور معصومیت کے دور کا یادگار اکتساب ہے۔ نثر بالغ اور زندگی کے نشیب و فراز سے آگاہ انسان کی زبان ہے۔ اس لئے آج زندگی کی پیچیدگیوں میں نثر نظم سے زیادہ مؤثر اور مددگار اور رہنما ثابت ہو رہی ہے۔ آج کی نثر حجم، تنوع، کیفیت و کمیت ہر لحاظ سے آج کی نظم سے زیادہ اعتماد کے ساتھ آگے ہے اور نظم کے مقابلہ میں فنکاری اور زندگی دونوں کی ہی ہم آہنگی کا بہتر ثبوت دے رہی ہے۔ پہلے نثر وہ لکھتا تھا جو نظم کی قابلیت نہیں رکھتا تھا اور اپنے کو شاعر سے کمتر سمجھتا تھا۔ آج نظم وہ لکھتا ہے جو نثر کی عظمت کا دل میں قائل ہوتے ہوئے اپنے کو اس میدان میں کسی نہ کسی وجہ سے درماندہ پاتا ہے۔

میں چاہتا ہوں کہ نظم لکھی جائے، اگر وہ لوگ نظم لکھیں جو واقعی نظم کی قابلیت رکھتے ہوں اور جو لوگ نثر کے زیادہ اہل ہیں وہ خدا کے لئے نظم نہ لکھیں اور اگر کوئی نظم یا نثر کے فنی ناموس اور اس کی عظمت کو برقرار نہیں رکھ سکتا تو وہ نہ نظم لکھے نہ نثر، اس کو چاہئے کہ وہ اپنے ذاتی نفس کی تربیت کے لئے جو لوگ عظیم نظم اور نثر لکھ رہے ہیں ان کا مطالعہ حلم اور تحمل کے ساتھ کرتا رہے اور اس وقت تک نظم یا نثر لکھنے کی جرأت نہ کرے جب تک وہ اعتماد کے ساتھ کوئی نئی فکر نہ کر سکے، یعنی زندگی کا کوئی واضح نیا تصور نہ پیش کر سکے یا بیان اور ابلاغ کا کوئی نیا اسلوب نئی نسل کو نہ دے سکے۔

میرا مقصد نظم کی اولیت اور اس کی عظمت کو گھٹانا نہیں ہے۔ نظم نے انسانی زندگی

کی تہذیب و تحسین اور اس کو جمیل سے جمیل تر بنانے میں اب تک جو حصہ لیا ہے، اس نے انسان کے انفرادی اور اجتماعی کردار کو جو شرافتیں اور لطافتیں بخشی ہیں ان سے ہماری تہذیب کے ترقی یافتہ سے ترقی یافتہ دور میں انکار کرنا کفران نعمت ہو گا۔ اگر نظم نہ ہوتی تو آج نثر فنکاری کی حیثیت نہ حاصل کر سکتی۔ والٹر ریلے نے بڑی بلیغ بات کہی ہے، 'نظم نثر کی معلمہ ہے۔" میرا خیال ہے کہ نظم نثر کی ماں، اس کی دودھ پلائی اور اس کی ادیب و اتالیق ہے اور جہاں تک اردو نثر کا سوال ہے نہ صرف ولی، سراج، درد، سودا، میر، مصحفی، غالب، حالی، اقبال اور چکبست نے نثر کو نثر ہونا سکھایا ہے، بلکہ ذوق، ناسخ، امانت، فصاحت، امیر مینائی اور ریاض کی نظم نگاری نے بھی اردو نثر کو جس قدر تیز و طرار بنایا ہے اس کو تسلیم نہ کرنا تاریخ کو جھٹلانا ہو گا۔

اپنا دائرہ اردو نظم و نثر تک رکھتے ہوئے مجھے کہنے کی اجازت دیجئے کہ نئی نسل کے جس نثر نگار نے عادل شاہی اور قطب شاہی دور کے نظم نگاروں سے لے کر میر و غالب تک اور میر و غالب سے لے کر مرزا شوق اور امانت و فصاحت تک کا مطالعہ نہیں کیا ہے، وہ اچھا نثر نگار نہیں ہو سکتا اور اس کا کوئی نثری پارہ عظیم نثر نہیں ہو سکے گا۔ لیکن جہاں تک ہم دور سے دور تر مستقبل کا تصور کر سکتے ہیں، ہم کو صاف طور پر ایسا محسوس ہوتا ہے کہ اب نظم سے زیادہ ہم کو نثر کی ضرورت ہے، ایسی نثر کی جو نظم کی جگہ لے سکے اور اپنے کو ہر اعتبار سے نظم کے ترکے کی وارث ثابت کر سکے۔

ممکن ہے کبھی ایسا دور آئے کہ انسان کو وہ نفس مطمئنہ حاصل ہو سکے، جو دور معصومیت میں حاصل تھا، حالانکہ اس وقت کی زندگی ہماری زندگی کے مقابلہ میں کہیں زیادہ پر صعب اور دشوار گزار تھی۔ ہم ساری تہذیبی ترقی اور ان تمام سہولتوں کے باوجود، جو فتح کائنات نے ہمارے لئے مہیا کر دی ہیں، اپنے آبا و اجداد سے زیادہ غیر مطمئن

ہیں۔ آج ہماری زندگی کی سب سے زیادہ نمایاں خصوصیت نظیری کی زبان میں وہ "خاطر پریشان" ہے جس کے ہوتے ہوئے نماز ادا نہیں کی جاسکتی، یا بقول سعدی پراگندہ روزگار اتنا پراگندہ دل ہوتا ہے کہ اس کی دو رکعت نماز بھی پریشانی کے ساتھ ادا ہوتی ہے۔

خدا کرے کہ ہمارا حال مستقبل کی طرف جو اشارے کر رہا ہے، وہ سب غلط ہوں اور جلد یا دیر کوئی ایسا مستقبل آئے کہ انسان اپنی اصلی اور فطری معصومیت اور اس معصومیت کی دی ہوئی تمام وہ شرافتیں پھر حاصل کر سکے جن کو وہ کھو چکا ہے، پھر شاید اتنی ہی عظیم نظمیں لکھی جانے لگیں اور وہ ہماری زندگی کی ویسی ہی نمائندگی کر سکیں جیسی کسی زمانہ میں کرتی تھیں۔ پھر ظاہر ہے کہ نثر نظم سے شرمائے گی۔

میں اپنے ان خیالات میں مبتلا تھا کہ حال میں زندگی اور ادب کے مشہور امریکی نقاد اڈمنڈ ولسن (Edmind Wilson) کا ایک مضمون میری نظر سے گزرا، جس کا عنوان Is verse a Dying Technique ہے۔ اس کی رائے بھی وہی ہے جو میری رائے ہے۔ مگر وہ صرف دبی زبان سے یہ کہہ سکا ہے کہ نظم اب ایک مرتا ہوا فن ہے اور اس کی جگہ اب نثر لے رہی ہے۔ میرے خیال میں نظم کبھی بھی مرتا ہوا فن نہیں ہو گی۔ وہ اس وقت تک زندہ رہے گی جب تک بالغ انسان کے اندر بچپن اور بچپن کی معصومیت کسی نہ کسی حد تک باقی رہے گی۔ لیکن فی الحال نظم میں وہ توانائی نہیں ہے جو نثر نے اپنے اندر پیدا کرلی ہے اور جو اب زندگی کا فن سے مطالبہ ہے۔

اڈمنڈ ولسن کا خیال بہت صحیح ہے۔ نثر نے آج نظم کے سارے فن کو اپنے اندر جذب کر لیا ہے۔ ہزاروں برس کی تاریخ میں نظم نے جتنے زندہ اور پائندہ فنی محاسن کمائے تھے نثر نے ان سب کو اپنے اندر سمولیا ہے اور آج اس قابل ہو گئی ہے کہ ہم اس کو ان معنوں میں "الوہی" یا آسمانی الہامی یا غیبی (Divine) کہہ سکیں جن معنوں میں ہم

ہومر کو کہتے تھے یا جن معنوں میں کبھی شاعری یعنی نظم کو "پیغمبری کا ایک جزو" کہا گیا تھا۔

میں نے اب تک بڑی احتیاط اور التزام کے ساتھ نظم اور نظم نگار کو شعر اور شاعر سے مخلوط ہونے نہیں دیا ہے۔ شعر اور نظم میں فرق ہے۔ شعر یا شاعری تخلیقی شعور کا نام ہے۔ وہ ایسا جمالیاتی احساس ہے جو دور بدور ترقی کرتا رہا ہے اور جس کے اظہار کی ایک صورت نظم ہے۔ اس نقطۂ نظر سے نثر اور نظم کے درمیان تو فرق ہو سکتا ہے، نثر اور شعر کے درمیان کوئی تضاد نہیں۔ اگر کسی قول میں شاعری کے تمام محاسن موجود ہیں اور وزن کی پابندی نہیں ہے تو وہ نثر ہے اور اگر وزن کی پابندی بھی موجود ہے تو وہ نظم ہے۔ یعنی ہو سکتا ہے کہ نظم کا ایک مصرعہ شعر نہ ہو اور نثر کا ایک فقرہ شعر ہو۔ اسی لئے کولرج نے کہا تھا کہ نثر کی ضد شاعری نہیں ہے بلکہ نظم ہے اور شاعری کی ضد نثر نہیں ہے بلکہ سائنس ہے۔

یہ بہت بڑی بات کہی گئی ہے جو صرف اپنے وقت کی آواز نہیں بلکہ ہمیشہ کے لئے ایک پیغام ہے۔ اگر نثر میں وہ جادو نہیں ہے جس کو ہم نظم سے منسوب کرنے کے خوگر ہو گئے ہیں تو وہ نثر نہیں ہے بلکہ کوئی صحافتی ٹکڑا ہے یا ریاضیات، کیمیا یا طبعیات کے قانون کا بیان ہے۔ نثر کو اگر فن ہونا ہے تو اس کو نظم ہوئے بغیر شعر ہونا ہے۔ یعنی ظاہری اور محسوس وزن کے بغیر اگر نثر میں بھی وہ آہنگ یا رقص صوتی نہیں جو شعر کا مطالبہ ہے تو وہ نثر نثر ہوتے ہوئے بھی کوئی فنی تخلیق نہ ہو گی۔

ابھی اس مسئلہ پر بہت کچھ اور کہا جا سکتا ہے جس کے کہنے کی ضرورت بھی ہے۔ میں اپنے ہم خیال اور اپنے سے مختلف خیال رکھنے والے دوستوں کے کانوں میں ایک بات ڈال دینا ضروری سمجھتا ہوں۔ ہم لوگ اپنی زبان اور ادب کی تمام ترقیوں کے باوجود نظم

اور نثر دونوں میں ابھی بالشتئے (Pygmies) ہیں اور ہم کو دنیا بالخصوص مغربی دنیا کے ادبی دیو قامتوں سے بہت کچھ سیکھنا ہے۔ نظم اور نثر کا صحیح تصور اسی طرح ہمارے اندر پیدا ہو سکتا ہے۔ پھر نظم اور نثر دونوں کی تاریخ اور دونوں کے تاریخی مناصب کا شعور ہم کو ایک دوسرے کے خلاف کھلانے اور لڑانے سے باز رکھے گا۔ پھر نہ نظم کہنے والا نثر لکھنے والے کو حقیر سمجھے گا، نہ نثر لکھنے والا نظم لکھنے والے سے اپنے کو برتر سمجھے گا۔ یہ یاد رکھئے گا کہ نہ چند مبہم مصرعے موزوں کرتے چلے جانے کا نام نظم ہے اور نہ پسینہ پسینہ ہو کر چند فقرے ہموار کر لینے کو نثر کہتے ہیں۔

میں نے جن خیالات کا اظہار کیا ہے، ابھی ان پر بڑے مطالعہ اور غور و فکر اور بڑی تفصیل و توضیح کی ضرورت ہے۔ میری درخواست ہے کہ بغیر اپنی ذات یا اپنے پڑوسی کی ذات کو درمیان میں لائے ہوئے ان پر سنجیدگی اور متانت کے ساتھ سوچا جائے۔

ایک دوسرا دھوکہ بھی دور کر دینا چاہتا ہوں۔ جن خیالات کا میں نے اس مضمون میں اظہار کیا ہے، ان پر تقریباً ایک سال سے زبانی اپنے ہم پیشہ نوجوانوں کے درمیان بحث کر رہا ہوں۔ میرے بعض رفیق میرا اصل مطلب سمجھے بغیر میری اس رائے کو علی گڑھ اور علی گڑھ سے باہر مختلف صحبتوں میں پیش کرتے رہے جس کے بارے میں مجھ سے مقامی بازپرس کے علاوہ باہر سے بھی سوال کیا جاتا رہا ہے۔ یہ ہمارے زمانہ کی حقیقت ہے کہ نثر فن کی حیثیت سے نظم سے زیادہ ہمارے کام آ رہی ہے اور صرف ہندوستان میں نہیں بلکہ سارے مشرق و مغرب میں نثر نظم سے زیادہ لکھی اور پڑھی جا رہی ہے، لیکن میری دلی آرزو بھی یہی ہے کہ خدا کرے تہذیب کا کوئی ایسا دور پھر آئے کہ ہماری نظم پھر ویسی ہی عظیم ہو جائے جیسی وہ کبھی تھی۔

مجھ سے پوچھا جاتا رہا ہے کہ اگر نظم کی جگہ نثر لے رہی ہے تو اس کا کیا راز ہے کہ

آج تک جتنے بڑے نقاد ہوئے ہیں وہ نظموں پر ہی تنقید کرتے رہے ہیں اور نظم کو ادبی تخلیق کا معیار قرار دے کر ادب سے بحث کرتے رہے ہیں۔ بات بہت صحیح اور معقول ہے۔ میں نے خود نثر نگاروں سے کہیں زیادہ شاعروں پر لکھا ہے۔ یہ سوال نظم کی عظمت اور حرمت کی حمایت میں کیا گیا تھا، اسی کو دوسرے فریق نے نظم اور تنقید دونوں کی تنقیص میں پیش کیا۔ بات صاف ہو جانا چاہئے۔ یہ واقعہ ہے کہ دنیا کی ہر زبان میں اب تک جتنی ادبی تنقیدیں لکھی گئی ہیں ان کا بیشتر حصہ نظم اور نظم نگاروں سے متعلق ہے لیکن اول تو اس سے میرے اصلی دعوی کی تردید نہیں ہوتی۔ تنقید نگار اگر اب تک نظم کو اپنی تنقید کا مرکز بنائے رہے ہیں اور اگر آئندہ بھی بنائے رہیں تو اس سے یہ بات غلط کہاں ثابت ہوتی ہے کہ گزشتہ دوڈھائی سو سالوں کے عرصہ میں نثر نے جیسی ترقی کی ہے نظم نہیں کر سکی ہے۔ نظم اپنی تمام ہیئت تراشیوں اور بدعتوں کے باوجود کچھ گھٹی سی ہے۔

دوسری بات یہ ہے کہ اگرچہ نظم پر تنقیدی سرمایہ کی مقدار بہت زیادہ ہے، لیکن نثر پر تنقیدی ادب کا حجم اتنا کم نہیں ہے جتنا لوگ سمجھتے ہیں۔ خود اردو میں نثر اور نثر نگاروں پر کم نہیں لکھا گیا ہے۔ یہ مانتے ہوئے بھی نظم کے مقابلہ میں نثر پر بہت کم لکھا گیا ہے اور ابھی بہت کچھ لکھنے کی ضرورت ہے۔ حالی اور ان کے معاصرین نے اردو نثر اور نثر نگاروں پر بہت کم لکھا۔ اس کا ایک سبب تو یہ ہے کہ صحیح معنوں میں اردو نثر اسی زمانہ میں لکھی جانے لگی تھی اور اپنی تمام تخلیقات کے باوجود ابھی ایسا اعتبار نہیں حاصل کر سکی تھی کہ اعتماد اور قطعیت کے ساتھ اس کی ادبی حیثیت پر کوئی حکم لگایا جا سکتا۔

شکایت یہ کی جاتی ہے کہ حالی، آزاد اور شبلی نے نثر پر کیوں نہیں لکھا۔ ان بزرگوں نے عصری ادب پر بالکل نہیں لکھا ہے، اپنے دور کے نظم نگاروں پر بھی نہیں لکھا ہے۔

اپنے زمانے کے فکری اور عملی اکتسابات پر رائے دینا مشکل ہوتا ہے۔ کسی چیز کو دیکھنے اور پرکھنے کے لئے ایک مخصوص فاصلے اور زاویے کی ضرورت ہوتی ہے جو کسی کو خود اپنے عہد کے لئے میسر نہیں ہوتا۔ معترض یہ کہہ سکتا ہے کہ نثری داستانیں پہلے سے موجود تھیں۔ ان پر ان اکابر نے کیوں نہیں لکھا؟ اس کا سیدھا سادا جواب یہ ہے کہ انیسویں صدی میں اور بیسویں صدی کی پہلی دو دہائیوں تک اردو داستانوں کو ادب میں شمار نہیں کیا جاتا تھا۔ ان کو محض تفریح کا سامان اور بیشتر تضیع اوقات اور تخریب اخلاق کا ذریعہ سمجھا جاتا تھا۔

مجھے یاد ہے کہ نوجوان اس زمانہ میں طلسم ہوش ربا، بوستان خیال، قصہ ممتاز اور اردو الف لیلہ چھپ چھپ کر پڑھتے تھے اور جب بڑے بوڑھے سراغ لگا لیتے تھے تو یہ کتابیں چھین لی جاتی تھیں، حالانکہ خود یہ بڑے بوڑھے بغیر کسی قسم کی شرم محسوس کئے ہوئے علی الاعلان یہی کتابیں پڑھتے رہتے تھے۔ ایسا کیوں تھا؟ یہ پوچھنے کا ہم کو کوئی حق نہیں۔ یہ تو اس زمانے کے اقدار اور معیار تھے۔ جیسے نئی نسل کے اقدار و معیار ہیں جو پرانی نسل والوں کی سمجھ میں کسی طرح نہیں آسکتے اور اگر سمجھ میں آ جائیں تو وہ پرانی نسل والے نہ رہیں۔ یہ بھی ذہن میں رکھئے کہ جس زمانہ کا میں ذکر کر رہا ہوں اس زمانہ میں دوسرے ملکوں میں بھی داستانوں کو ادبی نثر میں وہ حیثیت حاصل نہیں تھی جو آج ہے۔

ارباب نقد و بصر اب تک نثر سے زیادہ نظم پر کیوں لکھتے رہے؟ اس کا راز یہ ہے کہ نظم کی تاریخ نثر کی تاریخ سے بہت پرانی ہے اور ہماری کچھ عادت ہو گئی ہے کہ ادب پر فنکاری کی حیثیت سے رائے دیتے وقت نظم اور نظم نگار ہی ہمارے ذہن کے پیش منظر میں ہوتے ہیں۔ ایک اور بات ہے۔ نظم کی عظمت اور اس کی قدامت کو تسلیم کرتے ہوئے یہ بھی کہنا پڑتا ہے کہ نظم کی تشریح و تحلیل اور اس پر تنقید نثر کے فکری تجزیہ اور

اس کے اسلوب کی تشریح اور دونوں پر تنقید سے زیادہ سہل ہے۔ اس لئے کہ نظم کے کلیات و مسلمات بہت پہلے سے موجود ہیں جن کا سہارا لے کر اپنی بات زیادہ آسانی کے ساتھ سمجھائی جا سکتی ہے۔

* * *

غزل اور عصر جدید

ایک مبصر کی رائے ہے کہ شاعری جدید دنیا کے لئے بہت کم اہمیت رکھتی ہے اور آج کل کی انسانیت کو شاعری کی کچھ زیادہ پروا نہیں ہے۔ اس کی تردید میں دستے کے دستے اشعار پیش کیے جاسکتے ہیں جو اس وقت بھی دنیا کے ہر گوشے میں آئے دن رنگے جا رہے ہیں۔ اس سے انکار نہیں کیا جا سکتا کہ پچھلے پچیس تیس برس کے اندر شاعری کا ایک انبار لگ گیا ہے اور کہا جاسکتا ہے کہ یہ علامت اس بات کی ہے کہ ابھی دنیا میں شاعری کا جوہر اور شاعری کا مذاق دونوں موجود ہیں۔ لیکن اگر غور سے دیکھا جائے اور انصاف کے ساتھ فیصلہ کیا جائے تو ماننا پڑے گا کہ گزشتہ چوتھائی صدی میں دنیا نے جو شاعری پیدا کی ہے اس کا زیادہ حصہ ایسا ہے جو کسی گلدستے کے مؤلف کے لئے یقیناً دلچسپی کی چیز ہو گا، مگر کسی نہ کسی مبصر کو اس میں کوئی نئی یا مستقل لذت مل سکتی اور نہ کوئی عامی ہی اس سے دیر تک لطف اٹھا سکتا ہے۔

بعض کا خیال ہے کہ اس سے شاعری کا نقص ثابت نہیں ہوتا بلکہ یہ دلیل صرف اس امر کی ہے کہ اس وقت زندگی میں جو نئی پیچیدگیاں پیدا ہو گئی ہیں وہ ہم کو بری طرح پراگندہ اور بدحواس کئے ہوئے ہیں اور ہم کو اب اتنی فرصت نہیں کہ ہم کسی "کاروبار شوق" میں بھی اطمینان و فراغت کے ساتھ چند لمحے گزار سکیں اور اپنے "ذوق نظارۂ جمال" کا ثبوت دے سکیں۔ یہ غلط نہیں ہے مگر یہی ساری حقیقت بھی نہیں ہے۔ ہم کو

اپنے دور کے ادبی اختراعات بالخصوص اکتسابات شعری سے زیادہ دلچسپی نہیں۔ اس کا ایک سبب تو یقیناً یہی ہے کہ "فرصت کہاں کہ تیری تمنا کرے کوئی۔"

لیکن اس کے علاوہ بھی ایک سبب ہے جو زیادہ اہم اور زیادہ اصلی ہے۔ ایک طرف تو شاعری نے پرانے روایات اور تصورات، پرانے معیار کو بے کار یا ناکافی سمجھ کر ترک کر دینے کی ضرورت محسوس کرلی ہے، دوسری طرف ابھی وہ کماحقہ زمانے کے میلانات اور مطالبات سے موانست اور مطابقت پیدا نہیں کر سکی ہے۔

سعی و عمل کی سطح پر تو ہم زندگی کی نئی کروٹوں کے ساتھ مطابقت پیدا کر لیتے ہیں اور نئے ماحول سے ہماری عملی اور خارجی زندگی نسبتاً زیادہ سہولت کے ساتھ ہم آہنگ ہو جاتی ہے لیکن فکر و تخیل کی سطح پر ماضی کا بھوت غیر محسوس طور پر زیادہ عرصہ تک ہم سے لپٹا رہتا ہے اور قدیم روایات وصور رہ رہ کر اور بھیس بدل بدل کر اپنا لڑکھڑاتا ہوا تسلط جمانے کی کوشش کرتے ہیں اور اکثر ہم کو اس کا شعور بھی نہیں ہوتا۔ نتیجہ وہ تناقص اور انتشار ہے جو کسی نئے دور میں ہماری عملی زندگی اور خیالی زندگی کے درمیانی عرصہ تک قائم رہتا ہے اور ہماری مجموعی زندگی میں طرح طرح کی پیچیدگی پیدا کرتا رہتا ہے۔ زیادہ تر یہی وجہ ہے کہ ہماری شاعری اس وقت یا تو ہم کو مَس ہی نہیں کرتی اور اگر مس کرتی ہے تو ہم اس سے ناآسودہ رہ جاتے ہیں۔ قدامت پرست طبقہ اس سے اس لئے بے پروا ہے کہ وہ اس کے رجعتی معیار پر پوری نہیں اترتی۔ نئی روشنی والے اس سے اس لئے غیر مطمئن ہیں کہ وہ نئی زندگی کی نئی تحریکوں سے خاطر خواہ ہم آہنگ نہیں ہے۔

اردو شاعری میں نئے میلانات کی ابتدا حالیؔ، اور آزادؔ کے افسانے سے ہوتی ہے اور انہیں دو بزرگوں نے جدید اردو شاعری کی داغ بیل ڈالی اور جو لوگ کہ اردو شاعری کو یک دم بے مایہ سمجھتے ہیں، ان کو بھی یہ ماننا پڑے گا کہ حالیؔ اور آزادؔ کے گروہ نے جس نظم

جدید کی بنیاد رکھی وہ اس وقت سے لے کر اب تک مسلسل اور ہموار ترقی کرتی رہی ہے اور مواد اور اسالیب دونوں کے اعتبار سے اپنے اندر نئی وسعتیں پیدا کرتی گئی ہے۔ حالیؔ، آزاد اور اسمٰعیل کے بعد اقبالؔ، چکبستؔ اور سرور جہان آبادی اور ان کے بعد نظم نگاروں کا موجودہ گروہ جس میں جوشؔ کو مرکزی حثیت حاصل ہے، اس بات کا بین ثبوت ہے کہ اردو نظم بڑی ثابت قدمی کے ساتھ ترقی کی منزلیں طے کرتی رہی ہے اور زندگی کے نئے میلانات اور نئے امکانات اپنے اندر سموتی گئی۔

لیکن یہ دعویٰ اردو شاعری کی صرف اس صنف کے متعلق کیا جاسکتا ہے کہ جس کو نظم کا نام دے کر الگ کر دیا گیا ہے اور اردو غزل میں اتنے تنوعات پیدا نہیں ہو سکے اور وہ اب تک زندگی کی نئی وسعتوں اور نئے امکانات کے ساتھ اس قدر ہم آہنگ نہیں ہو سکی ہے جس قدر کہ ہونا چاہئے تھا۔ جدید غزل اور قدیم غزل میں جو فرق ہے وہ زیادہ تر لہجہ اور انداز کا ہے۔ معنوی اعتبار سے اردو کی نئی غزل اور پرانی غزل میں زیادہ فرق محسوس نہیں ہوتا۔ جدید اردو غزل نے ہماری شاعری میں اسلوبی وسعتیں کافی پیدا کی ہیں اور کچھ نئے نفسیاتی اشارے بھی دیے ہیں لیکن مجموعی طور پر اب تک ہماری غزل کا عام آہنگ وہی "عیش غم" (Buxury of sorrow) ہے جو پرانی غزل کا آہنگ تھا اور جو عشق اور عشقیہ شاعری کی تخئیل چلی آرہی ہے۔

اس کا نتیجہ یہ ہے کہ آج تک اردو غزل زندگی کی نئی سمتوں سے مانوس نہیں ہو سکی ہے۔ اس وقت سب سے بڑا انقلابی ادیب یا شاعر غزل کے میدان میں آتا ہے تو عجیب قسم کی مخلوق معلوم ہونے لگتا ہے۔ اور بہت ہاتھ پاؤں مارنے کے بعد بھی اس والہانہ انداز سے آگے نہیں بڑھ سکتا ہے جس کو متغزلانہ ربودگی (Lyric abandon) کہنا چاہئے۔ یہ انداز کیفیت سے خالی نہیں ہے اور زندگی میں اس کی ضرورت ہے اور رہے گی

لیکن یہی سب کچھ نہیں ہے۔

غزل کی ترکیب اور اس کی صورت پر غور کیجیے تو اس کی امکانی وسعتوں کا قائل ہونا پڑتا ہے، غزل کا ہر شعر اپنی جگہ پر ایک اکائی ہوتا ہے اور تنہا ایک مضمون پر حاوی ہوتا ہے، اس کے معنی یہ ہوئے کہ اگر ہم چاہیں تو اختصار کے ساتھ اشاروں کی صورت میں ایک غزل میں اتنے مختلف الاصل اور مختلف النوع مضامین ادا کر سکتے ہیں جتنے کہ اس میں اشعار ہیں، پھر کیوں ہر شعر عشق اور متعلقات عشق کی دھن میں کہا جائے؟ کیوں نہ ان اشعار کو زندگی کے اور میلانات اور مسائل کا حامل بنایا جائے، غزل کے اشعار میں زندگی کی اہم باتوں کو مقولات کی صورت میں پیش کر کے حیات انسانی کی بہت بڑی خدمت کی جا سکتی ہے۔ لیکن نہ جانے وہ کون سی گھڑی تھی جب پہلے پہل غزل کی لغت مقرر ہو گئی کہ آج تک غزل کا مفہوم عورت سے بات کرنا سمجھا جاتا ہے۔

میں غزل کے مخالفوں میں نہیں ہوں اور نہ میں ان لوگوں میں سے ہوں جو یہ رٹ لگا رہے ہیں کہ غزل جو کچھ ہم کو دے سکتی تھی دے چکی، وہ اب بے کار ہو گئی اور اب اس کا دور نہیں ہے۔ غزل اور تغزل کو شاعری کا مرادف سمجھتا ہوں اور میرا دعویٰ یہ ہے کہ کسی طویل نظم کے صرف وہ اشعار بلا محنت و ارادے کے یاد ہو جاتے ہیں جس میں غزلیت نسبتاً زیادہ ہوتی ہے۔ تغزل فطرتِ انسانی کا وہ تقاضا ہے جو ہمیشہ پورا ہوتا رہے گا اور ہمیشہ باقی رہے گا۔

میرے کہنے کا یہ مطلب ہی نہیں ہے کہ غزل نے ہم کو کچھ نہیں دیا۔ اس نے ہم کو بہت کچھ دیا اور اس سے ہمارے ادب میں بہت بڑا اضافہ ہوا۔ اس کا ایک سطحی ثبوت یہ ہے کہ جتنے اشعار ضرب الامثال ہو کر خاص و عام کی زبان پر چڑھے ہوئے ہیں ان میں کم سے کم پنچانوے فیصد غزل ہی کے اشعار ہیں۔ یہ کوئی معمولی اکتساب نہیں ہے، یہ غزل

کی وہ امتیازی خصوصیت ہے جو صرف اپنی بنا پر غزل کو غیر فانی بنائے رہے گی۔ یعنی اس کے ہر شعر میں یاد رہ جانے کی طبیعی صلاحیت موجود ہوتی ہے۔ اس کے علاوہ اردو شاعری میں جو رموز و کنایات ملے ہیں وہ غزل کی بدولت ملے ہیں۔

غزل نے ہماری شاعری کی تربیت و تہذیب میں جو حصہ لیا ہے، وہ شاعری کی کسی اور صنف نے نہیں لیا اور نہ لے سکتی تھی۔ یہ غزل ہی کا کام تھا کہ سیکڑوں انفرادی تصورات کو رموز اور تمثیلات بنا کر ان میں ایسی کائناتی وسعت پیدا کر دی کہ آج گل و بلبل، سرو قمری کی اصطلاحیں اپنے لغوی معنی کے تنگ دائرے سے نکل کر ساری زندگی پر حاوی ہو جانے کے قابل ہو گئی ہیں۔ اور بادۂ وساغر میں یہ صلاحیت پیدا ہو گئی ہے کہ مشاہدۂ حق کی گفتگو میں بھی ان سے کام لیا جا سکے۔

یہ وہ لوگ خصوصیت کے ساتھ سن رکھیں جو بغیر سوچے سمجھے یہ کہا کرتے ہیں کہ اردو غزل میں گل و بلبل، بادہ و ساغر کے سوا دھرا ہی کیا ہے۔ اور غزل میں "گل و بلبل" اور "بادہ و ساغر" ہی کے طفیل میں وہ رموز و کنایات ملتے ہیں جن کو ٹی۔ ایس ایلیٹ (T. S. Eliot) ملزومات خارجی (Objective Correlalire) کہتا ہے۔ غزل نے اردو شاعری میں وہ بلیغ رمزیت (Symbolism) اور وہ آفاقی تمثیلیت (Universal Allegorism) پیدا کی ہے جس کی مثال کسی دوسری زبان کی شاعری مشکل ہی سے پیش کر سکتی ہے۔

لیکن ان تمام باتوں کے باوجود اردو غزل کی چند کوتاہیوں کو بھی نظر میں رکھنا چاہیئے۔ سب سے پہلی بات تو یہ ہے کہ اس نے اپنے تصورات اور تاثرات، اپنی محاکات اور تخئیل کا دائرہ بہت محدود رکھا جس کی وجہ سے اس کے اسالیب اور روایات میں ایک تھکا دینے والی یکسانی پیدا ہو گئی اور اس میں تنوع کا امکان بہت کم رہ گیا ہے۔ جس کا نتیجہ یہ

ہے کہ آج اردو غزل کی فضا میں نہ صرف انحطاط بلکہ جمود کے آثار محسوس ہونے لگے ہیں۔ غزل میں دوسری کمی یہ ہے کہ جہاں تک موضوع اور مواد کا تعلق ہے وہ اب تک سماجی شعور اور عام انسانی زندگی کے احساس سے خالی رہی ہے۔ تیسری ناگوار مگر ناقابل تردید حقیقت یہ ہے کہ موجودہ اردو غزل میں وہ کس بل نہیں ہے جو متقدمین کی غزلوں میں ملتا ہے اور وہ کچھ بے جان سی ہو رہی ہے۔

یہاں تک تو اردو غزل سے کلی حیثیت سے بحث تھی۔ اب ہم اپنے دور کے غزل گو شعراء پر فرداً فرداً نظر ڈالنا چاہتے ہیں تاکہ صحیح انداز ہو سکے کہ اردو غزل اس وقت کس مقام پر ہے اور اس کا مستقبل کیا ہے؟ اس کے لئے ہم کو ان شعرا کے دائرے سے باہر جانے کی ضرورت نہیں جو ابھی زندہ ہیں اور غزل کہہ رہے ہیں۔ یہ ہماری خوش نصیبی ہے کہ گزشتہ سال نگار نے اپنا سالنامہ موجودہ اردو غزل گو شاعروں کے کلام کے لیے وقف کر دیا۔ یہ اپنی نوعیت کا نہ صرف نیا سالنامہ ہے بلکہ اب تک اس قسم کا کوئی گلدستہ بھی نہیں شائع ہوا ہے۔ شاعروں نے اپنے کلام کا خود انتخاب کر کے اپنے مختصر حالات زندگی کے ساتھ بھیجا ہے جس سے شاعر کے کلام کے ساتھ ساتھ اس کی شخصیت کی ایک ہلکی سی جھلک بھی ہم کو مل جاتی ہے۔ شاعر کے اندر تنقید و انتخاب کی قوت اتنی قوی اور شدید نہیں ہوتی جتنی تمثیل و تخلیق کی قوت ہوتی ہے اور وہ عموماً اشعار کا انتخاب کرتے ہوئے چوک جاتا ہے۔ خاص کر خود اپنے کلام کا انتخاب کرتے وقت تو وہ طرح طرح کے دھوکوں میں پڑ جاتا ہے۔ "نگار" کے اس سالنامے میں بھی جابجا یہ چوک نظر آتی ہے لیکن اس سالنامہ کی اہمیت میں کوئی فرق نہیں آتا اور ہم اس کو سامنے رکھ کر اطمینان کے ساتھ عصری اردو غزل پر رائے دے سکتے ہیں۔

اردو میں اس وقت جتنے شعراء غزل کہہ رہے ہیں ان میں سب سے پہلے جن کا نام

ذہن میں آتا ہے وہ حسرتؔ موہانی ہیں۔ کہا جاتا ہے حسرتؔ سے زیادہ عمر والے اور زیادہ مشق رکھنے والے غزل گو بھی ابھی زندہ ہیں۔ یہ سچ ہے، لیکن حسرت اور دوسرے بڑھے شعراء میں فرق یہ ہے کہ حسرتؔ نہ صرف ایک قدیم روایتِ عظمی کی آخری بڑی یادگار ہیں، بلکہ اردو غزل میں برائے نام جو کچھ نئی تحریک کے آثار پائے جاتے ہیں ان کے موجد یہی ہیں۔ اردو غزل کی نئی نسل کی ابتدا حسرتؔ ہی سے ہوتی ہے۔ حسرتؔ اردو غزل کی تاریخ میں قدیم و جدید کے درمیان ایک عبوری حیثیت رکھتے ہیں اور اس اعتبار سے اگر ان کا مقابلہ انگریزی کے مشہور شاعر رابرٹ برجز (Robert Bridges) سے کیا جائے تو بہت مناسب رہے گا۔ لیکن ان کی شاعری میں اس انحطاط اور تزلزل یا تذبذب کی کوئی علامت نہیں ملتی جو عبوری دور کی لازمی علامت ہے اور جس سے کسی عبوری شخصیت کا کوئی کارنامہ خالی نہیں ہوتا۔

حسرتؔ کی شاعری جس وقت شروع ہوئی اس وقت امیرؔ اور داغؔ ہر طرف چھائے ہوئے تھے، گوشہ گوشہ میں انہیں کی تقلید ہو رہی تھی، اردو غزل میں کوئی نیا امکان نظر نہیں آرہا تھا اور ایسا محسوس ہو رہا تھا کہ ہماری غزل اپنے تمام بہترین امکانات بروئے کار لا چکی ہے اور اب اس میں صرف انحطاط کا امکان باقی ہے۔ اسی اثناء میں حسرتؔ کی آواز کان میں پڑتی ہے اور ایسا محسوس ہونے لگتا ہے کہ اردو غزل میں کہیں سے زندگی کی نئی لہر آگئی ہے، جس سے اس کے اندر نئی توانائیاں پیدا کر دی ہیں۔

حسرتؔ کے تغزل کو متعین کرنا اور اس کو کوئی ایک نام دینا بہت دشوار ہے۔ اس لئے کہ "وہ بسیار شیوہا است بتاں را کہ نام نیست" کے عنوان کی چیز ہے۔ نیازؔ صاحب کا یہ کہنا اس لحاظ سے بہت صحیح معلوم ہوتا ہے کہ "ہندوستان میں اس وقت حسرتؔ ہی وہ شاعر ہے جس کے کلام کی داد سوائے خاموشی اور کسی طرح نہیں دی جا سکتی۔" بات یہ ہے کہ

باوجود اس کے کہ حسرتؔ جدید اردو غزل کے امام ہیں اور نئے دور کے نئے رجحانات کا صحیح شعور رکھتے ہیں، انہوں نے اپنے نفس شعری کی تربیت ان انبیائے غزل کے مطالعہ سے کی جن کی بدولت آج اردو غزل، اردو غزل ہوئی ہے۔

حسرتؔ کے کلام میں ان کی اپنی فطری اپج کے ساتھ قدماء کے بہترین عناصر نے مل کر ایک عجیب مکمل اور پختہ آہنگ پیدا کر دیا ہے جس کا دوبارہ تجربہ نہیں کیا جاسکتا، وہ خود تسلیمؔ کے واسطے خاندان مومنؔ سے تعلق رکھتے ہیں۔ لیکن یہ صرف ظاہری اور رسمی بات ہے، ان کے کلام میں میر مصحفیؔ، جرأت اور مومنؔ کا رنگ حسرتؔ کے اپنے رنگ کے ساتھ مل کر ان کے تغزل کی کیمیاوی ترکیب بن گیا ہے۔

لیکن حسرتؔ کو تقلیدی شاعر سمجھنا بڑی فاش غلطی ہوگی۔ ان کا انتخابی تغزل (Lyricism) اپنے عنوان کی ایک بالکل نئی چیز ہے، جو نہ تقلید سے پیدا ہو سکتی ہے اور نہ جس کی تقلید کی جاسکتی ہے۔ یہی وجہ ہے کہ جدید نسل کا ہر غزل گو شاعر شعوری یا غیر شعوری طور پر حسرتؔ سے متاثر ضرور ہوا ہے لیکن کوئی ان کی تقلید نہیں کر سکا۔

کٹ گئی احتیاطِ عشق میں عمر
ہم سے اظہار مدعا نہ ہوا

تم جفاکار تھے کرم نہ کیا
میں وفادار تھا خفا نہ ہوا

شوق جب حد سے گزر جائے تو ہوتا ہے یہی
ورنہ ہم اور کرمِ یار کی پروا نہ کریں

حال کھل جائے گا بے تابیِ دل کا حسرتؔ
بار بار آپ انہیں شوق سے دیکھا نہ کریں

آپ کا شوق بھی تو اب دل میں
آپ کی یاد کے سوا نہ رہا
آرزو تیری برقرار رہی
دل کا کیا رہا رہا نہ رہا
راہ ورسم وفا وہ بھول گئے
اب ہمیں بھی کوئی گلا نہ رہا
کچھ سمجھ میں نہیں آتا کہ یہ کیا ہے حسرت
ان سے مل کر بھی نہ اظہار تمنا کرنا
یا ہماری ہی یہ قسمت ہے کہ محروم ہیں ہم
یا مگر ان کی محبت کا نتیجہ ہے یہی
سب سے شوخی ہے ایک ہمیں سے حیا
اے فریبِ نگاہِ یار یہ کیا
کسی پر مٹ کے رہ جاتا ہے حسرتؔ
ہمیں کیا کام عمر جاوداں سے
حسرت جفائے یار کو سمجھا جو تو وفا
آئین اشتیاق میں یہ بھی روا ہے کیا

ان اشعار سے یہ اثر ہوتا ہے کہ شاعر شعور حسن و عشق کی تمام منزلیں طے کئے بیٹھا ہے اور اب اس کے اندر ایک عارفانہ بے نیازی پیدا ہو گئی ہے۔ ضبط و توازن، اعتماد و اطمینان، سنجیدہ اور بے شکن تیور بیک وقت تعلق اور بے تعلقی کا احساس، جس کو تصوف یا ترک کی مجہولیت سے کوئی واسطہ نہیں، بلکہ جو انسانی درک و بصیرت کی صحیح و آخری بلندی

ہے۔ یہ ہیں وہ نقش جو حسرتؔ کی غزلیں ہر شخص پر چھوڑ جاتی ہیں جس کے اندر غزل کا مہذب مذاق موجود ہے اور جو صرف اپنے مطالعے کی وسعت اور کثرت کے زور سے شاعری کا مبصر نہیں بنا ہے۔

آخر میں جو بات حسرتؔ کے بارے میں یاد رکھنے کے قابل ہے، وہ یہ ہے کہ اردو غزل گوئی کی تاریخ میں حسرتؔ پہلے شاعر ہیں جن کا کلام غزل کے تمام خصوصیات ولوازم کا حامل ہوتے ہوئے بھی یاس انگیز نہیں ہوتا۔ ان کے مسلک کو کسی طرح قنوطیت نہیں کہہ سکتے، اگرچہ ان کے اشعار میں نہایت پختہ اور بلیغ قسم کا سوزوگداز ہوتا ہے جو اکثر میرؔ کے لب ولہجے سے مل جاتا ہے۔ حسرتؔ کی شاعری اس منزل کی چیز ہے جہاں رنج وخوشی بچوں کی اصلاحیں معلوم ہوتی ہیں، جہاں آنکھوں میں آنسو آتے آتے چہرے پر اک مسکراہٹ آجاتی ہے اور مسکراتے مسکراتے آنکھوں میں آنسو ڈبڈبا جاتے ہیں۔

عزیزؔ سے اردو غزل کو جو نئے اسالیب اور نئے آہنگ ملے ہیں وہ اپنی نوعیت کے پہلے اضافے ہیں اور ان کی اہمیت سے کبھی نکار نہیں کیا جاسکے گا۔ انہوں نے غزل میں معنوی وسعتیں پیدا کی ہیں، وہ بھی یادگار حیثیت رکھتی ہیں۔ لیکن اس کو کیا کیجئے کہ ان کی غزلیں پڑھتے ایسا احساس ہوتا ہے جیسے کسی جنازہ کے اٹھنے میں اور روانہ ہونے میں ناقابل برداشت حد تک دیر ہو رہی ہے۔ محشر بھی اسی مدرسے کے شاعر ہیں لیکن ان کا ماتمی لب ولہجہ کچھ زیادہ تھما ہوا ہے، اگرچہ بہ حیثیت ایک موثر اور محرک قوت کے وہ عزیزؔ کے مقام سے نیچے رہ جاتے ہیں۔

عزیزؔ کی ماتمی دھن کو، جو بے اختیار ہو چکی تھی، جس نے سنبھال لیا وہ صفیؔ اور ثاقبؔ ہیں۔ صفیؔ نے اپنے ماتمی انداز پر ضبط وخودداری کا پردہ ڈالا اور سوگ میں فکر وتامل کا میلان پیدا کیا اور غزل کی زبان اور اسلوب کی تہذیب وتحسین میں توازن کا حصہ عزیز

سے بھی زیادہ ہے۔

ثاقبؔ کی غزل گوئی "مدرسہ عزیزیہ" سے کچھ اور زیادہ الگ ہو گئی ہے۔ ان کے کلام میں نہ وہ والہانہ بے اختیاری ہے اور نہ جذبات کی وہ گرمی جو صفیؔ اور ان کے دوسرے معاصرین کی نمایاں خصوصیتیں ہیں لیکن حسن و عشق اور ان کے روایتی ملزومات کے پردہ میں ہم کو ایسے اشارات مل جاتے ہیں کہ ہم ٹھہر کر خاموش سوچنے لگ جاتے ہیں۔ ثاقبؔ کو حسن و عشق کا شاعر سمجھنا غلطی ہے۔ حسن و عشق کو انہوں نے زندگی کی تمثیل بنایا ہے اور ان کی شاعری کا موضوع زندگی کے حادثات ہیں۔

ایک جداگانہ مدرسہ کے بانی اور نئے اسالیب وصور کے بانی یا مبلغ ہونے کی حیثیت سے عزیزؔ اور صفیؔ کا جو مرتبہ بھی ہو یا کامل فن ہونے کے اعتبار سے وہ ثاقبؔ سے جس قدر بھی فائق ہوں مگر میرا خیال ہے کہ ثاقبؔ کی غزلوں سے ہمارے اندر پہلی بار یہ احساس پیدا ہوتا ہے کہ اب نئے دور کی نئی نفسیات شروع ہو رہی ہے۔ ثاقبؔ کی شاعری بھی اپنے اکثر ہم عصروں کی شاعری کی طرح غم کی شاعری ہے۔ لیکن اس کے تیور دیکھ کر ہمارے اندر ایک تازہ توانائی اور جسارت پیدا ہو جاتی ہے اور ہم نہ صرف اس قابل ہو جاتے ہیں کہ برداشت کر لے جائیں بلکہ اندر سنجیدہ ضد اور بغاوت کا ایک خفیف ارتعاش بھی پیدا کرنے لگتے ہیں۔

ضبط خودداری اور ایک گہرے قسم کے متانت اور ایک بے نیاز انداز، یہ ہے وہ خصوصیت جو ثاقبؔ کی پیشانی پر جلی حروف میں لکھی ہوئی ہوتی ہیں۔ مندرجہ ذیل اشعار ادھر ادھر سے ملاحظہ ہوں۔

یہ گوارا نہ کیا دل نے کہ مانگوں تو ملے
ورنہ ساقی کو پلانے میں کچھ انکار نہ تھا

جمالِ شمع کسی کو، کسی کو جلوۂ گل
وہ ایک میں ہوں جسے کوئی خون بہانہ ملا

سر چڑھایا میں نے چن چن کر خس و خاشاک کو
باغ کے تنکے تھے وہ جن کا نشیمن نام تھا

چل اے ہمدم ذرا ساز طرب کی چھیڑ بھی سن لیں
اگر دل بیٹھ جائے گا تو اٹھ جائیں گے محفل سے

یہ آشیانۂ ستم چمن میں ہو تو خوب ہو
یہ جی میں ہے کہ لے اڑوں قفس تو اپنا ہو چکا

شہید غم کی لاش پر نہ سر جھکا کر روئے
وہ آنسوؤں کو کیا کرے جو منھ لہو سے دھو چکا

بزم رنگیں میں تری ذکر غم آیا تو سہی
خوش رہے چھیڑنے والا مرے افسانے کا

بہت سی عمر مٹا کر جسے بنایا تھا
مکاں وہ جل گیا تھوڑی سی روشنی کے لئے

تمام بزم میں چھایا ہوا ہے سناٹا
چھڑا تھا قصۂ دل ان کی دل لگی کے لئے

شبِ غم آ گئی جلنے کا پھر پیغام آتا ہے
لباسِ آتشیں پہنے چراغ شام آتا ہے

ثاقبؔ کی شاعری شدت کیف سے خالی ہے اور یہ ہونا تھا، اس لئے کہ جب انسان خود اپنے کیف کی آگاہی پیدا ہونے لگے تو کیف کی شدت گھٹنے لگتی ہے۔ ثاقبؔ کو شعورِ

کیف کا شاعر کہنا زیادہ مناسب ہو گا اور ان کے کلام میں شدید کیفیتوں کی تلاش بے محل سی ہو گی۔

آرزوؔ لکھنوی کو بھی اسی جماعت کا شاعر سمجھنا چاہئے۔ وہ جلالؔ لکھنوی کے شاگرد ہیں اور جلالؔ اور تعشق سے کافی حد تک متاثر معلوم ہوتے ہیں۔ ان کے کلام کے دو مجموعوں "فغان آرزو" اور "سرلی بانسری" سے عوام روشناس ہو چکے ہیں۔ ان کے مطالعے سے یہ معلوم ہوتا ہے کہ وہ ایک ماہر فن کار ہیں، وہ نہ صرف زبان اور محاورہ پر قابو رکھتے ہیں بلکہ عروض کے رموز و نکات سے بھی واقف ہیں اور یہ جانتے ہیں کہ شعر میں آہنگ کیسے پیدا کیا جاتا ہے، ان کا کوئی شعر شاید ہی کوئی ایسا ہو جو محض اپنے ترنم سے اپنی طرف متوجہ نہ کر لے اور یہ ترنم ایک تمثیلی کیفیت (Dramatic Quality) اپنے اندر رکھتا ہے۔

جہاں تک زبان اور بیان کے مجموعی انداز کا تعلق ہے، آرزو لکھنوی دلی دبستان غزل سے کافی قریب نظر آتے ہیں۔ یہ شاید جلال کی شاگردی کا اثر ہے۔ مگر ان کے یہاں سوز و گداز مرثیت کی دھن لئے ہوئے ہوتا ہے جو لکھنؤ کے دبستانِ تغزل کا ترکہ ہے۔ اردو غزل میں آرزوؔ لکھنوی نے جو اسلوبی اضافے کئے ہیں، وہ مستقل قدر و قیت رکھتے ہیں۔ خاص کر "سریلی بانسری" لکھ کر تو انہوں نے یہ ثابت کر دیا کہ انسان اپنے جذبات و وادارت کو ایسی زبان میں ظاہر کر سکتا ہے جو عامیانہ ہوئے بغیر لغوی حد تک عام فہم ہو سکتی ہے۔

یہ سچ ہے کہ یہ زبان اور یہ اسلوب اس قابل نہیں کہ اس میں زندگی سے متعلق گہرے خیالات ادا کئے جا سکیں۔ مگر پھر ہم کہہ سکتے ہیں آرزوؔ لکھنوی افکار کے شاعر نہیں ہیں اور نہ ان کا طرز فکرانہ شاعری کے لئے بنا ہے مگر جہاں تک انسان کے عام جذبات،

نفسیات و محاکات کا تعلق ہے، اس طرز سے زیادہ دلنشیں اور عوام سے قریب طرز مشکل ہی سے تصور میں آسکتا ہے۔

بہر حال میرا خیال یہ ہے کہ آرزوؔ لکھنوی کی شاعری اور خصوصیت کے ساتھ ان کی "سریلی بانسری" اردو شاعری کے اسالیب میں ایک نئے سمت کی طرف اشارہ کر رہی ہے جو اس قابل ہے کہ اس کے امکانات کا جائزہ لیا جائے۔ چند اشعار ملاحظہ ہوں۔

رہنے دو تسلی تم اپنی دکھ جھیل چکے دل ٹوٹ گیا
اب ہاتھ ملے سے ہوتا ہے کیا جب ہاتھ سے ناوک چھوٹ گیا

کھا کے چر کے ہنسو یہ بات ہے اور
آرزو جی ہی جانتا ہو گا

جو سینے میں دل ہے تو بار محبت
اٹھے یا نہ اٹھے اٹھانا پڑے گا

دفعتاً ترک تعلق میں بھی رسوائی ہے
الجھے دامن کو چھڑاتے نہیں جھٹکا دے کر

کس نے بھیگے ہوئے بالوں سے یہ جھٹکا پانی
جھوم کے آئی گھٹا ٹوٹ کے برسا پانی

نہ اس کو پوچھو کہ کس لئے تھا یہ رو کے ہنسنا یہ ہنس کے رونا
اک اَن کہی دکھ بھری کہانی دکھا دی تم کو الٹ پلٹ کر

کہہ کے یہ اور کچھ کہا نہ گیا
کہ ہمیں آپ سے شکایت ہے

معمہ بن گیا راز محبت آرزو یوں ہی

وہ مجھ سے پوچھتے جھجکے مجھے کہتے حجاب آیا
چاہت کی ہر بات الٹی مت الٹی رونا الٹا
جتنا مسو سوجی اور مڈے بوندر کے ندی بہہ جائے
جسے آرزو کوئی تاکے نہ چھینے
مجھے راج گدی ہے وہ مرگ چھالا
تارا ٹوٹا سب نے دیکھا یہ نہ دیکھا ایک نے بھی
کس کی آنکھ سے ٹپکا آنسو کس کا سہارا چھوٹ گیا

اسی دور اور کم و بیش اسی مجلس سے تعلق رکھنے والے ہم کو چند ایسے شعراء بھی نظر آتے ہیں جو اپنی جگہ ایک زبردست قوت کے مالک ہیں اور کامل فن کہے جانے کے مستحق ہیں اور ایسا ہی کہے بھی جاتے ہیں لیکن جو کسی طرح بھی ایسی قوت نہیں رکھتے جو مستقبل کی تعمیر میں کوئی حصہ لے سکیں یعنی ان کی شاعری کسی زاویہ سے بھی میلاناتی (Tendentious) نہیں ہے۔

مثال کے طور پر بیخودؔ دہلوی یا نوحؔ ناروی کو لے لیجئے، دونوں داغؔ کے شاگرد ہیں اور اپنی محفل کے چشم و چراغ بھی ہیں اور اس کی آخری بڑی یادگار بھی ہیں۔ ان لوگوں کی کہنہ مشقی اور استادانہ مہارت کا بہر حال اعتراف کرنا پڑے گا، زبان اور محاورہ اور روزمرہ کا لطف اٹھانا ہو تو اب بھی انہیں بزرگوں کے کلام کی طرف رجوع کرنا پڑے گا۔ لیکن اس کو کیا کیجئے کہ اب ہمارے لطف ولذت کا میلان اور معیار بدل گیا ہے اور ان کے کلام کا مطالعہ کرتے وقت ہم کو یہ احساس ہوئے بغیر نہیں رہتا کہ یہ ایک ایسی آواز کے آخری ارتعاشات ہیں جس کو رکے ہوئے خاصی دیر ہو چکی ہے۔ یہ ہی حال ان لوگوں کے کلام کا ہے جو امیر کے خاندان سے تعلق رکھتے ہیں اور لکھنؤ کے روایتی دبستان کے آخری نام لیوا

کہے جاسکتے ہیں۔

جلیلؔ غزل کے روایتی آہنگ کے استاد ہیں۔ نکھری ہوئی زبان اور نرم اور ہلکی موسیقیت ان کے کلام کی وہ ممتاز خصوصیت ہے جس نے ان کو اس قدر عام بنا رکھا ہے۔

دلؔ شاہجہاں پوری کے وہاں دبستان امیر کی بعض عام نمایاں خصوصیات کے علاوہ ایک خاص درد مندی اور دل گداختگی بھی ہے جو متانت اور وقار لئے ہوئے ہے اور خالص ان کی اپنی چیز معلوم ہوتی ہے۔

امر ناتھ ساحر، پرانے کہنے والوں میں اپنا ایک خاص رنگ رکھتے ہیں۔ وہ زبان اور اسلوب میں دلی کے مدرسے سے متاثر ہیں اور متصوفانہ تغزل کے روایتی تصور کی کامیاب نمائندگی کرتے ہیں۔

دتاتریہ کیفیؔ کا کلام تبحرانہ ہوتا ہے۔ وہ اردو زبان کے ساتھ وہ انس رکھتے ہیں جو ایک محقق زبان کے لئے لازمی ہے۔ ان کے اشعار میں کیف کا وہ غلبہ کہیں نہیں ملتا ہے جو شاعری کی اصل روح ہوتا ہے اور ہم کہہ سکتے ہیں کہ وہ شاعر سے زیادہ فاضل کہے جانے کے مستحق ہیں۔ مشاعروں کی صدارت اب بہت سستی ہوگئی ہے۔ ہر کس و ناکس مشاعرہ کا صدر بنا دیا جاتا ہے اور اب "شیوۂ اہل نظر" کی آبرو جاچکی ہے ورنہ مجھے یہ کہنے میں تامل نہ ہوتا کہ دتاتریہ کیفی شاعری سے زیادہ مشاعروں کی صدارت کے لیے زیادہ مناسب و موزوں ہیں۔

وحشتؔ کلکتوی باوجود قدیم اور روایتی دبستاں کے شاعر ہونے کے اپنے کلام میں ایک انفرادی لہجہ کا پتہ دیتے ہیں، ان کے کلام میں فارسی کا لطیف عنصر ایک خاص چیز ہے جو غزل کے مزاج کو قائم رکھتے ہوئے شاعر کے کلام کو عام سطح سے کچھ بلند کر دیتا ہے۔ ان کو خود اعتراف ہے کہ وہ غالبؔ کا تتبع کرتے رہے ہیں جس کو مولانا حالیؔ نے

محسوس کیا اور مانا ہے۔

وحشت کی شاعری کی سب سے زیادہ نمایاں اور محسوس خصوصیت جذبات کا نہایت رچا ہوا توازن اور انداز بیان کا عارفانہ ضبط اور سنجید گی ہے۔ لیکن یہ لوگ اپنی اپنی جگہ جو حیثیت بھی رکھتے ہوں اس سے انکار نہیں کیا جا سکتا کہ ہیں ایک گزرے ہوئے زمانہ کی یادگار اور اب فسانہ ہو چلے ہیں۔

اسی سلسلہ میں ہم کو چند ایسے شعرا بھی نظر آتے ہیں جو قدیم دور سے وابستہ تو ہیں لیکن جو اس بات کی کوشش کرتے ہیں کہ ان کے اشعار میں جدید دور کی علامتیں آجائیں اور وہ آگئی ہیں۔ لیکن چونکہ ان کی شاعری کا محرک اصل زندگی نہیں ہے بلکہ شاعری یعنی اساتذہ کا کلام ہے، اس لئے ان کے الہامات شعری میں مطالعات کے ارتعاشات صاف محسوس ہوتے ہیں، یہی وجہ ہے کہ یہ لوگ باوجود اس کے کہ اچھے شاعروں میں شمار ہوتے ہیں لیکن کسی خاص انفرادیت کے مالک نہیں ہیں۔

عبدالباری آسی اسی جماعت سے تعلق رکھتے ہیں۔ آسی نہ جانے کیوں لکھنوی مشہور ہو گئے ہیں، جو وہ نہ پیدائش کے اعتبار سے ہیں نہ اپنے میلانات کے اعتبار سے۔ وہ بہت وسیع المطالعہ شخص ہیں۔ متقدمین اور متاخرین میں سے شاید ہی کوئی ایسا شاعر ہو جس کا کلام آسی کی نظر سے نہ گزرا ہو اور جس سے انہوں نے خذما صفا کے قاعدے سے فائدہ نہ اٹھایا ہو۔ لیکن ان کی شاعری کا مجموعی آہنگ دبستان دلی سے کافی قریب ہے۔ نیاز صاحب نے ان کی شاعری کے لئے دامن دار کی اصطلاح استعمال کی۔ میری رائے میں آسی کی شاعری کے لئے اس سے زیادہ جامع لفظ نہیں مل سکتا۔ نہ صرف اس لئے کہ وہ ایک اچھی خاصی جماعت اپنے شاگردوں کی بھی رکھتے ہیں بلکہ اس لئے کہ مضامین اور اسالیب دونوں کے اعتبار سے جو انتخابی اور تقلیدی تنوع ان کے وہاں پایا جاتا ہے، اس نے

ان کی شاعری کے دامن کو واقعی پھیلا دیا ہے۔ ان کی غزلوں میں وہ سپردگی اور خود رفتگی نہیں ملی جو تغزل کی اصل جان ہوتی ہے۔ مگر پھر بھی ایک ٹھہری اور سنبھلی ہوئی دردمندی ان کے اشعار میں ملتی ہے جو بے تاثیر نہیں ہوتی۔ آسیؔ نہ صرف شاعر ہیں بلکہ سخن شناس بھی ہیں اور اچھی تنقیدی صلاحیت رکھتے ہیں۔

مرزا جعفر علی خاں اثرؔ اس گروہ میں سب سے ممتاز شخصیت ہیں۔ ان کے مذاق شعری کی تربیت اساتذہ کے کلام کے بہترین عناصر سے ہوئی ہے۔ وہ شاگرد تو عزیز کے ہیں لیکن اساتذہ میں میرؔ اور آتشؔ سے بہت زیادہ متاثر ہیں، وہ نقاد بھی ہیں اور ان کا تنقیدی توازن شیفتہ کی یاد تازہ کرتا ہے اور وہی توازن اور ٹھہراؤ ان کے کلام کی بھی جان ہے۔ ان کے اشعار میں نہ کہیں سستی قسم کی جذبات نگاری ہے اور نہ چھچھورے انداز کی معاملہ بندی۔ الفاظ کا صحیح اور برمحل استعمال، محاوروں اور فقروں کی برجستگی، بے ساختگی، تخیل کی بلندی اور لب ولہجے کی متانت، یہ ہیں وہ خصوصیات جو ان کی شاعری کو ممتاز کئے ہوئے ہیں اور یہ کہنا غلط نہ ہوگا کہ اثر کے کلام میں کوئی ایسی چیز نہیں ہے جو رچے ہوئے ذوق جمال کا پتہ نہ دیتی ہو۔ یہ سب کچھ ہے لیکن ان کی شاعری میں اس محویت کا احساس نہیں ہوتا جو دوسروں کو بھی محو کرلے، ان کی شاعری فطری شاعری ہوتے ہوئے بھی کتابی شاعری معلوم ہوتی ہے۔ ان کے اشعار سے دل پر وہ اثر ہوتا ہے جو گزرے ہوئے زمانہ کی دھندلی یادوں سے ہوتا ہے۔ مندرجہ ذیل اشعار قابل ملاحظہ ہیں۔

وہ گزرا ادھر سے جو بیگانہ وار
چراغ لحد جھلملانے لگا

جن خیالات سے ہو جاتی ہے وحشت دونی
کچھ انہیں سے دل دیوانہ بہلتے دیکھا

ہم نے رو رو کے رات کاٹی ہے
آنسوؤں پر یہ رنگ تب آیا
فریاد کا شنوا کوئی نہیں بیکس کا سہارا کوئی نہیں
کچھ دیکھ لیا اس دنیا میں کچھ حشر میں دیکھا جائے گا
آج کچھ مہربان ہے صیاد
کیا نشیمن بھی ہو گیا برباد
پھر ہم کہاں، کہاں تم، جی بھر کے دیکھنے دو
اللہ کتنی مدت ہم تم جدا رہے ہیں
وہ خمار آلود آنکھیں دیکھ کر
موجِ مے لینے لگی انگڑائیاں
زندگی اور زندگی کی یادگار
پردہ اور پردے پہ کچھ پر چھائیاں
ظہورِ عشق حقیقت طرازِ تھا ورنہ
یہ دل کشی کہیں دار و رسن میں آتی ہے
یہ جلد جلد بدلتا ہوا زمانہ ہے
کہ آج ہے جو حقیقت وہ کل فسانہ ہے
نہ جانے بات یہ کیا ہے تمہیں جس دن سے دیکھا ہے
مری نظروں میں دنیا بھر حسین معلوم ہوتی ہے
چل گیا اس نگاہ کا جادو
کہہ گئے دل کی بات کیا کہئے

سیماب اکبر آبادی جدید اردو غزل کی مجلس میں ایک ایسی ہستی ہیں جو عمر اور تعلیم و تربیت اور ذاتی مناسبت مزاج کے اعتبار سے ایک گزرے ہوئے دور سے وابستہ ہیں لیکن جو نئے دور کے نئے میلانات کا ایک پر تشنج احساس رکھتے ہیں اور جدید اسلوب کے اشعار کہنے کی کوشش کرتے ہیں اور ان کے اشعار جدید غزل میں بڑے مزے سے کھپ بھی جاتے ہیں۔ اس لحاظ سے ان کے کلام میں کہنگی اور فرسودگی تو نہیں آنے پاتی، لیکن معلوم ہوتا ہے کہ وہ زمانے کے تیور پہچان کر زمانے کے ساتھ چلنے کی کوشش کر رہے ہیں اور قدم ٹھیک نہیں پڑ رہے ہیں۔ ان کا کلام کسی انفرادی خصوصیت کا حامل نہیں، ان کے رسمی شاگردوں کی تعداد کتنی ہی کیوں نہ ہو مگر جدید نسل پر ان کا کارگر اور مستقل اثر نہیں ہوا۔ وہ خود بڑے مشاق شاعر ہیں اور شعر کہنے میں ان کو مطلق کوئی زحمت نہیں ہوتی۔ ان کے وہاں کافی تعداد اچھے اشعار کی نکل آتی ہے۔ مگر ان میں کسی خاص جمالیاتی بصیرت یا وجدانی تاثر کا پتہ نہیں چلتا۔

آزادؔ انصاری نے حالی کی شاگردی سے متاثر ہو کر اردو غزل میں ایک بالکل نئے اسلوب کی بنیاد ڈالی تھی مگر چوں کہ ان کی شاعری اس "لطیف جنوں" سے بالکل خالی ہے جس کے بغیر اب تک غزل نہیں ہو سکی ہے، اس لئے کوئی ان کی تقلید کی طرف مائل نہ ہو سکا۔ بہر حال وہ خود اپنے رنگ کے بڑے قادرالکلام غزل گو ہیں۔ الفاظ اور فقروں کی تکرار سے جس جس طرح انہوں نے اشعار میں لطف اور معنی بڑھائے ہیں، وہ انہیں کا حصہ ہے۔ آزادؔ اپنے رنگ کے اکیلے شاعر ہیں۔ اگر ان کے وہاں کوئی شدت کیف یا کوئی مفکرانہ بصیرت بھی ہوتی تو آج وہ جدید اردو غزل میں ایک موثر قوت ثابت ہوتے مگر شاید ان کا یہ اسلوب کسی قسم کی گہرائی یا شدت کا متحمل نہیں ہو سکتا تھا۔

حسرتؔ اور عزیزؔ کے بعد جس شاعر نے جدید اردو غزل کا رخ متعین کرنے میں

سب سے زیادہ حصہ لیا ہے وہ فانیؔ بدایونی ہیں، جو ابھی چند ہفتوں کی بات ہے، زندوں کی محفل میں شریک تھے۔ فانیؔ رسمی طور پر شاید کسی کے شاگرد نہیں ہیں اور ان لوگوں میں سے ہیں جو خود اپنی فطری اپج کو رہبر بناتے ہیں مگر پھر بھی ان کا آہنگ تغزل عزیز لکھنوی کے آہنگ سے ایک حد تک ملتا ہے۔ لیکن فانیؔ کے یہاں جو سوز و گداز ملتا ہے اسے مرثیت سے دور کی بھی نسبت نہیں ہے، جو عزیز کے وہاں ساری فضا پر چھائی ہوئی محسوس ہوتی ہے۔ فانیؔ کی غزلوں میں اداسی ہوتی تو ضرور ہے مگر یہ اداسی گہری اور پر تامل ہوتی ہے۔

غالبؔ کے بعد اگر اقبال سے تھوڑی دیر کے لئے قطع نظر کر لیا جائے تو اردو غزل میں فانیؔ پہلے شاعر ہیں جن کے کلام میں شروع سے آخر تک حکیمانہ بصیرت کا احساس ہوتا ہے۔ ان کے وہاں جذبات و واردات، فکر و تامل کے احاطے سے گزر کر ہم تک پہنچتے ہیں اور ان کی دردمندی ہم کو کسی حکیم یا کسی عارف کی دردمندی معلوم ہوتی ہے۔ فانیؔ کے تغزل کو ہم میرؔ اور غالبؔ کا ایک کامیاب امتزاج کہہ سکتے ہیں۔

فانیؔ کا مقابلہ انگریزی کے مشہور یاس انگیز شاعر اے۔ای ہاؤس مین (A.E. House man) سے کیا جا سکتا ہے۔ فانیؔ کی غزلوں میں جو حزن و یاس ہے وہ ایک مابعد الطبعیاتی تصور ہے اور ان کی قنوطیت ایک حکیمانہ توازن لئے ہوئے ہے۔ عزیزؔ یا اردو کے کسی دوسرے مشہور یاس انگیز غزل گو سے اگر فانیؔ کا موازنہ کیا جائے تو فانیؔ کے لہجے میں ہم کو ایک مردانہ تحمل اور ایک خود دارانہ بے نیازی کا بھی احساس ہو گا جو دوسروں کے ہاں قریب قریب مفقود ہے۔ فانی کی شاعری میں ادراک و فکر کی جو بلند آہنگی ہے، وہ یقیناً جدید اردو غزل کے لئے ایک نئی وسعت تھی اور ایک خاص عرصے تک اردو غزل کی نئی نسل اس نئی جولان گاہ کا جائزہ لیتی رہی۔

باوجود اس کے کہ فانیؔ ایک مفکر شاعر ہیں۔ دقت نظر اور فلسفیانہ تعمق ان کی شاعری کی عام امتیازی خصوصیت ہے لیکن ان کی زبان اور ان کے اسلوب میں کہیں سے وہ پیچیدگی اور غرابت محسوس نہیں ہوتی جو عموماً ایسی شاعری میں آپ سے آپ پیدا ہو جاتی ہے۔ فانیؔ کی زبان سنجیدہ اور پر تامل ہوتے ہوئے بھی نہایت پاکیزہ اور دل نشیں ہوتی ہے۔ اگر کہیں انہوں نے کچھ اسلوب میں جدتیں بھی پیدا کی ہیں تو ان میں کوئی اجنبیت کا احساس آنے نہیں دیا ہے۔ الفاظ کا انتخاب اور ان کی ترتیب فانی کے وہاں اس قدر خوش آہنگ ہوتی ہے کہ شعر کے معنوی اشارات کی طرف ذہن بعد کو منتقل ہوتا ہے، پہلے اس کا پر سوز ترنم ہی ہم کو اپنی طرف کھینچ لیتا ہے۔

فانیؔ کی شاعری میں جو سب سے بڑی کمی ہے، وہ یہ ہے کہ ان کے موضوع کا دائرہ تنگ ہے، وہ زندگی کے ہر پہلو پر نظر نہیں ڈالتے، محبت اور موت اور تاریکی کا احساس اس طرح ان کی شاعری کی کائنات پر چھایا ہوا ہے کہ معلوم ہوتا ہے زندگی اس کے سوا کچھ ہے ہی نہیں۔ اس لئے ان کی شاعری میں ایک تھکا دینے والی یکسانیت پیدا ہو گئی ہے۔ فانیؔ کی شاعری کا مجموعی اثر ایک قسم کی غنودگی ہے، مگر یہ غنودگی ہے بڑی بلیغ و پر کیف۔ چند اشعار نمونہ کے طور پر یہاں درج کئے جاتے ہیں۔

ہر شاخ ہر شجر سے نہ تھی آشیاں کو لاگ
ہر شاخ ہر شجر پہ مرا آشیاں نہ تھا

تو نے کرم کیا تو بعنوان رنج زیست
غم بھی مجھے دیا تو غم جاوداں نہ تھا

مذاق تلخ پسندی نہ پوچھ اس دل کا
بغیر مرگ جسے زیست کا مزا نہ ملا

وہ نامرادِ اجل بزمِ یار میں بھی نہیں
یہاں بھی فانیِ آوارہ کا پتہ نہ ملا
وہ ہے مختار سزا دے کہ جزا دے فانیؔ
دو گھڑی ہوش میں آنے کے گنہگار ہیں ہم
عجز گناہ کے دم تک ہیں عصمتِ کامل کے جلوے
پستی ہے تو بلندی ہے راز بلندی پستی ہے
آنسو تھے سو خشک ہوئے جی ہے کہ امڈا آتا ہے
دل پہ گھٹا سی چھائی ہے کھلتی ہے نہ برستی ہے
تجھے خبر ہے ترے تیر بے پناہ کی خیر
بہت دنوں سے دل ناتواں نہیں ملتا
اک معمہ ہے سمجھنے کا نہ سمجھانے کا
زندگی کاہے کو ہے خواب ہے دیوانے کا
ہر نفس عمر گزشتہ کی ہے میت فانیؔ
زندگی نام ہے مر مر کے جئے جانے کا
ہم ہیں اور عزم آشیاں یعنی
رہ گئی دور طاقتِ پرواز
ہے کہ فانیؔ نہیں ہے کیا کہتے
راز ہے بے نیاز محرمِ راز
ہر مژدۂ نگاہ غلط جلوہ خود فریب
عالم دلیلِ گمرہیِ چشم و گوش تھا

کسی کی کشتی تہ گرداب فنا آپہنچی
شور لبیک جو فانی لبِ ساحل سے اٹھا

ہم کو مرنا بھی میسر نہیں جینے کے بغیر
موت نے عمرِ دوروزہ کا بہانا چاہا

سکون خاطر بلبل ہے اضطراب بہار
نہ موج بوئے گل اٹھتی نہ آشیاں ہوتا

زندگی خود کیا ہے فانیؔ یہ تو کیا کہئے مگر
موت کہتے ہیں جسے وہ زندگی کا ہوش ہے

نہیں معلوم راہِ شوق میں بھی ہے کوئی منزل
جہاں تھک کر نظر ٹھہرے وہیں معلوم ہوتی ہے

محشر میں صبر دوست سے طالب ہوں داد کا
آیا ہوں اختیار کی تہمت لئے ہوئے

موجوں کی سیاست سے مانوس نہ ہو فانیؔ
گرداب کی ہر تہہ میں ساحل نظر آتا ہے

میں نے فانیؔ ڈوبتے دیکھی ہے نبض کائنات
جب مزاج دوست کچھ برہم نظر آیا مجھے

بہار نذر تغافل ہوئی خزاں ٹھہری
خزاں شہید تبسم ہوئی بہار ہوئی

اسی زمانہ میں اصغرؔ گونڈوی کی شاعری کا شہرہ ہونے لگا اور ایک عرصہ تک اہل ذوق کی زبانوں پر اصغرؔ ہی کا نام رہا۔ اصغر نے اردو شاعری میں ایک بالکل نئی سی چیز چھیڑی جو

تھی تو تصوف کے عنوان کی چیز، مگر جس کو روایتی تصوف سے کوئی نسبت نہ تھی۔ اصغرؔ نے انسانی زندگی کے مرکز اور اس کی سطح کو بدل دیا۔ ان کے اشعار پڑھ کر ایسا محسوس ہوتا ہے کہ ہماری زمین نے اپنی جگہ چھوڑ دی ہے، اور اب فضائے بسیط میں اڑی چلی جا رہی ہے۔

اصغرؔ نے اردو غزل میں نئی لطافتیں پیدا کیں اور اس میں فکرو تامل کے لئے ایک بالکل نئی سمت نکالی، اس کے اسالیب نے بھی اردو غزل میں نئے باب کھولے، وہ ہم کو انگریزی کے مشعور شاعر ورڈسورتھ کی یاد دلاتے ہیں۔ ان کے کلام میں وہی ماورائی (Transcendent) کیفیت شروع سے آخر تک چھائی ہوئی ملتی ہے جس سے ورڈسورتھ کی شاعری ممتاز ہے۔ ان کی شاعری اردو میں ایک ایسا نیا میلان ہے جو قدیم اور جدید شعراء میں کسی کے وہاں نہیں ملتا۔ قدیم غزل کے اسالیب و صور انہوں نے استعمال ضرور کئے ہیں مگر ان سے انہوں نے بالکل نئے نمونے بنائے ہیں۔

اصغرؔ کے کلام میں انسانی دلچسپیاں سرے مفقود ہیں، انہوں نے انسانی زندگی پر ایک ماورائی نظر ڈالی ہے جس نے اس زندگی کو ایک سماجی چیز بناکر رکھ دیا ہے، انسانی فطرت کا وہ اہم اور ہمہ گیر عنصر جس کو شعور جنسی کہتے ہیں، اصغرؔ کے وہاں نہیں ملتا اور اگر وہاں ملتا ہے تو اپنی اصلیت سے بے گانہ نظر آتا ہے، اس نے ان کی شاعری کو کچھ سونی سی بنا رکھا ہے۔ اصغرؔ کے اشعار پڑھتے وقت ہم ایسا محسوس کرتے ہیں جیسے ہم پر کوئی تنویم کا عمل کر رہا ہو، ہم پر غشی سی چھا رہی ہو اور ہر ٹھوس چیز ہمارے سامنے سے تحلیل ہوتی جا رہی ہو۔

اصغرؔ کے ساتھ ہی جگرؔ مرادآبادی کی آواز بھی بلند ہوئی اور ہماری غزل کی ساری فضا میں اس طرح گونج اٹھی ہے کہ اب تک اس کی جگہ دوسری آواز لے نہیں سکی ہے۔ جگر

کی شخصیت اور ان کی شاعری دونوں مل کر ایک روایت بن گئی ہے اور باوجود اس کے کہ وہ کسی کو اپنا شاگرد نہیں بناتے، اس وقت سارے ہندوستان میں غزل میں نوجوان طبقہ سب سے زیادہ انہیں کا تتبع کرتا نظر آتا ہے۔

جگرؔ کٹر غزل گو شاعر ہیں اور حسن و عشق کے احساس سے علیحدہ ہو کر انہوں نے کبھی کچھ نہیں کہا، ان کے کلام میں بیشتر وہ ربودگی پائی جاتی ہے جس کو تغزل کا اصلی جوہر بتایا گیا ہے۔ ان کی زبان اور انداز بیان میں جو بے اختیاری ہوتی ہے وہ ان کی اپنی چیز ہے اور اردو غزل میں بالکل نیا عنوان ہے۔ عشقیہ زندگی کے واردات و معاملات کی نزاکتوں کو جدید نفسیات کا لحاظ رکھتے ہوئے بیان کرنے میں وہ اکثر قابل رشک حد تک کامیاب رہتے ہیں۔

لیکن جگرؔ کے وہاں التباسات ہیں کہ ہم غزل کی طرف سے اندیشہ ناک ہو جاتے ہیں۔ ان کی ساری شاعری ہیجان اور عصبی بے اختیاری کی شاعری ہے جس پر والہانہ کیفیت کا دھوکہ ہوتا ہے۔ جگر میں ایک زبردست صلاحیت یہ ہے کہ وہ چند سطحی تاثرات اور ظاہری خصوصیات میں ہم کو مبہوت کر لیتے ہیں۔ گہرائیوں میں جانے سے باز رکھتے ہیں، اسی لئے میں نے ان کو ایک خطرہ بتایا ہے۔ لیکن جو لوگ ٹھہر کر اور اپنے کو روک کر غور کرنے کے خوگر ہیں، وہ محسوس کرتے ہیں کہ جگرؔ کی شاعری ایک ایسا ہیجان ہے جو صرف ہماری جلد میں پیدا ہوتا ہے اور بات کی بات میں ختم ہو جاتا ہے۔ چند اشعار ملاحظہ ہوں۔

بیٹھے ہیں بزم دوست میں گم شدگانِ حسن دوست
عشق ہے اور طلب نہیں نغمہ ہے اور صدا نہیں
وہ لاکھ سامنے ہوں مگر اس کا کیا علاج

دل مانتا نہیں کہ نظر کامیاب ہے
وہ کچھ سہی نہ سہی پھر زاہدِ ناداں
بڑوں بڑوں سے محبت میں کافری نہوئی
صبا یہ ان سے ہمارا پیام کہہ دینا
گئے ہو جب سے یہاں صبح و شام ہی نہوئی
ہم کہیں آتے ہیں واعظ ترے بہکانے میں
اسی مے خانے کی مٹی اسی مے خانے میں
حرم و دیر میں رندوں کا ٹھکانا ہی نہ تھا
وہ تو یہ کہئے اماں مل گئی مے خانے میں
آکہ تجھ بن اس طرح اے دوست گھبراتا ہوں میں
جیسے ہر شے میں کسی شے کی کمی پاتا ہوں میں
ان کے بہلائے بھی نہ بہلا دل
رائیگاں سعیٔ التفات گئی
سحر ہونے کو ہے بیدار شبنم ہوتی جاتی ہے
خوشی منجملۂ اسبابِ ماتم ہوتی جاتی ہے
وہ یوں دل سے گزرتے ہیں کہ آہٹ تک نہیں ہوتی
وہ یوں آواز دیتے ہیں کہ پہچانی نہیں جاتی
شکن کاش پڑ جائے اپنی جبیں پر
پشیماں بہت ہیں ستم ڈھانے والے
نظر سے ان کی پہلی ہی نظر یوں مل گئی اپنی

کہ جیسے مدتوں سے تھی کسی سے دوستی اپنی
وہ ان کی بے رخی وہ بے نیازانہ ہنسی اپنی
بھری محفل تھی لیکن بات بگڑی بن گئی اپنی
جنونِ محبت یہاں تک تو پہنچا
کہ ترکِ محبت کیا چاہتا ہوں
ان لبوں کی جاں نوازی دیکھنا
منھ سے بول اٹھنے کو ہے جام شراب
وہ رند ہوں کہ الٹ دی جب آستیں میں نے
دکھا دیے حرم و دیر سب یہیں میں نے
تو بھی اب سامنے آئے تو مٹا دوں تجھ کو
تیری غیرت کی قسم اپنی حمیت کی قسم
ہائے یہ مجبوریاں محرومیاں ناکامیاں
عشق آخر عشق ہے تم کیا کرو ہم کیا کریں
وہ زلفیں دوش پر بکھری ہوئی ہیں
جہان آرزو تھرا رہا ہے
فکر منزل ہے نہ ہوسِ جادۂ منزل مجھے
جا رہا ہوں جس طرف لے جا رہا ہے دل مجھے
عشق کی قسمتِ محروم الٰہی توبہ
یاد جاناں بھی فراموش ہوئی جاتی ہے

اردو غزل میں اس وقت ایسوں کا بھی ایک گروہ نظر آتا ہے جو دراصل نظم نگار ہیں

اور نظم کی دنیا میں نمایاں حیثیت حاصل کر چکے ہیں۔ لیکن جنہوں نے غزلیں بھی کہی ہیں اور غزل گویوں کی محفل میں بھی شریک رہنا چاہتے ہیں، ان میں جوش ملیح آبادی کا نام سب سے پہلے آتا ہے۔

جوشؔ اپنی طبعی مناسبت کے اعتبار سے نظم نگار شاعر ہیں۔ لیکن انہوں نے غزلیں بھی کہی ہیں اور اچھی غزلیں کہی ہیں اگر چہ وہ خود شاید غزل کو اپنے کارنامہ کا کوئی اہم جزو نہیں سمجھتے۔

جدید اردو نظم میں جوشؔ ایک حیثیت کے مالک ہو چکے ہیں، ان کی نظمیں جدید میلانات سے معمور ہوتی ہیں اور عصری تشنجات کی بہت صحیح نمائندگی کرتی ہیں۔ ان کی شاعری کو انقلابی شاعری کہا جا رہا ہے، جو انقلاب اور ترقی کے مطالبات سے بہت اچھی طرح ہم آہنگ ہے، لیکن حقیقت یہ ہے کہ وہ تواریخ اور انقلاب کے صحیح تصور سے ناآشنا ہیں۔ ان کی آواز شخصی بغاوت کی آواز ہے جس کو انقلاب سے کوئی واسطہ نہیں۔

یہاں ہم کو ان کی نظم نگاری سے بحث نہیں ہے، غزل میں بھی وہ اپنی نئی جولانیاں دکھاتے ہیں اور ان کے اشعار میں یہاں بھی ولولۂ شباب کی تازگی اور بالیدگی محسوس ہوتی ہے، اگر چہ اس میدان میں وہ بھی عشق و حسن کے موضوع سے علیحدہ ہو کر کہتے ہیں۔ کہیں کہیں زندگی اور مسائل کی طرف بھی اشارے ہیں جو سطحی اور مبہم ہیں۔ وہی رندی و سرمستی اور وہی عاشق و معشوق کے واردات و معاملات جو اب تک غزل کے عام موضوع رہے ہیں، عموماً جوشؔ کی غزلوں میں بھی ملیں گے۔ البتہ ان میں جوانی کا احساس ہوتا ہے۔ لیکن مجموعی اعتبار سے ہم کہہ سکتے ہیں کہ جوش کی غزلوں میں وہ زور و خروش نہیں ملتا جو ان کی نظموں کو اس قدر ممتاز کئے ہوئے ہے۔ چند اشعار پیش کئے جاتے ہیں۔

ارض و سماء کو ساغر و پیمانہ کر دیا

رندوں نے کائنات کو میخانہ کر دیا
کچھ روز تک تو نازشِ فرزانگی رہی
آخر ہجوم عقل نے دیوانہ کر دیا
فراغ روز مسرت کے ڈھونڈنے والے
شبوں کو محرمِ سوز و گداز کرتا جا
آؤ پھر جلوۂ جاناں نہ لٹا دیں کو نیں
شغل پارینۂ اربابِ نظر تازہ کریں
ہنوز شہریاریاں رہین کبر و ناز ہیں
مآلِ تاج و تخت کی کہانیاں سنائے جا
رخ نگارِ زندگی نقاب در نقاب ہے
نہ ہو گا ختم سلسلہ مگر نقاب اٹھائے جا
فغاں کہ مجھ غریب کو حیات کا یہ حکم ہے
سمجھ ہر ایک راز کو مگر فریب کھائے جا
ہاں آسمان اپنی بلندی سے ہوشیار
لے سر اٹھا رہے ہیں کسی آستاں سے ہم
شبابِ رفتہ کے قدم کی چاپ سن رہا ہوں میں
ندیم عہد شوق کی کہانیاں سنائے جا
سمجھے گا اس کا درد کون شورش کائنات
تو نے جسے مٹا دیا پردۂ التفات میں
پتہ منزل کا ہم کو تو ملا جوش

بغاوت کر کے میر کارواں سے

نظم نگار غزل گو شاعروں میں حفیظؔ جالندھری اور اخترؔ شیرانی بھی قابل لحاظ حیثیت رکھتے ہیں۔ حفیظؔ کو چونکہ موسیقی سے فطری مناسبت ہے اس لئے وہ نظم کہیں یا غزل، ان کے وہاں بہر صورت ایک ہلکے قسم کا تغزل ملے گا جو ہموار ہوگا مگر جس میں تصور سے زیادہ غنا کا عنصر غالب رہے گا۔ حفیظ کا موضوع شاعری، شباب اور عشق کا ایک روحانی تصور ہے جو محدود اور سطحی ہے مگر جس کی دلکشی سے انکار نہیں کیا جاسکتا۔ ان کی نظمیں اور غزلیں دونوں اس مقام کی چیزیں ہیں، جہاں جوانی دیوانی ہوتی ہے۔ حفیظؔ نے اردو نظم اور اردو غزل دونوں میں جو اسلوبی جدتیں کی ہیں وہ اپنی غنائی کیفیت کی وجہ سے اس قدر دلکش ہیں کہ ان کو قبول کر لینے میں کبھی کسی کو پس و پیش نہ ہوگا۔ ان کے یہ نئے شعریات اردو شاعری میں یقیناً اضافے ہیں۔

اخترؔ شیرانی بھی اسی عنوان کے شاعر ہیں مگر بہ حیثیت فن کار (Artist) کے وہ نہ صرف حفیظؔ جالندھری سے بلکہ اس دبستاں کے اکثر شعراء سے فائق ہیں۔ ان کی جمالیاتی بصیرت یقیناً زیادہ رچی ہوئی ہے اور بڑی نازک بلاغت اپنے اندر رکھتی ہے۔ اخترؔ شیرانی کے وہاں بھی جوانی کے بے اختیار جذبات کے سوا کچھ نہیں ہوتا۔ ان کی نظمیں اور غزلیں بھی ان کے جنون شباب کا راز بری طرح فاش کرتی ہیں اور ایسا محسوس ہوتا ہے کہ شاعر اپنی جوانی کی رعنائیوں کو خود برداشت نہیں کر سکتا۔ رومانیت اور موسیقیت بھی ان کی شاعری کی نمایاں خصوصیتیں ہیں مگر ان کے وہاں ایک سچے قسم کا گداز، ایک بلند قسم کی المناکی بھی ہوتی ہے جو حفیظؔ کے وہاں نہیں ہے۔ اخترؔ شیرانی کی نظموں اور غزلوں میں کوئی معنوی فرق نہیں ہوتا۔ اس لئے کہ دونوں کی جان سلمیٰ ہوتی ہے۔ اخترؔ کے اسلوب اور ان کی زبان میں جدت اور بے ساختہ پن کے باوجود پختگی ہوتی ہے جو ان کے اشعار کی

دلکشی کو بڑھا دیتی ہے۔

علی اختر ایک ایسے شاعر ہیں جن کے کلام میں ہم کو ایک نئے انداز کا فلسفیانہ تعمق ملتا ہے اور ان کی شاعری تاملات (Meditations) کے لئے بنی ہے۔ وہ بھی نظمیں اور غزلیں دونوں کہتے ہیں۔ ہر چند کہ کے بصائر اور تاملات غزل میں بیان کئے جاتے ہیں لیکن اختر نظموں میں زیادہ اپنی شخصیت شعری کو ظاہر کر سکتے ہیں۔ غزلوں میں وہ کچھ بند ہونے لگتے ہیں اور کمزور پڑنے لگتے ہیں۔

آنند نرائن ملا نظم اور غزل دونوں میں ایک کامیاب معیار قائم کئے ہوئے ہیں۔ جذبات کا توازن اور زبان کی سنجیدگی اور سلاست ان کی وہ نمایاں خصوصیتیں ہیں جو کبھی کبھی چکبست کی یاد تازہ کر دیتی ہیں۔ میرا خیال ہے کہ ان میں ایک نہایت صالح اور پاکیزہ قسم کا ذوق تغزل پایا جاتا ہے جو ان کی نظموں کی بھی جان ہوتا ہے۔ موضوع اور اسلوب دونوں کے اعتبار سے وہ ان نظم نگار، غزل گو شاعروں سے بالکل الگ ہیں جن کا ذکر میں نے ابھی کیا ہے۔

افسر میرٹھی ان لوگوں میں سے ہیں جو اردو غزل اور جدید اردو نظم دونوں میں ایک تاریخی اہمیت رکھتے ہیں۔ انہوں نے ہماری شاعری میں نئے امکانات پیدا کئے ہیں اور اس کے لئے بہت سی آزادیاں مہیا کی ہیں، نئی تحریک کو فروغ دینے میں ان کی شاعری کا بہت بڑا حصہ ہے لیکن بجائے خود وہ کسی شدید کیف یا شدید قوت کے مالک نہیں۔ افسر کی اہمیت بھی اسلوبی اجتہاد پر مبنی ہے۔

روش اور احسان دانش کے متعلق میرا خیال ہے کہ یہ لوگ خاص نظم نگار شاعر ہیں اور غزلیں کہہ کر اپنی قوت کا غلط استعمال کرتے ہیں۔ میری رائے یہ ہے کہ ان لوگوں کو غزل کے میدان میں آنا ہی نہ چاہئے۔

میں نے قصداً اب تک دو نہایت اہم غزل گو شاعروں کا ذکر روک رکھا تھا اس لئے کہ انہیں پر میں اپنا یہ تذکرہ ختم کرنا چاہتا تھا۔ میری مراد مرزا یاسؔ یگانہ اور فراقؔ گورکھپوری ہے۔ دونوں نے اردو غزل میں نئی بصیرتیں پیدا کی ہیں اور مزید نئی بصیرتوں کے امکانات کی طرف اشارہ کر رہے ہیں، دونوں جدید دور کے جدید نفسیات کے شاعر ہیں۔

یاسؔ اردو غزل میں پہلے شخص ہیں جن کی شاعری میں وہ کس بل محسوس ہوتا ہے جس کو ہم صحیح اور توانا زندگی سے منسوب کرتے ہیں۔ اس سے پہلے بھی میں کسی موقع پر کہہ چکا ہوں کہ یاسؔ پہلے شاعر ہیں جو ہم کو زندگی کا جبروتی رخ دکھا دیتے ہیں اور ہمارے اندر سعی و پیکار کا ولولہ پیدا کرتے ہیں۔ غزل کو جواب تک حسن و عشق کی شاعری کہی جاتی رہی ہے، یاسؔ نے زندگی کی شاعری بنایا اور انسان اور کائنات کی ہستی کے رموز واشارات کو اپنی غزلوں کا موضوع قرار دیا۔ میرے کہنے کا یہ مقصد نہیں کہ ان کے وہاں حسن و عشق سے متعلق اشعار نہیں ملتے۔ ملتے ہیں، مگر ان میں بھی حسن و عشق کا احساس اور عالمگیر زندگی کے احساس میں سمویا اور کھویا ہوا ہوتا ہے۔ یاسؔ اس کشاکش اور تصادم کا احساس ہمارے اندر بڑی سہولت اور کامیابی کے ساتھ پیدا کرتے ہیں جو زندگی کا اصل راز ہے اور جس کا احساس عصر جدید کا سب سے بڑا اکتساب ہے۔ مگر یاسؔ اس احساس سے ہم کو سراسیمہ نہیں کرتے۔ ان کی غزلوں کی سب سے نمایاں خصوصیت مردانہ عزم واعتماد ہے۔

یاسؔ، آتشؔ و غالبؔ کا ایک نہایت صحت بخش امتزاج ہیں۔ ان کے کام میں گمبھیر قسم کی مردانگی ہے۔ وہ آتشؔ کی یاد دلاتی ہے اور مفکرانہ بلاغت اور عارفانہ آگاہی ہے۔ وہ غالبؔ کے رنگ کی چیز ہے۔ مگر یاسؔ مقلد کسی کے نہیں ہیں، انہوں نے غزل میں واقعی بت شکنی کی ہے اور روایتی موضوعات اور اسالیب دونوں سے انحراف کرکے ہم کو غزل

کی امکانی وسعتوں سے آگاہ کر دیا ہے۔ پھر چونکہ یاسؔ نے اپنے ہم عصر اور ہم چشم شعراء کی طرح زبان کو کبھی توڑا مروڑا نہیں بلکہ ایک واقف کارانہ اعتماد اور ایک ماہرانہ وثوق کے کے ساتھ قاعدے اور ضابطے کے ساتھ اجتہادات کئے، اس لئے کٹر سے کٹر زبان کا نقاد بھی ان کے اکتسابات کو بدعت نہ کہہ سکا اور اسالیب اور موضوعات دونوں میں ان کے اجتہادات تسلیم کر لئے گئے۔ یاسؔ کے وہاں ماضی کے بہترین عناصر پائے جاتے ہیں مگر وہ ان سے مستقبل کی تعمیر کام لے رہے ہیں۔

یاسؔ ان لوگوں میں سے ہیں جن کے کلام کی رہنمائی میں غزل کی ایک بالکل نئی نسل پیدا ہو سکتی ہے جو اس قابل ہو کہ زندگی کے نئے میلانات اور نئے مطالبات سے عہدہ بر آ ہو سکے۔ لیکن ہم کو یہ دیکھ کر افسوس ہوتا ہے کہ یاسؔ کا کلام اب منظر عام پر بہت کم آتا ہے۔ معلوم نہیں کہتے ہی کم ہیں یا کہتے ہیں اور اشاعت سے روکے رہتے ہیں، وجہ جو کچھ بھی ہو مگر یہ بات ہے قابل افسوس۔

آخر میں ایک بات کو واضح کر دینا چاہتا ہوں۔ یاس کی غزلوں میں زندگی کی جو قوت ہم کو ملتی ہے اور جد وجہد کا احساس ہمارے اندر جو پیدا کرتے ہیں، اس کو ان کے ذاتی مزاج کے اس عنصر سے زیادہ تعلق نہیں ہے جو ایک عرصہ تک ان کے چنگیزی معرکوں میں ظاہر ہوتا رہا ہے۔ بلکہ جب کبھی اور جہاں کہیں شعوری یا غیر شعوری طور پر یہ چنگیزی عنصر ان کی شاعری میں داخل ہو گیا ہے تو بجائے قوت وجبروت کے خشونت اور کرختگی کا احساس پیدا کر دیا ہے۔ یاسؔ کیا ہیں اور ان کے اشعار کا کیا اثر ہوتا ہے؟ اس کا ندازہ ان چند اشعار سے کیجئے۔

رفتار زندگی میں سکوں آئے کیا مجال
طوفان ٹھہر بھی جائے تو دریا بہا کرے

خودی کا نشہ چڑھا آپ میں رہا نہ گیا
خدا بنے تھے یگانہ مگر بنا نہ گیا
سمجھے کیا تھے مگر سنتے تھے ترانۂ درد
سمجھ میں آنے لگا جب تو پھر سنا نہ گیا
اسی فریب نے مارا کہ کل ہے کتنی دور
اس آج کل میں عبث دن گنوائے ہیں کیا کیا
پہاڑ کاٹنے والے زمیں سے ہار گئے
اسی زمین میں دریا سمائے ہیں کیا کیا
بلند ہو تو کھلے تجھ پہ رازِ ہستی کا
بڑے بڑوں کے قدم ڈگمگائے ہیں کیا کیا
آندھیاں رکیں کیونکر زلزلے تھمیں کیوں کر
کارگاہِ فطرت میں پاسبانی رب کیا ہے
بہارِ زندگی ناداں بہارِ جاوداں کیوں ہو
یہ دنیا ہے تو ہر کروٹ وہی آرامِ جاں کیوں ہو
مری بہار و خزاں جس کے اختیار میں ہے
مزاج اس دل بے اختیار کا نہ ملا
امیدوار رہائی قفس بدوش چلے
جہاں اشارۂ توفیقِ غائبانہ ملا
ہزار ہاتھ اسی جانب ہے منزلِ مقصود
دلیلِ راہ کا غم کیا ملا ملا نہ ملا

امید و بیم نے مارا ہمیں دوراہے پر
کہاں کے دیر و حرم گھر کا راستہ نہ ملا

زمانے کی ہوا بدلی نگاہِ آشنا بدلی
اٹھے محفل سے سب بیگانۂ شمع و سحر ہو کر

کار گاہِ دنیا کی نیستی بھی ہستی ہے
اک طرف اجڑتی ہے ایک سمت بستی ہے

ہمیشہ منتظرِ انقلاب رہتے ہیں
مزاج داں ہیں جو ہنگامہ زار فطرت کے

برا ہو، پائے سرکش کا کہ تھک جانا نہیں آتا
کبھی گمراہ ہو کر راہ پر آنا نہیں آتا

دھواں سا جب نظر آیا سوادِ منزل کا
نگاہِ شوق سے آگے تھا کارواں دل کا

ازل سے اپنا سفینہ رواں ہے دھارے پر
ہوا ہنوز نہ گرداب کا نہ ساحل کا

جرس نے مژدۂ منزل سنا کے چونکایا
نکل چلا تھا دبے پاؤں کارواں اپنا

وبالِ رنگ و بو سے چھوٹتے ہی پَر نکالیں گے
گراں بار بہار آخر سبک دوشِ خزاں ہو کر

ارے او جلنے والے کاش جلنا ہی تجھے آتا
یہ جلنا کوئی جلنا ہے کہ رہ جانا دھواں ہو کر

موت مانگی تھی خدائی تو نہیں مانگی تھی
لے دعا کر چکے اب ترکِ دعا کرتے ہیں
موجِ ہوا سے خاک اگر آشنا نہ ہو
دنیائے گردوباد کی نشو و نما ہو
ایسا رونا بھی کوئی رونا ہے
آستیں آنسوؤں سے تر نہ ہوئی
اسیروں کی یہ خاموشی کسی دن رنگ لائے گی
قفس سے چھوٹ کر سر پر اٹھا لیں گے گلستاں کو
پلٹتی ہے بہت یادِ وطن جب دامن دل سے
پلٹ کر اک سلامِ شوق کر لیتا ہوں منزل سے

یاسؔ کی شاعری ہمارے اندر یہ احساس پیدا کرتی ہے کہ زندگی ایک جدلیاتی حقیقت ہے اور تصادم اور پیکار اس کی نمو اور بالیدگی کے لئے ضروری ہے۔

فراقؔ کی شاعری کا عنوان بدلا ہوا ہے۔ زندگی کے نئے میلانات نے ہماری نفسیات میں جو اہم پیچیدگیاں پیدا کی ہیں اور زندگی کی جو جدلیاتی لہریں ہمارے اندر ابھر رہی ہیں ان کو بلیغ اور سنجیدہ اشاروں میں ہم تک پہنچا دینا فراقؔ کی ایک بہت عام خصوصیت ہے، جو معنوی تہیں ہم کو فراقؔ کی غزلوں میں ملتی ہیں، وہ عموماً دوسرے اردو شاعروں کے وہاں نہیں ملتیں، کبھی کبھی تو ان کے دو مصرعوں میں اتنی تہہ در تہہ گہرائیاں ہوتی ہیں کہ معنی یاب سے معنی یاب طبیعت اندیشہ ناک ہونے لگتی ہے کہ تھاہ کہیں ملے گی بھی یا نہیں۔

فراقؔ کی شاعری میں حیات و کائنات کے ساتھ ایک شدید اور گہری یگانگت کا احساس پایا جاتا ہے۔ ان کی غزلوں میں زندگی اور عشق دونوں ایک آہنگ ہو کر ظاہر ہوتے ہیں اور

ایک متبرک اور قابل احترام حقیقت بن جاتے ہیں۔ فراقؔ کے وہاں ہجر اور محرومی اور تنہائی کا شدید احساس ملے گا۔ لیکن اس سے ہمارے اندر تلخی نہیں پیدا نہیں ہوتی اور نہ ہم محبت اور زندگی سے بیزار ہوتے ہیں۔ ان کے اشعار سے یہ احساس ہوتا ہے کہ زندگی ایک قابل قدر چیز ہے اور اس کی ناکامی بھی اس کی قدر کا ایک اہم اور لازمی جزو ہے۔

فراقؔ بھی ہمارے اندر زندگی کی جدلیت کا تیز شعور پیدا کرتے ہیں لیکن وہ یاس کی طرح زندگی کا صرف جبروتی رخ نہیں پیش کرتے۔ وہ حسن اور قوت کو ایک مزاج بنا دیتے ہیں، اسی لئے ان کی شاعری میں ہم کو وہ نرمیاں ملتی ہیں جو یاسؔ کے وہاں نہیں ہیں اور جو قوت کے انتہائی احساس کا نتیجہ ہوتی ہیں۔ فراق کی شاعری میں ایک عنصر ہم کو ایسا ملتا ہے جو بیک وقت ذاتی اور غیر ذاتی ہوتا ہے اور ہم کو غم اور خوشی اور اس قسم کے دوسرے نجی احساسات کی سطح سے ابھار کر ہماری فکر و نظر کو بلند واہمہ گیر بنا دیتا ہے۔ اس خصوصیت کے اعتبار سے وہ اپنے ہم عصر شعراء سے بہت ممتاز نظر آتے ہیں۔ وہ جب کسی لمحہ یا کسی موقع یا کسی حالت سے متاثر ہوتے ہیں تو وہ تاثر ایک آفاقی تاثر اور ایک کائناتی احساس بن جاتا ہے، اس سے ان کی شاعری میں ایک مسکن اور ہمت بخش قوت آ گئی ہے جو اس وقت کسی دوسرے غزل گو کے وہاں نہیں ملتی۔

فراقؔ کے اسلوب میں بھی ایک ایسی پختہ گھلاوٹ ہے جو بالکل ان کی اپنی چیز ہے اور جو ان کے کسی معاصر کے کلام میں نہیں ہے۔ ان کے اشعار کی ایک سب سے زیادہ نمایاں خصوصیت ان کا آہنگ (Rhythm) ہے جو شاعر کی خصوصیت شعری کا آئینہ ہے اور یہ آہنگ محض صوتی نہیں ہوتا بلکہ شعر کے معنی سے ہی پیدا ہوتا ہے اور پھر معنی ہی کا جزو بن کر اس کی بلاغت کو بڑھا دیتا ہے۔

فراقؔ سے ہم کو صرف ایک بات کہنا ہے، وہ یہ کہ غزل میں اتنے اشعار نہ کہا کریں

جتنے کہ وہ اکثر کہہ جاتے ہیں۔ غزل یوں بھی طویل اچھی نہیں ہوتی۔ پھر ان کی شاعری جس عنوان اور جس نوعیت کی ہوتی ہے، اس کا اور بھی مطالبہ ہے کہ وہ غزل میں شعروں کی تعداد اتنی نہ رکھا کریں۔ اب فراقؔ کے کچھ اشعار پیش کئے جا رہے ہیں۔

حیات ہو کہ اجل سب سے کام لے غافل
کہ مختصر بھی ہے کارِ جہاں دراز بھی ہے

کچھ گراں ہو چلا ہے بارِ نشاط
آج دکھتے ہیں حسن کے شانے

اسی دل کی قسمت میں تنہائیاں تھیں
کبھی جس نے اپنا پرایا نہ جانا

اس سے زیادہ اور کیا اب کوئی نامراد ہو
آج نظر سے گر چلیں عشق کی کامرانیاں

ابھی فطرت سے ہوتا ہے نمایاں شان انسانی
ابھی ہر چیز میں محسوس ہوتی ہے کمی اپنی

قفس سے چھٹ کے وطن کا سراغ بھی نہ ملا
وہ رنگ لالہ و گل تھا کہ باغ بھی نہ ملا

ہجر میں پچھلے پہر کا عالم
تاروں کو نیند آئی ہوئی سی

ہم سے کیا ہو سکا محبت میں
تو نے تو خیر بے وفائی کی

رفتہ رفتہ عشق مانوس جہاں ہونے لگا

خود کو تیرے ہجر میں تنہا سمجھ بیٹھے تھے ہم
رموز عذر جفا تک خیال جا نہ سکا

میں چپ رہا تو برا ماننے کی بات نہیں
فراقؔ زیر چرخ کچھ چمک بھی ہے دھواں بھی ہے

کہ جیسے اٹھ رہی ہو وہ نگاہِ سر مگیں کہیں
نگاہِ یار کچھ ایسی پھری ہجراں نصیبوں سے

کہ اب تو جس کا جی چاہے وہی غم خوار ہو جائے
تیری رنگینیِ طبیعت سے

عشق کی سادگی بھی دور نہیں
تجھے دنیا کو سمجھنے کی ہوس ہے اے کاش

تجھے دنیا کو بدل دینے کا ارماں ہوتا
ترے جمال کی تنہائیوں کا دھیان نہ تھا

میں سوچتا تھا کوئی میری غمگسار نہیں
سنگ و آہن بے نیاز غم نہیں

دیکھ ہر دیوار و در سے سر نہ مار
یہ کیا دنیا ہے اے دل شیخ کوئی برہمن کوئی

بتاتا ہی نہیں اہل محبت کا وطن کوئی
دیار عشق آیا کفر و ایماں کی حدیں چھوٹیں

یہیں سے اور پیدا کر خدا و اہر من گوئی
اے رازِ جہاں بتانے والے

اک اور جہان راز بھی ہے
جولاں گہ حیات کہیں ختم ہی نہیں
منزل نہ کر حدود سے دنیا بنی نہیں
شامِ غم کچھ اس نگاہ ناز کی باتیں کرو
بیخودی بڑھتی چلی ہے راز کی باتیں کرو
کچھ قفس کی تیلیوں سے چھن رہا ہے نور سا
کچھ فضا کچھ حسرتِ پرواز کی باتیں کرو
ہزار بار ادھر سے زمانہ گزرا ہے
نئی نئی سی ہے کچھ تیری رہ گزر پھر بھی
غرض کہ کاٹ دیئے زندگی کے دن اے دوست
وہ تیری یاد میں ہوں یا تجھے بھلانے میں

ان اشعار میں جو لطیف اور دور رس فرزانگی ہے، وہ ہم کو شاذ و نادر ہی کسی دوسرے شاعر کے وہاں مل سکتی ہے۔ فراقؔ کے اکثر اشعار پڑھتے وقت ایسا محسوس ہوتا ہے کہ ہمارے پاؤں زمیں پر جمے ہوئے ہیں اور ہمارے ہاتھ ستاروں تک پہنچے ہیں۔

یہ ہے ہماری موجودہ غزل گوئی کا اکتساب۔ گنتی کے دو ایک شاعر اور بعض شعرا کے کچھ اشعار سے قطع نظر کر لیں تو ماننا پڑتا ہے کہ اردو غزل ابھی اسی خواب و خیال کی دنیا کا جائزہ لینے میں لگی ہوئی ہے، جہاں پہلے اس کو ڈالا گیا تھا اور بہ ظاہر ایسا معلوم ہوتا ہے کہ غزل کے آئندہ امکانات بالکل رکے ہوئے ہیں لیکن نہ ایسا ہے اور نہ ہونا چاہئے۔

اگر نظم میں اس کی صلاحیت ہے کہ وہ زندگی کی نئی سمتوں سے آشنا اور اس کے نئے میلانات اور نئی قدروں سے ہم آہنگ ہو سکے تو کوئی وجہ نہیں کہ غزل بدلتی ہوئی دنیا کے

بدلتے ہوئے معیاروں اور نئی قدروں کے ساتھ موانست نہ پیدا کر سکے، اگر اجتماعی اور آفاقی زندگی کی وسعت اور انسانیت کی ہمہ گیری نظم کے لیے کوئی اجنبی چیز نہیں ہے تو غزل کے لئے بھی نہ ہونا چاہیے۔ غزل کا ہر شعر اپنی جگہ ایک چھوٹی سی چھوٹی نظم ہو تا اور سالماتی (Atomic) توانائی اپنے اندر رکھتا ہے جو بڑے کام کی چیز ہے اور جس سے بڑا کام لیا جا سکتا ہے۔

ہم نے ابھی غزل کے ان امکانات کی طرف توجہ نہیں کی ہے جن کی ایک جھلک اقبالؔ ہم کو دکھا گئے ہیں۔ اقبال کی غزلیں بھی اسی قدر میلاناتی (Tendentious) ہیں جس قدر کہ ان کی نظمیں اور ان میں بھی حیات انسانی کے متنوع پہلو اور کائنات کے مختلف زاویے ہم کو اسی طرح نظر آتے ہیں جس طرح کہ ان کی نظموں میں۔ انفرادی اور اجتماعی زندگی سے متعلق جو حکیمانہ اور مبصرانہ میلانات اقبال کی غزلوں میں ملتے ہیں وہ ہمارا دل بڑھانے اور ہم کو نئے اجتہادات پر آمادہ کرنے کے لئے کافی ہیں۔ میری مراد اقبالؔ کے صرف ان اشعار سے ہے جن کو خدا اور مذہب اور نظام ملی سے تعلق نہیں ہے۔

اقبالؔ کی غزلوں کو اگر ہم دھیان میں رکھیں اور یاسؔ اور فراقؔ کے کلام سے صحیح بصیرتیں حاصل کرتے رہیں تو ہمارے درمیان ایسے غزل گویوں کا پیدا ہونا نا ممکن نہیں جو غزل کو زندگی کی نئی سمتوں اور نئی پیچیدگیوں سے مانوس کرکے نئے راستہ پر لگا دیں اور اس کو موجودہ جمود اور نیستی سے بچا لیں۔ غزل کو اگر زندہ رہنا ہے تو یقیناً اجتہاد سے کام لینا پڑے گا اور روز بروز بدلتی اور پیچیدہ سے پیچیدہ تر ہوتی ہوئی دنیا کی باہم متضاد ضرورتوں پر محیط ہو کر ان میں ہم آہنگی پیدا کرنا ہو گا۔

***

نئی اور پرانی قدریں

انگریزی کے مشہور نقاد ادیب میتھیو آرنلڈ نے انیسویں صدی کے دوسرے نصف میں اپنے دور کے انتشار، تذبذب اور بے اطمینانی کو کرب کے ساتھ محسوس کرتے ہوئے کہا تھا، "ہم لوگ اس وقت دو دنیاؤں کے درمیان سانس لے رہے ہیں، ایک تو مر چکی ہے اور دوسری اس قدر بے سکت ہے کہ کسی طرح پیدا نہیں ہو پاتی۔"

یہ اب سے کم و بیش سو سال پہلے کی آواز ہے جبکہ زمانہ اور زندگی کی نئی ضرورتوں اور بدلتی ہوئی قدروں کا صرف ایک مبہم احساس شروع ہوا تھا اور وہ بھی گنتی کی چند تربیت یافتہ اور روشن دماغ شخصیتوں کے دلوں میں۔ عوامی دنیا مجموعی طور سے اب بھی اس قناعت اور اطمینان میں زندگی گزار رہی تھی جو محض بے حسی کی علامتیں ہیں۔ اگر میتھیو آرنلڈ زندہ ہوتا اور رجعتی یا اصلاحی میلانات نے اس کے احساس و فکر کو کند نہ کر دیا ہوتا تو آج نہ جانے اس کی کیا رائے ہوتی، جبکہ اغراض و مقاصد کے طبقاتی اختلافات اور فکریاتی تصادمات ایسی شدید صورت اختیار کر چکے ہیں۔ جو شکوک اور سوالات اس وقت صرف بعض گنتی کے تربیت یافتہ دلوں میں ایک مدھم اور نیم محسوس بے چینی پیدا کر رہے تھے وہ اب اپنی تمام سنگینی اور ناگزیری کے ساتھ نمایاں اور واضح ہو کر اپنی آفاقی اہمیت دنیا کے ہر گوشے میں اور بنی نوع انسان کے ہر طبقہ اور ہر فرقہ سے منوا چکے ہیں۔ آج روایت پرست اور قدامت پسند لوگ بھی، جو زندگی کی پرانی قدروں کو سینے

سے لگائے رکھنا چاہتے ہیں اور جو مبارک سے مبارک اور خوش آئند سے خوش آئند میلان کو خطرناک بدعت کہہ کر بدنام کر رہے ہیں، اپنے دلوں میں یہ سمجھ چکے ہیں کہ اب تمدن کے پرانے روایات اور مسلمات بے جان ہو گئے ہیں اور ان سے بالکل کام نہیں چل سکتا۔ آج انقلابی سے زیادہ رجعتی یہ یقین رکھتا ہے کہ وہ چاہے نہ چاہے اور اس کے لئے سزاوار یا ہو یا نہ ہو، اب دنیا کا نظام بغیر بدلے ہوئے نہیں رہ سکتا۔ اس لئے کرہ ارض کے وہ حصے جو زندگی کی ترقی پذیر رفتار کو روکے رہنا چاہتے ہیں، انتہائی خوف و ہراس میں جان پر کھیل کر نئی قوتوں کا مقابلہ کرنے پر تلے ہوئے ہیں۔

آج فکر اور عمل کے ہر شعبہ میں جس طرح جان پر کھیل کر انقلابی کوششیں کی جارہی ہیں ان کا تصور بیسویں صدی سے پہلے نہیں کیا جا سکتا تھا۔ جس "مریضانہ جلد بازی" سے اپنے زمانے میں میتھیو آرنلڈ کا دم گھٹ رہا تھا وہ آج سرسامی حد تک بڑھ چکی ہے اور اس تمام ابتری اور بدحالی کی ذمہ دار رجعتی قوتیں ہیں۔ ایچ جی ویلس بڑا بدنیت اور گمراہ کرنے والا مفکر تھا اور وہ آفاقی ترقی کا نام لے کر دراصل مروجہ نظام کو نئے بناؤ سنگار کے ساتھ قائم رکھنا چاہتا تھا لیکن اس کی زبان سے ایک بڑی سچی بات نکل گئی ہے۔ اپنے آفاقی نظام کے ڈھونگ کی تبلیغ کرتے ہوئے وہ کہتا ہے، "خلاق دماغ انقلابات نہیں پیدا کرتے بلکہ مروجہ اختیار اقتدار کی قدامت پرستی اور ہٹ دھرمی دنیا کو انقلاب پر مجبور کرتی ہے۔"

اس کا خیال ہے کہ ایک منظم ارتقاء کے تصور کو تسلیم کرنے سے صاف انکار کرنا ہر ترقی پذیر اور تعمیری منصوبہ کو انقلابی رنگ دے دیتا ہے۔ بات بہت صحیح کہی گئی ہے، لیکن جیسا کہ ایچ جی ویلس کا طریقہ ہے اس نے حقیقت کے ایک ہی رخ کو پیش کیا ہے۔ حقیقت کا دوسرا رخ یہ ہے کہ رائج الوقت اقتدار و اختیار اپنی ضد اور اندھی قدامت

پرستی کو کبھی چھوڑ نہیں سکتا۔ اس لئے کہ یہ عناصر اس کے مزاج میں داخل ہیں۔ جس باد ہوائی تصور کا نام ایچ جی ویلس نے "منظم ارتقاء" رکھا ہے اس کے لئے معاشرت کی تواریخی رفتار میں کوئی امکان نظر نہیں آتا۔ قدیم اور جدید میں تصادم ہوئے بغیر نہیں رہ سکتا اور تصادم کا حل انقلاب ہوگا نہ کہ "منظم ارتقاء۔"

اس سلسلے میں یہ بھی یاد رکھنا چاہئے کہ انسانی تہذیب کی تاریخ کے ابتدائی ادوار میں زندگی کی مائل بہ ترقی قوتیں سست اور منتشر تھیں۔ اس لئے جو تبدیلیاں معاشرت میں ہوتی تھیں وہ بہت طویل میعادوں کے بعد ہوتی تھیں۔ زندگی آہستہ آہستہ بتدریج ترقی کی منزلیں طے کر رہی تھی، لیکن تاریخ کی ترقی پذیر قوتیں روز بروز زیادہ قوی، زیادہ تیز اور زیادہ منظم ہوتی گئی ہیں۔ چنانچہ انسانی معاشرت اور اجتماعی نظام میں تبدیلیاں پہلے ایک صدی بعد ہوتی تھیں، ویسی تبدیلیاں اب ہر دس سال کے بعد ہونے لگی ہیں اور یہ درمیانی میعاد ابھی اور گھٹتی جائے گی۔ اب انسان کو بہتر اور زیادہ شریف انسان یا بقول غالب "آدمی کو انسان ہونے میں" اس کا پاسنگ وقت نہیں لگے گا جتنا کہ بندر کو آدمی ہونے میں لگا۔ ارتقا اور انقلاب (Evolution & Revolution) کے درمیان یہی فرق ہے۔ اس وقت تدریجی ارتقاء کا نعرہ لگانا ایک خطرناک میلان ہے جو ہم کو بہت گمراہ کر سکتا ہے۔ اب واقعی وہ وقت آگیا ہے کہ بقول اقبال،

پھونک ڈالے یہ زمین و آسمان مستعار
اور خاکستر سے آپ اپنا جہاں پیدا کرے

لیکن یہ بات یاد رہے کہ جس زمین و آسمان کو ہم نے پھونک ڈالا یا پھونکنے والے ہیں ان کی خاکستر کے بغیر بھی ہمارا کام نہیں چل سکتا۔ اس اجمال کی وضاحت مقالے کے دوران میں ہو جائے گی۔

جب زندگی کا ایک دستور اپنے مقصد اور اپنی توانائیوں کو مکمل طور پر بروئے کار لا چکتا ہے تو وہ ناکارہ اور ناکافی ہو جاتا ہے اور خود اس کے اندر سے ایک نئے نظام کا مطالبہ شروع ہو جاتا ہے۔ لیکن پرانے نظام اور نئے نظام کے درمیان جو عبوری دور ہوتا ہے وہ بڑے تذبذب، بڑے مغالطوں اور بڑی الجھنوں اور بڑی آزمائش کا دور ہوتا ہے۔ ہمارا موجودہ دور بھی ایک ایسا ہی دور ہے جس میں زندگی کے ہر شعبہ میں ایک افراتفری، ایک ہل چل اور ایک عدم اعتماد محسوس ہو رہا ہے اور ادب کا شعبہ تو سب سے زیادہ تذبذب اور الجھانے والا معلوم ہوتا ہے۔ اس وقت ادب کی دنیا میں جتنی سمتیں، جتنے موڑ اور جتنے باہم متناقص میلانات ہم کو نظر آرہے ہیں ان کی مثال ادبی تواریخ کا کوئی دوسرا دور پیش نہیں کر سکتا۔

ادب کی دنیا اس وقت ایک بھول بھلیاں ہو رہی ہے جس کے بے شمار پیچ وخم میں ہم کچھ کھو کر رہے جارہے ہیں۔ رجعت اور ترقی، روایت اور انقلاب، تسلیم اور بغاوت، انفرادیت اور اجتماعیت، واقعیت اور تخیلیت، بورژوا اور پرولتاری، افادیت اور رومانیت، ادب برائے ادب اور ادب برائے زندگی وغیرہ جیسی بظاہر باہم متضاد اور پریشان کرنے والی اصطلاحیں اور فقرے ادبی تنقید کے سلسلے میں ہم بار بار سنتے ہیں اور اکثر ہماری سمجھ میں کچھ نہیں آتا۔

ہمارے دور کی ایک سب سے زیادہ اہم اور ناقابل تردید حقیقت یہ ہے کہ اس نے انسانی زندگی کی مادی اصلیت کو روشن اور اجاگر کر کے اس کی حرمت اور برگزیدگی ہم سے منوالی۔ اس سے پہلے ہم زندگی کو ایک آسمان زاد حقیقت تصور کرتے تھے اور اس کی جھوٹی ماورائیت کا رعب ہم پر چھایا ہوا تھا۔ صنعتی دور کا سب سے بڑا احسان یہی ہے کہ اس نے زمین کی مقدس قدر ہمارے دل میں بٹھائی اور ہم کو یہ بتایا کہ ہماری زندگی اسی زمین

کی پیداوار ہے اور اسی زمین کی عام خیر و برکت ہماری زندگی کی بھی خیر و برکت کی ضامن ہے۔ مہاجنی تہذیب کا یہ معمولی اکتساب نہیں ہے۔ اس نے ہمارے اندر زندگی کا اقتصادی شعور پیدا کیا جو روز بروز بڑھتا چلا گیا اور ہمارے فکری اور عملی ارادوں میں دخیل ہوتا گیا۔

ہم یہ نہیں کہتے کہ اقتصادی اسباب انسانی معاشرت میں اس سے پہلے کارفرما نہیں تھے۔ لیکن ہماری شعوری زندگی ان سنگین بنیادی اسباب کا کوئی احساس نہیں رکھتی تھی۔ یہ تصور کہ "ساری زندگی صرف ایک گت پر ناچ رہی ہے اور وہ "روز کی روٹی، روز کی روٹی کی گت" ہے۔ ہمارے ہی دور کی خصوصیت ہے۔

روٹی کے علاوہ انسان کی تہذیب و تکمیل کے لئے اور کن کن چیزوں کی ضرورت ہے یا نہیں ہے؟ یہ سوال ابھی اٹھتا نہیں، لیکن خدا کی خدائی ابھی تک کوئی ایسی مخلوق پیدا نہیں کر سکی ہے جو بغیر روٹی کے زیادہ عرصے تک زندہ رہ سکے۔ تغذیہ نہ صرف انسان بلکہ ساری فطرت کا پہلا مطالبہ ہے اور اس مطالبے کو پورا کرنا ارتقا اور تہذیب کی طرف یقیناً پہلا اقدام ہے۔

آج ہم کو یہ ماننے اور کہنے میں کوئی ہچکچاہٹ محسوس نہیں ہوتی کہ بھوک اسی قدر قابل احترام جسمانی تحریک ہے جس قدر کہ عشق و محبت اور تن ڈھانکنے کے لئے کپڑا اور گرمی اور سردی سے پناہ لینے کے لئے ٹھکانے اتنا ہی ضروری اور اہم ہیں جتنا کہ مجازی یا حقیقی معشوق۔ یہ احساس اس صدی سے پہلے ہماری انفرادی اور اجتماعی زندگی، ہمارے کردار و گفتار اور ہمارے تمام افکار و اعمال میں اس طرح داخل نہیں تھا جیسا کہ آج ہے۔ زندگی کی مادی بالخصوص اقتصادی اصل و غایت کا بیشتر اور بڑھتا ہوا شعور اس وقت ہمارے جملہ حرکات و سکنات کی طرح ہمارے ادب میں بھی نمایاں طور پر کام کرتا ہوا

نظر آتا ہے۔

اس موقع پر ایک غلط فہمی سے ہوشیار رہنا ضروری ہے۔ انسانی دنیا میں کوئی تواریخی دور ایسا نہیں جس کے ادبی اکتسابات اس کے مخصوص اور مروجہ اقتصادی اور معاشرتی نظام کی پیداوار نہ ہوں۔ لیکن ہمارے دور کی امتیازی خصوصیت یہ ہے کہ ہم کو اس تواریخی حقیقت کا شعوری احساس ہو گیا ہے جو ہماری عملی زندگی کے ہر ادوار میں کام کر رہا ہے۔ ہم اب اعلانیہ طور پر جانتے اور مانتے ہیں کہ زندگی اور ادب کی بنیاد اقتصادیات پر ہے اور زندگی کی اقتصادی فلاح جو آگے چل کر ہمہ سمتی فلاح (Multi Dimensional well being) میں تبدیل ہو جاتی ہے، ادب کی اصل غایت ہے۔ اس نئے میلان کی ابتدا ہمارے ادب میں یورپ کی پہلی جنگ عظیم کے بعد ہوئی۔ یہ یاد رکھنے کی بات ہے کہ انقلاب کی رو کو تسلیم کرتے ہوئے سب سے پہلے جس نے ہماری شاعری میں متانت، سنجیدگی اور اعتماد کے ساتھ اس کو ظاہر کیا وہ اقبال ہیں،

جس کھیت سے دہقاں کو میسر نہ ہو روزی

اس کھیت کے ہر خوشہ گندم کو جلا دو

یا

خواجہ از خون رگ مزدور و لعل ناب

از جفائے خدایان کشت دہقانان خراب

انقلاب اے انقلاب

یا

اگر نہ سہل ہوں تجھ پر زمیں کے ہنگامے

بری ہے مستی اندیشہ ہائے افلاکی

اقبال کے بعد ہمارے ادب میں اقتصادی میلان کی لے بڑھتی گئی، یہاں تک کہ آج نئی نسل کے ادب کے بہت سے نمونے انقلابی اقتصادیات کے محض نعرے معلوم ہوتے ہیں۔ جیسا کہ شروع میں واضح کر دیا گیا ہے روٹی زندگی کی پہلی ضرورت ہے۔ ہماری زندگی کی بنیاد یقیناً مادی قوتوں بالخصوص اقتصادیات پر ہے۔ اس حقیقت سے انکار یا تجاہل کرنا بڑے خطرناک قسم کا دھوکہ ہے اور ہم اپنے نئے مفکروں اور ادیبوں کے ممنون ہیں کہ انہوں نے زندگی کی اصلیت اور اس کی غرض وغایت سے ہم کو آگاہ کیا۔ لیکن ایک زبردست خطرہ اس کا بھی ہے کہ ہم ایک فریب سے بچ کر کہیں دوسرے فریب میں نہ مبتلا ہو جائیں اور پرانے بتوں کو توڑنے کے بعد کہیں نئے بتوں کی پوجا نہ کرنے لگیں۔

اور بت پرستی اور بے جان تصویروں کے ساتھ والہانہ لگاؤ تو بہر حال ترقی کے راستے میں بڑا مہلک خطرہ ہے۔ روٹی انسان کی پہلی ضرورت اور اس کی زندگی کی بنیادی حقیقت ہے، لیکن پہلی ضرورت کبھی آخری ضرورت نہیں ہوتی اور نہ بنیاد کسی عمارت کا بلند ترین منارہ ہوتی ہے۔ ہم اس وقت بجا طور پر یہ سوال اٹھا سکتے ہیں کہ کیا روٹی ہماری زندگی کی تنہا اور آخری ضرورت بھی ہے۔ اس سوال کا جواب دینے سے پہلے ہم کو بڑی دیر اور بہت دور تک سوچنا پڑے گا۔ ہمارے اکثر نوجوان رفیق اس سوال سے تجاہل برت کر یا کترا کر نکل جانا چاہیے۔ لیکن اس سے کام نہیں چل سکتا۔

ہم کو یہ تسلیم کرنا پڑے گا کہ جس جدلیاتی قوت کو ہم زندگی کی روح رواں بتاتے ہیں، اس کی اپنی فطرت کا تقاضا یہ ہے کہ کسی ایک ہیئت یا کسی ایک منزل پر میعاد گزر جانے کے بعد قیام نہ کرے اور آگے بڑھ جائے۔ اگر ایسا نہیں ہے تو انقلاب اور ترقی کے کوئی معنی نہیں اور اگر ایسا ہے اور ہم تسلیم کرتے ہیں کہ ایسا ہی ہے تو اس جدلیات کا لازمی نتیجہ یہ ہونا چاہیے کہ ایک حد کے بعد مادی غیر مادی ہو جائے، یعنی وہ ایسا نیا روپ اختیار کر

لے کہ اس کی بنیادی شکل بادی النظر میں شناخت نہ کی جاسکے۔

ایک بیل یا گھوڑے کو جو کھلی، بھوسا، گھاس اور دانہ وغیرہ کھلایا جاتا ہے وہ کس قدر ٹھوس اور کثیف معنوں میں مادی ہوتا ہے لیکن یہ ساری غذا اپنے تمام فضلات سے جدا ہو کر اوران کو پیچھے چھوڑ کر قوت میں تبدیل ہو جاتی ہے اور بیل یا گھوڑے کے اندر نئ جان یا توانائی پیدا کر دیتی ہے۔ دوسری مثال معدنی کوئلہ کی ہے جو حسب مراد اور موافق اسباب وحالات پا کر اور انقلابی کیمیائی عمل کے مدارج سے گزر کر ہیرا بن جاتا ہے۔ اسی طرح بدخشاں کے پہاڑوں کے کھردرے پتھر موزوں اور مناسب تربیت پا کر اور یمن کے خارائی پتھر نکھر کر عقیق ہو جاتے ہیں۔

تیسری مثال بھی کچھ کم بصیرت افروز نہیں ہے۔ دو مادی اجسام کی رگڑ سے وہ قوت پیدا ہوتی ہے جو اصطلاحاً برق کہربائی کہلاتی ہے۔ اسی طرح جھرنے سے بجلی پیدا کرنا بھی ہمارے لئے ایک سبق ہے۔ کچھ لوگ مادی اور غیر مادی اصطلاحوں کی سطحی اہمیت میں کھو کر حقیقت سے بیگانہ رہ جاتے ہیں۔ اس کو ہم یا تو اصطلاح پرستی کہیں گے جو بت پرستی سے کسی طرح کم خطرناک نہیں ہے، یا ہم یہ سمجھیں گے کہ لوگوں کو نفس مطلب سے کوئی واسطہ نہیں ہے۔ وہ صرف چند نعروں اور جے کاروں کو زندگی کا ماحصل سمجھتے ہیں۔ مادہ اور قوت، جسم اور روح کی اصطلاحیں اس بات کی علامت ہیں کہ ہم کو زندگی کی پر تضاد اور متصادم اصلیت کا زمانہ قدیم سے ایک مبہم احساس ہے۔ یہ اور بات ہے کہ ہمارا آبا و اجداد یا تو دھوکے میں پڑ کر یا جان بوجھ کر اس احساس کے اظہار میں سخت غلطیاں کرتے رہے ہوں۔

اگر ہم یہ مان لیں کہ زندگی کی اصلی حقیقت مادہ ہے اور "غیر مادی" کی اصطلاح سے پرہیز کرنا چاہیں تو یہ ماننا پڑے گا کہ مادہ روز ازل سے اپنے اندر فطرتاً شعور رکھتا تھا جس

نے لاکھوں اور کروڑوں انقلاب اور ترقی کے ادوار سے گزر کر موجودہ فکر انسانی کی شکل اختیار کی ہے، یعنی مادہ کے اندر یہ صلاحیت پیدائشی طور پر موجود ہے کہ وہ ایک کثیف ہیئت کو چھوڑ کر اس سے لطیف تر ہیئت اختیار کرے اور اگر ہم روح کو مادہ پر تقدم دینا چاہیں تو یہ تسلیم کرنا پڑے گا کہ روح اپنی پاکیزگی اور طہارت سے آسودہ نہ رہ سکی اور بے چین ہو کر اس نے پہلے سے زیادہ کثیف صورت اختیار کرنا چاہی اور ایک 'کن' سے اٹھارہ ہزار ٹھوس مادی دنیائیں پیدا کر دیں۔ غالب کا ایک شعر اسی خیال کا ترجمان ہے۔

دہر جز جلوہ یکتائی معشوق نہیں
ہم کہاں ہوتے اگر حسن نہ ہوتا خود بیں

اور آسی غازی پوری کے اس شعر کو آپ کیا کہیں گے،

لالہ و گل میں اسی رشک چمن کی تھی بہار
باغ میں کون ہے اے باد صبا کیا کہئے

اور اسی کے ساتھ ساتھ اصغر گونڈوی کے اس شعر کو پڑھئے،

ردائے لالہ و گل پردہ مہ و انجم
جہاں جہاں وہ چھپے ہیں عجیب عالم ہے

بہر حال ہم کو یہ تسلیم کرنا پڑے گا کہ یا تو لطافت قوت ارتقا سے بے بس ہو کر مائل بہ کثافت ہے یا کثافت مائل بہ لطافت ہے۔ لیکن ہم اس جھگڑے میں کیوں پڑیں جو دراصل الفاظ کا جھگڑا ہے۔ ہم کیوں نہ مان لیں کہ مادہ ابتدائی حقیقت ہے اور مادی کو غیر مادی پر تقدم حاصل ہے اور کثافت کا ارتقائی میلان لطافت کی طرف ہے۔ اس سے نہ منطقی استدلال کی موشگافیاں انکار کر سکتی ہیں اور نہ عوام کی سمجھ۔

ہم اس حقیقت سے انکار نہیں کر سکتے کہ اس وقت ہماری زندگی کا مادی روپ بگڑا

ہوا ہے اور جس کو ہم جدلیاتی قوت کہتے ہیں، وہ ہماری زندگی کی مادی سطح پر کام کر رہی ہے۔ اس سطح کو ہموار اور مکمل کر چکنے کے بعد کیا وہ یہیں رہ جائے گی، یا فنا ہو جائے گی، یا یہ ہو گا کہ اس کے بعد زندگی کی اور سطحیں بھی نکلیں گی جن کی تہذیب اور تکمیل اس جدلیاتی قوت کا آئندہ فریضہ ہو گا۔ ہم اس سوال کی طرف سے کچھ غافل اور بے پروا نظر آ رہے ہیں۔

ادب اور زندگی سے متعلق ان تمام اصطلاحوں کو جو زندگی کی مختلف نئی اور پرانی قدروں اور غایتوں کی نمائندگی کے لئے گڑھی گئی ہیں، اگر صرف دو عنوانات کے ماتحت لایا جائے گا تو ہمارا کام رجعتی اور ترقی پسند یا روایتی اور انقلابی سے چل جائے گا اور یہی اصطلاحیں زبانوں پر آج سب سے زیادہ چڑھی ہوئی بھی ہیں۔

ہمارے نو عمر ہم عصروں میں ایسوں کی تعداد کم نہیں ہے جو ہر اس ادیب یا فنکار کی تخلیقی کوششوں کو بے دریغ رجعتی اور ناکارہ کہہ دیتے ہیں جس کا تعلق ایک صف پیچھے کی نسل سے ہو یا جس کے اسلوب اور تصور میں پرانے تصورات اور اسالیب کی کچھ جھلکیاں نظر آئیں یا جس کے اختراعات ان کے مفروضہ معیار سے کلی مطابقت نہ رکھتے ہوں۔ ان نوجوانوں کو شاید یہ نہیں معلوم کہ انقلاب اور ترقی کے راستے میں سب سے زیادہ خطرناک چٹانیں ادعایت (Domatism) اور مطلقیت (Absolution) ہیں۔

جن لوگوں نے مارکس اور اینگلز کے افکار کا ڈوب کر مطالعہ کیا ہے وہ ہم سے اتفاق کریں گے کہ جدلیاتی مادیت اور مطلقیت یا مارکسیت اور ادعایت کے درمیان زمین آسمان کا فرق ہے اور دونوں ایک دوسرے کے ساتھ ہم آہنگ نہیں ہو سکتیں۔ جو لوگ مارکسیت کو ادعایت بنائے ہوئے ہیں ان کو سمجھنا چاہئے کہ جو الزام وہ اپنے مخالفین کو دیتے ہیں، وہی الزام ان کے سر آ جاتا ہے۔ کسی ادعائی نظریے کی روسے چاہے وہ کسی

جماعت سے تعلق رکھتا ہو، ایک طرز فکر اور ایک اسلوب اظہار صرف ایک مخصوص جماعت کے نقطہ نظر سے صحیح اور قابل قبول ہو سکتا ہے۔ مخالف جماعتیں جو خود اپنا اپنا ادعائی نظریہ لئے بیٹھی ہیں، اس کو کیوں تسلیم کریں اور پھر کوئی جماعت کسی دوسری جماعت کو الزام کیوں دے؟

ہم صحیح طبقاتی یا جماعتی شعور کے قائل ہیں لیکن یہ شعور محض ایک طبقہ یا جماعت کے مشاہدے سے نہیں پیدا ہوتا بلکہ سماج کے سارے طبقات اور اس کے مختلف ادوار کے تمام ذہنی، معاشرتی، اخلاقی اور سیاسی میلانات کے مطالعہ سے پیدا ہوتا ہے۔ اصلی مارکسیت یہی ہے جس کو خود آسودہ فرقہ بندی (Self –Complacent Secterianism) کے خطرے سے بچانا ہے۔ قدامت پسندوں اور روایت پرستوں میں ایک زبردست قباحت یہی ہے کہ وہ کسی قسم کا تغیر یا تنوع گوارا نہیں کر سکتے اور زندگی کو اس مقام سے جہاں وہ خود ہیں، یا ادھر ادھر حرکت کرنے دینا نہیں چاہتے ہیں۔ بعض نوجوانوں میں بھی جب ہم یہی ایک نقطہ پر ٹھہرے رہنے کا میلان پاتے ہیں تو ہم زیادہ اندیشہ ناک ہو جاتے ہیں، اس لئے کہ مقام گزینی کی خواہش بڈھوں سے زیادہ نوجوانوں میں مہلک ثابت ہوتی ہے۔ ہم کو یہ سمجھے رہنا چاہئے کہ زندگی اور ادب دونوں ایک دائمی تاریخی تسلسل کے نام ہیں۔

یہ سچ ہے کہ حال سے باہر ماضی کے کوئی معنی نہیں ہوتے لیکن اگر ہم دوسری غلطی نہیں کرنا چاہتے تو اس حقیقت کو بھی تسلیم کرنا ہے کہ ماضی سے بے تعلق اور الگ ہو کر حال اور مستقبل دونوں دھوکے ہیں۔ ہر مستقبل کا ایک ماضی اور ہر ماضی کا ایک مستقبل ہوتا ہے۔ ہم کسی ایسے ماضی کا تصور نہیں کر سکتے جو مستقبل کی پیش رس جھلک اپنے اندر نہ رکھتا ہو اور نہ ایسا مستقبل ہماری سمجھ میں آتا ہے جس میں ماضی کے زندہ اور صالح برق

پارے (Electron) پوشیدہ نمایاں طور پر کام نہ کرتے ہوں۔ ادب میں تواریخی احساس کا ہونا ضروری ہے۔ صحیح معنوں میں ادیب یا فنکار وہی ہے جو اپنی ہڈیوں میں نہ صرف اپنے زمانے اور اپنی نسل کی زندگی کو حرکت کرتا ہوا محسوس کرے بلکہ جس کے اندر ماضی کے تمام اکتسابات کی روح بھی کام کر رہی ہو۔ زندہ ماضی حال کی عنصری ترکیب اور مستقبل کی تعمیری تخیل میں اندرونی طور پر داخل ہوتا ہے۔

اونچے قسم کے ادبی کارناموں میں روح عصر کے ساتھ ساتھ دوام کا بھی ایک جزو ہوتا ہے۔ اگر ایسا نہ ہوتا تو ہومر، ڈانٹے اور شیکسپئر، فردوسی، سعدی، حافظ، والمیک، کالی داس، تلسی داس، میر، غالب، میر حسن اور میر انیس اپنے اپنے زمانے کے ساتھ دفن ہو چکے ہوتے۔ ہم کو یہ ماننا ہے کہ انسانی تواریخ کا ہر دور مجموعی حیثیت سے سابق دور کے خلاف بغاوت اور اپنی جگہ پر انقلاب اور ترقی کا ایک اقدام تھا۔ ہر زمانہ کا ادب اپنے زمانے کے اعتبار سے ترقی پسند رہا ہے۔ شیکسپیئر، ملٹن، ڈکنس اور ہارڈی اپنے دور کے ترقی پسند نمائندے تھے۔ سب نے اپنے اپنے زمانے کی معاشرت کو زیادہ مہذب اور شائستہ بنایا ہے اور مستقبل کی تشکیل میں زبردست حصے لئے ہیں۔ بعد کی نسلوں نے ترقی کا سبق شعوری یا غیر شعوری طور پر انہیں لوگوں سے لیا ہے۔

یہ دوسری بات ہے کہ ہمارے زمانے میں ترقی کا تصور زیادہ بالغ اور زیادہ پیچیدہ ہو گیا ہے، اس لئے کہ ہماری زندگی کی ضرورتیں بدلی ہوئی ہیں۔ سوچنے کی بات ہے کہ جس آزادی، مساوات اور فراغت کا مطالبہ آج ہم کر رہے ہیں وہ دنیا میں دیویوں اور دیوتاؤں کی طرح آسمان سے یکایک نہیں اتری ہیں بلکہ تواریخ کے نہ جانے کتنے انقلابات اور زبردست ہنگاموں سے یہ تصورات نمودار ہوئے ہیں۔ انسان فطرتاً آزاد نہیں تھا۔ یہ تصور کہ قدرت نے ہم کو آزاد پیدا کیا اور روز بروز آزادی کھوتے گئے، ہم کو سیکڑوں برس

سے بھٹکا تا رہا ہے۔ انسان قدرت کی طرف سے نہ جانے کتنی کمزوریاں اور مجبوریاں لے کر اس دنیا میں آیا۔ رفتہ رفتہ اس نے خود اپنی قوتوں اور کوششوں سے ان تمام حالات اور موانع کو بڑی مشقت کے ساتھ اپنے راستے سے دور کیا ہے اور روز بروز پہلے سے زیادہ آزاد ہوتا گیا ہے، یہاں تک کہ آج بہ قول اقبال،

توڑ ڈالیں فطرت انساں نے زنجیریں تمام
دوری جنت سے روتی چشم آدم کب تلک

انسان جب عرصہ وجود میں آیا تو اس نے اپنے کو طرح طرح کی غلاظتوں، تاریکیوں اور مجبوریوں میں گھرا ہوا پایا اور وہ اپنا خون پسینہ ایک کر کے اپنی زندگی کو لطیف، روشن اور آزاد بناتا چلا گیا۔ اسی کا نام تہذیب ہے۔ یہ ضرور ہے کہ تخلیق آدم سے لے کر اس وقت تک تہذیب کی لائی ہوئی برکتیں اور توانائیاں ایک چیدہ اور برگزیدہ جماعت کو میسر رہیں اور خلق اللہ ان سے محروم رکھی گئی ہے۔ روس کے مشہور شاعر اور نقاد الیگزینڈر بلاک کا کہنا بہت صحیح ہے کہ "جس تہذیب پر ہم کو اب تک ناز رہا ہے وہ عمودی رہی ہے، حالانکہ اس کو افقی پھیلے ہونا چاہیے۔" یعنی ہماری تہذیب بجائے اس کے کہ عوام میں پھیلے، ایک بافراغت اور خود آسودہ اقلیت کے درمیان محدود رہ کر بلند ہوتی گئی ہے۔

اس کا نتیجہ یہ ہوا کہ آج کم تعداد تعلیم یافتہ اور مہذب جماعت اور جاہل اور علم و تہذیب کی روشنی سے محروم عوام الناس کے درمیان ایک بھیانک خلا پیدا ہو گیا ہے۔ اب ہم کو اس کا شعور کا ہو چلا ہے اور شدت اصرار کے ساتھ ہم مطالبہ کر رہے ہیں کہ تہذیب کی تمام لطافتیں اور نفاستیں ہر شخص کو نصیب رہیں اور وہ دن بہت زیادہ دور نہیں جبکہ ہماری یہ کوشش اور ہمارا یہ مطالبہ حسب مراد پورا ہو۔ اسی وقت مارکس وغیرہ کے کہنے

کے مطابق زمانہ قبل تاریخ (Pre-History) ختم ہو گا اور تاریخ (History) صحیح معنوں میں شروع ہو گی۔

بہر حال ہم کو کہنا یہ تھا کہ انسانی آزادی کی سست اور پر آزار پیدائش میں نہ جانے کتنی پر خار منزلوں میں گزرنے کے بعد یہ آزادی موجودہ مقام پر پہنچی ہے۔ سامنتی بیداری نے پروہتوں کی زنجیروں کو توڑا، صنعتی یا مہاجنی انقلاب نے سامنتی نظام کی بیڑیاں کاٹ پھینکیں اور آج اشتراکیت سرمایہ داری کا سنہرا طوق اپنی گردن سے اتار ڈالنے پر تلی ہوئی ہے۔ ہم اس وقت جو کچھ ہیں اور جو کچھ کر رہے ہیں، وہ تاریخ کے لامحدود عمل میں ایک درمیانی ہیئت ہے اور گزشتہ اور آئندہ دونوں ہیئتوں سے یکساں اور لازمی تعلق رکھتی ہے۔

روایت اور انقلاب کے بارے میں ہمارے خیالات بری طرح الجھے ہوئے ہیں۔ ہم کچھ بھول سے گئے ہیں کہ ہر زمانے کے افکار اور ادبی اختراعات میں کچھ زندہ رہ جانے والے عناصر بھی ہوتے ہیں۔ یہی عناصر، ادبی شاہکاروں کی مستقل قدر ہوتے ہیں اور روایت عظمی سے یہی عناصر مراد لئے جائیں گے جو نئی زندگی کے نئے عناصر کے ساتھ شیر وشکر ہو کر ہمارے لئے آئندہ ترقیوں کا سبب بنتے ہیں۔ اسلاف کے کارناموں کے مطالعہ سے ہمارے اندر بصیرت اور سعی و پیکار کی نئی تحریک پیدا ہوتی ہے۔ ہاں شرط یہ ہے کہ ہم صحت مند ذہن رکھتے ہوں۔ ہومر، اسکائلس، ڈانٹے، شیکسپیئر، سروانٹیز، گوئٹے، بالزک اور شیلی سے آج ہم کیا سیکھ سکتے ہیں؟ اس کو مارکس سے پوچھئے جس کے لئے ادب المتقدمین کا مطالعہ ہمیشہ نہ صرف تفریح کا سامان رہا بلکہ اس سے اس کے دل میں تازہ ولولے پیدا ہوتے رہے اور اس کے نازک ذہنی لمحوں میں زندگی کی نئی ڈھارس بندھاتے رہے۔

خام اور صحیح موثرات سے غلط اثر قبول کرنے والے دماغ کے لئے اس کا اندیشہ ضرور ہے کہ اسلاف کے اکتسابات اور قدیم روایات کا مطالعہ کہیں ان کو بہکانہ دے اور ہمارے اندر مردہ اور بے جان قسم کی ماضی پرستی کا میلان نہ پیدا ہو جائے۔ اگر اس خطرے سے اس زندہ قوت کو ہم بچالیں گے جس کو صحیح اور صالح معنوں میں روایت کہتے ہیں تو وہ وانقلاب کا ایک اہم ترکیبی جز بن کر حال اور مستقبل دونوں کو مالامال کر سکتی ہے۔ ترقی پسند یا انقلابی ادیب کا پہلا فرض یہ ہے کہ بصیرت اور قوت انتخاب سے کام لے کر خوش آئند اور زندگی بخش روایتی تصورات اور اسالیب کو اپنی نئی تخلیقی اپج میں جذب کرے۔ اس بصیرت اور قوت انتخاب کی موجودہ نسل کے اکثر باحوصلہ نوجوانوں میں کچھ کمی محسوس ہوتی ہے جو اسلاف کے معاشرتی اور ادبی اکتسابات کے مطالعہ سے بری طرح بھاگتے ہیں۔

ہم ان کو مارکس کے ان الفاظ کی طرف جو اس نے اپنی تحریر "تنقید اقتصادیات سیاسی" سپرد قلم کئے ہیں، متوجہ کرنا چاہتے ہیں۔ "یونانی آرٹ اور اس کی رزمیہ شاعری کو سماجی ارتقا کی بعض خاص ہیئتوں سے متعلق اور وابستہ سمجھنا کوئی مشکل کام نہیں ہے۔ لیکن یہ سمجھ لینا ہمارا بہت بڑا اکتساب ہو گا کہ اتنے پرانے زمانے کے یہ کارنامے اب بھی ہمارے لئے جمالیاتی مسرت کا ذریعہ بنے ہوئے ہیں اور بعض اعتبارات سے آج کی ترقی یافتہ دنیا ان کو اب تک قابل رشک نمونہ اور ناقابل حصول معیار تصور کرتی ہے۔"

یہ سوال واقعی اہم اور قابل غور ہے کہ جن طبقوں کو جھاڑ بہار کر ہم اب تواریخ کے کوڑے کی ٹوکری میں پھینکنے جا رہے ہیں ان کے بعض نمائندوں نے ادب اور دوسرے فنون لطیفہ کے جو نمونے یادگار چھوڑے ہیں اور آخر اب تک عوام کے ذہنی ابھار اور ان کی تعلیم و تربیت میں کارآمد محرکات کیوں ثابت ہو رہے ہیں؟ سائنتی اور

مہاجنی معاشرت کے زمانوں کی تخلیقات اشتراکیت کے دور میں اس قدر دلکش اور مفید کیوں ہیں؟

ہم اس وقت اپنے افکار و میلانات کے اعتبار سے بہت کافی الجھے ہوئے ہیں اور اسی نسبت سے جو ادب آج کل پیدا ہو رہا ہے، اس کا کچھ حصہ تو یقیناً زندگی کے صحیح مفہوم اور اس کی توانائیوں کی طرف واضح اشارہ کر رہا ہے، لیکن ہمارے نئے ادیبوں اور شاعروں کی زیادہ تعداد کچھ غیر واضح انتشار اور پراگندگی میں مبتلا نظر آتی ہے۔ ان کے خیالات پریشان اور گڈ مڈ ہیں۔ ہمارے نوجوان ساتھیوں میں ایسوں کی کمی نہیں جو ماضی اور اس کے کارناموں کو کچھ حقارت کی نظر سے دیکھتے ہیں اور ان میں کبھی یاس پرستی، کبھی لذتیت، کہیں شکست خوردگی اور مغلوبیت، کہیں فراریت اور عزلت گزینی محسوس کرتے ہیں۔ اگر محض آج کے پیمانے سے دیکھا جائے تو یہ میلانات ہم کو ادب المتقدمین میں ملیں گے، لیکن تواریخ کا پیمانہ ایسا غیر مربوط اور بے تعلق پیمانہ نہیں ہوتا۔

تواریخ ایک سلسلے کا نام ہے اور ماضی کے اکتسابات اس سلسلے کی ایک درمیانی کڑیاں ہیں۔ ہم کو ان سے بہت کچھ سیکھنا ہے اور ان کا مطالعہ ہمارے اندر زندگی کے آئندہ فروغ میں کام آ سکتا ہے۔ اس کے یہ معنی نہیں کہ ہم لکیر کے فقیر بنے رہیں اور اپنے آباد و اجداد کی کورانہ تقلید کرتے رہیں۔ مگر ان کے پڑھنے سے ہماری تخلیقی قوتوں کو نئی تہذیب اور شائستگی ملے گی۔ بڑے تماشے کی بات ہے کہ آج کل کے بعض ادیب اور شعراء جو اسلاف کے اختراعات پر طرح طرح کے اعتراضات کرتے ہیں، وہ خود بھی کچھ دوسرے عنوان سے انہیں راگوں کو الاپ رہے ہیں۔

مثلاً رومانیت کے میلان کو عام طور سے رجعتی بتایا جاتا ہے جو زندگی کے نئے دستور میں مضر نہیں تو بیکار ضرور ہے، لیکن صف اول کے چند گنے ہوئے افسانہ نگاروں اور

شاعروں کو چھوڑ کر، جن کی تخلیقی کوششیں نئی زندگی کی نئی قدروں اور نئی ضرورتوں کا نہایت واضح تصور پیش کرتی ہیں اور یقیناً قابل ستائش ہیں، جب ہم عصر حاضر کے اکثر افسانوں اور نظموں کو پڑھتے ہیں تو ان میں بھی وہی رومانی راگ کبھی کبھی والہانہ جنسی خود باختگی کا انداز اختیار کر لیتی ہے۔ اس کو ہم کیا کہیں گے؟ آخر ہم میں سے بعض یا اکثر اب تک انہیں علتوں میں کیوں مبتلا ہیں جن کو ہم پرانے اساتذہ کی خامیاں بتاتے ہیں۔

حقیقت افراط اور تفریط دونوں سے الگ ہے۔ اصل بات تو یہ ہے کہ وہ تربیت یافتہ شعور جنسی، جس کو محبت یا رومان کہتے ہیں انسان کے خمیر میں داخل ہے اور اس کی شخصیت کا ایک فطری مطالبہ اور اس کی تواریخی زندگی کی ایک ناقابل تردید حقیقت ہے لیکن اس کی زندگی کے اور بھی مطالبے ہیں جن کو پورا کرنا محبت اور رومان سے کہیں زیادہ ضروری ہے۔ صحیح اور زندگی بخش رومانی تعلق سے انسان کی زندگی کبھی بھی خالی نہیں رہے گی، لیکن جیسا کہ میں کسی اور موقع پر اشارہ کر چکا ہوں، اصلی اور فطری انسان ایک مجاہد ہے جس کو رومان کے علاوہ اور بھی بہت سی اہم اور سنگین مہمات در پیش ہیں، جن پر قابو پانا ہے۔ ادب کا کام یہ ہے کہ اس مجاہد کے حوصلے بڑھائے اور زندگی کی فتوحات میں ایک محرک کی حیثیت سے اس کے کام آئے۔

اس بحث کے تحت میں ہم کو یہ بھی سمجھنا ہے کہ گزشتہ پندرہ بیس برسوں کے اندر ادب میں واقعیت اور خاص کر جمہوری یا اشتراکی واقعیت کی جو نئی پکار شروع ہوئی ہے اس کا اصلی مفہوم کیا ہے؟ رومانیت کو ہم ایک پرانا اور فرسودہ میلان بتاتے ہیں اور اس کی جگہ واقعیت کا مطالبہ کر رہے ہیں۔ اس وقت اگر یہ سوال کیا جائے کہ واقعیت سے دنیا کے بہترین ادبی اختراعات کب خالی رہے ہیں تو شاید ہم تھوڑی دیر کے لئے سوچ میں پڑ جائیں۔ کیا ہومر کی ایلیڈ میں شروع سے آخر تک واقعیت نہیں ملتی؟ اور کیا میر حسن کی

مثنوی اپنے گرد و پیش کی معاشرت کی عکاسی نہیں کرتی؟ اس سوال کا جواب نفی میں دیتے ہوئے ہماری زبان ہچکچائے گی۔ بر خلاف اس کے کیا ہم خشک اور بے کیف واقعات کے بیان کو ادب میں شمار کریں گے۔

مثلاً اگر کہیں کہ "دانت میرے شمار میں بتیس" تو کیا یہ واقعیت ادب کہلائے گی؟ کیا انگریزی کے وہ موزوں مصرعے جن میں بچوں کو یاد کرانے کے لئے ہر مہینہ کے دنوں کی تعداد گنائی گئی ہے، اپنی تمام واقعیت اور افادیت کے باوجود ادب کے تحت میں آتے ہیں؟ ہندوستان میں اس موقع کے لئے سب سے زیادہ موزوں مثال گھاگھ کی ہے جن کے اشعار یعنی موزوں مصرعے عوام میں ضرب المثل ہو چکے ہیں۔ جہاں تک تجربات اور مشاہدات اور قیاسات کا تعلق ہے گھاگھ کی کہی ہوئی باتیں بیشتر اب تک دو اور دو چار کی طرح صحیح ہیں۔ لیکن کیا وجہ ہے کہ گھاگھ کے کلام کو ہم شاعری نہیں سمجھتے، حالانکہ جہاں تک محض واقعہ نگاری کا سوال ہے، ہندوستان کا کوئی شاعر گھاگھ کا مد مقابل نہیں ہو سکتا۔

حقیقت یہ ہے کہ محض واقعات کو جوں کا توں سپرد قلم کر دینے کا نام ادب نہیں ہے۔ ہم صحافتی تحریروں کو ادبی تخلیق ماننے کے لئے تیار نہیں۔ ادب میں اگر واقعیت نہیں ہے، یعنی اگر اس کی بنیاد زندگی کی ٹھوس حقیقتوں پر نہیں ہے تو وہ صالح ادب نہیں ہو سکتا۔ لیکن اس واقعیت کے ساتھ ساتھ ادب کو ادب کا درجہ دینے کے لئے اس عنصر کا ہونا بھی لازمی ہے، جس کو ہم مبہم طور پر کبھی 'رومانیت' کبھی تخیلیت اور کبھی خواب گزینی کہہ کر بدنام کرتے ہیں۔ قدیم یونانی تواریخ کے اخبار اور کتبات کو دوسرے لحاظ سے ہم جس قدر بھی اہم اور قابل قدر سمجھیں لیکن ہم ان کو بھول کر بھی ادب کا عنوان نہیں دیں گے۔ بر خلاف اس کے ایسکائیلس کے مشہور ڈرامے "اہل فارس The Persian's, Seven Against Thebes اور The Suppliants اپنی تمام

تواریخی واقعیت کے ساتھ ساتھ دنیائے ادب کے غیر فانی شہ پارے ہیں۔

ہم تسلیم کرتے ہیں کہ آج اس بات کی سخت ضرورت ہے کہ انسانی زندگی میں جو معاشرتی اور اخلاقی تصادم اور پیکار جاری ہے اور اجتماعی نظام اور شخصی کردار میں جو اندرونی تناقصات بڑھتے جارہے ہیں یعنی انسان کی ہستی کے اندر سرمایہ داری نے جو نراج پیدا کر رکھا ہے، ان کے تہ نشین اسباب کو ابھار کر اوپر لایا جائے اور ان کے نتائج کا تجزیہ کرکے لوگوں کے اندران کا صحیح اور واضح شعور پیدا کیا جائے۔ جو قوتیں اس وقت باہم دست و گریباں ہیں اور انسان کی زندگی کو بگاڑ بنا رہی ہیں، ان کے ادراک سے اگر آج کے کسی ادیب کی کوشش بیگانہ ہے تو وہ ادیب کے منصب کو پورا نہیں کر رہا ہے اور اس کی کوشش پر ادب کا اطلاق نہیں ہو سکتا۔ لیکن ادب میں اس ادراک کو کیسے ظاہر کیا جائے؟ یہ سوال مشکل اور غور طلب ہے۔

اگر ہم اپنے زمانے کے نئے حالات اور اسباب اور ان کی باہمی کشمکش کے اثرات کو سیدھے سیدھے بے کم و کاست بیان کر دیتے ہیں تو وہ ادب نہیں بلکہ اخبار نگاری اور پروپیگنڈا ہوگا جس سے ادیب کو بچنا ہے۔ ادب کا وہ مدرسہ جس کو اشتراکی واقعیت کا نام دیا جاتا ہے اکثر و بیشتر اسی غلطی میں مبتلا ہے جو یہ سمجھتا ہے کہ کسی ہڑتال یا کسی نئی سماجی تحریک یا کسی انقلابی ابھار یا کسی سیاسی خانہ جنگی کی مفصل تصویر پیش کر دینے ہی کا نام ادب ہے۔ وہ یہ سمجھنے سے قاصر معلوم ہوتا ہے کہ یہ تمام محرکات اور موثرات محض سماجی پس منظر ہیں اور سماجی پس منظر انسان سے بے تعلق ہو کر کوئی قدر نہیں رکھتا۔ اس پس منظر کی قدر اور اہمیت اس لئے ہے کہ انسان اس میں رہ کر اپنے اندر نئی توانائیاں اور نئی بالیدگی پیدا کرتا ہے۔ انسان کی زندگی دراصل ایک مقابلہ ہے خود اس کے اور اس پس منظر کے درمیان۔

یہ سچ ہے کہ جو قوتیں کہ پس منظر میں کام کر رہی ہیں، وہ انسان پر اثرانداز ہوتی ہیں اور اس کی ہستی کی تشکیل میں کارفرما ہوتی ہیں، لیکن خود انسان دوران مقابلہ میں اپنی نئی طاقتوں سے اس پس منظر پر قابو پا کر اس کو بدل بھی دیتا ہے۔ انسان صرف زندہ نہیں رہتا بلکہ زندگی کو نت نیا روپ دیتا رہتا ہے۔ اس حقیقت کی طرف ہمارا دھیان بہت کم جاتا ہے۔ اشتراکی واقعیت کا نعرہ لگانا آسان ہے لیکن اس کو سمجھنا اور ادب میں اس کو برتنا بڑا مشکل کام ہے۔ ادبی واقعیت اور واقعاتی ادب کے درمیان بڑا تفاوت ہے۔ موخر الذکر کی قدر عارضی اور عصری ہوتی ہے اور ادبی واقعیت ایک مستقل قدر ہے۔

روس میں اشتراکی واقعیت کی باضابطہ اور پرشور تحریک اب سے کوئی بیس برس پہلے شروع ہوئی اور اس کی آواز بازگشت ہر ملک کے ترقی پسند طبقے میں گونجنے لگی، لیکن آج تک اس واقعیت کی تعریف و تعیین نہیں ہو سکی۔ ہم سے مبہم طور پر یہ کہا جا رہا ہے کہ اشتراکی واقعیت وہ میلان ہے جو اشتراکیت کی تعمیر میں مدد دے۔ مگر یہ تو بہت ہی غیر واضح تعریف ہے۔ سوویت روس کے مؤقر اخبار اور رسائل اشتراکیت کی تعمیر میں روز بروز حصہ لیتے رہے ہیں، مگر ان کو ادبیات کی صف میں جگہ نہیں ملے گی۔ برخلاف اس کے گورکی سے لے کر شولوخاف تک جتنے بڑے افسانہ نگار اور شاعر گزرے ہیں، ان کے کارنامے دنیا کے ادبیات میں قابل رشک نمونے ہیں، حالانکہ یہ تمام ادیب اور شاعر انقلاب سے پہلے کی روسی تہذیب کے بہترین عناصر اپنے اندر جذب کئے ہوئے تھے اور ان عناصر کو نئی انقلابی قوتوں کے ساتھ سمو کر انہوں نے اپنے ملک کی نئی تشکیل و تعمیر میں وہ حصہ لیا ہے جس کو انقلاب روس کی تواریخ کبھی بھلا نہیں سکتی۔

یہ لوگ صرف واقعہ نگار نہیں تھے، بلکہ ایک زبردست روایت عظمی کے سپوت اور وارث تھے۔ ہم کو اس سے بصیرت حاصل کرنا چاہئے۔ گورکی، الکسی ٹالسٹائی،

کتیئف، گلیدکاف، لیونیف، شولوخاف، فیدین، جن کو سویت روس کے ممتاز ترین ادبی معمار کہا جائے گا، سب کے سب انقلاب سے پہلے کے تربیت یافتہ تھے اور ان ادبی دبستانوں سے براہ راست یا بالواسطہ تعلق رکھتے تھے جن کو رمزیت Symbolism اور عوامیت Populism کہتے ہیں اور ان دبستانوں کے زندہ اور صحت افزا اثرات ان تمام ادبی شخصیتوں کی بہترین تخلیقی کوششوں میں سرایت کئے ہوئے ہیں اور انہیں اثرات کی بنا پر جن کو باقیات الصالحات کہنا چاہئے یہ لوگ اتنے بڑے ادیب ہو سکے۔

ہمارے اس دعوے کا ایک سلبی ثبوت یہ ہے کہ شولوخاف کے بعد جو عرصہ سے عزلت گزینی اور سکوت اختیار کئے ہوئے ہے سویت روس میں کوئی اس حیثیت کا دوسرا افسانہ نگار نہیں پیدا ہو سکا جس کی آواز میں آفاقی تاثیر ہو۔ اس وقت روس میں جو ناول، افسانے یا منظومات لکھے جا رہے ہیں ان کی وقتی اہمیت مسلم، وہ سوویت روس، اس کے وچار مالا (نظام فکر) کی اشاعت اور ترقی میں بہت مددگار ثابت ہوں گے، لیکن وہ ادب کے معیار پر پورے نہیں اترتے۔ وہ زیادہ سے زیادہ صحافتی ادب کی صف میں نمایاں جگہ پا سکتے ہیں۔

جس نئی ادبی تحریک کو ہم اشتراکی واقعیت کہتے ہیں اس کا پہلا علم بردار گورکی ہی تھا جو ایک نسل پہلے ہی کی تمام ثقافتی اچھائیاں اپنے اندر سمیٹے ہوئے تھا۔ وہ بڑا جری اور بڑھاپے میں بڑا جوان انسان تھا۔ اس نے انقلاب کو ایک مبارک تواریخی عمل سمجھ کے لبیک کہا اور اس کو فروغ دینے میں آگے آگے رہا۔ وہ جانتا تھا اور ڈنکے کی چوٹ اعلان کرتا تھا کہ انسان کی زندگی میں جتنی پستیاں اور افراد کے گفتار و کردار میں جتنی رکاوٹیں اور بے ایمانیاں ہیں ان کی ذمہ دار وہ ہیئت اجتماعی ہے جس کی بنیاد ملکیت پر ہے۔ مگر وہ حال کے عارضی اور رفتنی اور گذشتنی میلانات اور مطالبات میں کھو کر رہ جانے والا انسان

نہیں تھا۔ وہ اشتراکی واقعیت کا، جو اس وقت ترقی پسند دنیا میں سب سے زبردست ادبی لہر ہے، پہلا محرک اور پہلا مبلغ تھا۔ لیکن وہ خود اس واقعیت کی جو تعریف کرتا ہے وہ بہت بلیغ ہے۔

اس کی رائے میں اشتراکی واقعیت کا فرض یہ ہے کہ وہ انسان کو سعی و عمل کی حالت میں پیش کرے اور اس کا مقصد یہ ہو کہ انسان کے تمام بہترین انفرادی میلانات کو اجاگر کرے اور ان کی ترقی میں مددگار ثابت ہو، تاکہ انسان قدرت کے سارے عناصر پر فتح پاکر اس کرہ ارض کی زندگی کو ایک مسرت پائے جو اس کی روز بروز بڑھتی ہوئی ضرورتوں کے مطابق خاطر خواہ بدل کر تمام بنی نوع انسان کے لئے ایک عظیم الشان مسکن بن جائے جس میں ساری دنیا کے لوگ ایک متحدہ کنبے کے طور پر خوش و خرم زندگی بسر کر سکیں۔ اس کے لئے ضروری ہے کہ اس وقت جو طبقاتی عداوتیں اور باہمی جھگڑے ہو رہے ہیں ان کو ذاتی قربانیاں کر کے مٹایا جائے۔ لیکن بالآخر اشتراکیت کو انسانی اخوت اور انسانی شرافت کا پیغام ہونا ہے اور ادب اسی پیغام کا حامل ہے۔

اگر جانکولاورین کا حوالہ صحیح ہے تو مرنے سے دو سال پہلے گورکی نے ایک گفتگو کے دوران میں کہا تھا، "میں چاہتا ہوں کہ ادب واقعات کی سطح سے بلند ہو اور بلندی سے واقعات پر نگاہ ڈالے، کیونکہ ادب کا مقصد اسباب کی عکاسی کرنے سے کہیں زیادہ وسیع اور اہم ہے۔ موجودہ واقعات اور اسباب کی مصوری ہی کافی نہیں ہے۔ ہم کو اپنی نئی امیدوں اور آئندہ ترقیوں کو بھی دھیان میں رکھنا ہے اور آئندہ ہم کو کیا کیا حاصل کرنا ہے؟ اور کیا کیا حاصل کر سکتے ہیں؟ اس سوال کو نظر انداز نہ کرنا چاہئے۔"

ادب میں ایک غایتی میلان کا ہونا ضروری ہے۔ جو لوگ کہ "ادب برائے ادب" کی پکار لگائے ہوئے ہیں وہ تواریخ کو جھٹلا رہے ہیں اور ہم کو فریب دے رہے ہیں۔ انسانی

تہذیب کی تاریخ میں کوئی بھی دور ایسا نہیں رہا جس میں ادب کی غایت زندگی نہ رہی ہو۔ انسان کی روز بروز بڑھتی ہوئی اور ترقی پذیر جسمانی نقل و حرکت کی طرح ادب کا بھی ہمیشہ یہی مقصد رہا ہے کہ وہ زندگی کی قوتوں کو نئی وسعتیں اور نیا کس بل دے کر اس کو پہلے سے زیادہ کامیاب اور خوشگوار بنائے۔ ادب کی سب سے پرانی اور سب سے اہم صنف شاعری ہے اور شاعری اول اول محض تفریح یا پناہ گزینی کے لئے وجود میں نہیں آئی۔ شاعری کے سب سے قدیم نمونے وہ بھجن اور گیت ہیں جو دیویوں اور دیوتاؤں کو راضی رکھنے کے لئے اور انسان کو ارضی اور سماجی آفتوں سے بچانے کے لئے بنائے گئے۔

شاعری کی ابتدا دیومالا اور سنسار مالا کے ساتھ ساتھ ہوئی۔ زندگی کی اشد ضرورتیں شاعری کی محرک ہیں اور زندگی کا تحفظ اور فروغ اس کا پیدائشی مقصد ہے۔ ادب ہر زمانے میں غایتی رہا ہے اور اس میں ہمیشہ کوئی نہ کوئی مقصدی میلان پایا گیا ہے۔ چاہے میلان زمانے کے تقاضے کے مطابق فراریت ہی کا میلان کیوں نہ رہا ہو۔ فرق یہ ہے کہ پہلے یہ میلانات پوشیدہ طور پر کارفرما ہوتے تھے اور اب ہمارا مطالبہ یہ ہے کہ ادب کو علی الاعلان غایتی ہونا چاہئے۔ ہم سب ادب میں افادی عنصر کو محسوس طور پر نمایاں رکھنا چاہتے ہیں لیکن اس میں بڑا خطرہ یہ ہے کہ ادب کہیں محض خطبہ یا پروپیگنڈا ہو کر نہ رہ جائے۔

ادیب کا کام منطقی قیاس اور استدلال کے ساتھ اپنے نظریات اور عقائد کو ساری دنیا کے سامنے پیش کرنا نہیں ہے بلکہ اس کا کام یہ ہے کہ جن خیالات اور میلانات کو وہ زندگی کی صحت اور ترقی کے لئے ضروری سمجھتا ہے، وہ اس کے ادبی کارناموں میں لپیٹے ہوئے ہوں اور چھپ کر اپنا کام کریں۔ اسی لئے فریڈرک ءینگلس، مناکا تسکی کے ناول Old & New پر اپنی رائے لکھتے ہوئے کہتا ہے کہ "مقصدی میلان کو بغیر کھلے ہوئے اشاروں

کے، قصے کے واقعات اس کے افراد اور اس کی فضا سے خود بخود بے ساختہ اور غیر محسوس طور پر ابھر کر اثر ڈالنا چاہئے۔ اس کی ضرورت نہیں کہ مصنف اپنے خیالات اور عقائد کا ڈنکا پیٹ کر زبردستی پڑھنے والے پر اپنا اثر ڈالے۔"

مارگریٹ ہارکنس کو اس کے ناول "شہر کی لڑکی"(City Girl) کے متعلق خط لکھتے ہوئے اینگلس بہت صاف الفاظ میں کہتا ہے، "مصنف کے نظریات جس قدر پوشیدہ رہیں، فنکاری کے حق میں اسی قدر بہتر ہوتا ہے۔" ادب میں ایک بے ساختگی یا ظاہری بے غرضی کا ہونا ضروری ہے یہی وہ چیز ہے جو ادب کو پروپیگنڈا رکھتے ہوئے بھی پروپیگنڈا ہو جانے سے بچا لیتی ہے۔

اسی سلسلے میں آیئے ایک اور بحث کو بھی ختم کر دیا جائے۔ آج کل بورژوا اور پرولتاری کے فرق اور دونوں کے باہمی تضاد پر بھی بڑا زور دیا جا رہا ہے۔ ہم بے تکلف ادب کے سلسلے میں یہ دونوں اصطلاحیں استعمال کر رہے ہیں۔ حالانکہ ہماری سمجھ میں نہیں آتا کہ کس کو بورژوا ادب کہا جائے اور کس کو پرولتاری ادب۔ اگر پرولتاری ادب سے مراد وہ ادب ہے جو مزدور یا کسان یا دونوں طبقوں کی کوششوں کا نتیجہ ہو تو وہ ابھی تک وجود میں نہیں آیا ہے اور اس وقت تک وجود میں نہیں آسکتا جب تک کہ سماج کی بنیاد طبقاتی تقسیم و تفریق پر ہے۔ ہم ابھی ایک خواب دیکھ رہے ہیں جو اس وقت سچ ہوگا جبکہ طبقے مٹ جائیں گے اور زندگی کے حقوق اور زندگی کی فراغتیں سب کے لئے یکساں مہیا ہوں گی اور جب ایسا ہو جائے گا تو بورژوا اور پرولتاری کی اصطلاحیں صرف لغت میں ملیں گی اور زندگی میں ان کے کوئی معنی نہ ہوں گے اس لئے کہ اس وقت غیر طبقاتی ہیئت اجتماعی وجود میں آچکی ہوگی۔

اس وقت عام طور سے پرولتاری ادب سے مراد وہ ادب ہے جس کا موضوع کسانو

ں اور مزدوروں کی محتاج اور پر آزاد زندگی کی کوئی حالت یا اس کا کوئی مسئلہ ہو اور ایسا ادب آج کل وہ ادیب پیدا کر رہے ہیں جن کا تعلق اعلیٰ یا ادنی درمیانی طبقے یعنی بورژوا جماعت سے ہے۔ روس میں آج تک جتنے اشتراکی ادیب پیدا ہوئے ہیں، ان میں سے زیادہ تعداد بورژوا جماعت سے واسطہ رکھتی ہے۔ ان کی ادبی کوششوں کا موضوع یقیناً زندگی کی نعمتوں سے محروم ادنی طبقے کے بدحالی اور بدنصیبی ہے۔ یہ ادیب سرمایہ داری کے خلاف محنت کی برگزیدگی اور فوقیت کا نعرہ بلند کر رہے ہیں اور یہ بڑی حوصلہ افزا بات ہے، جو انسان کی زندگی کے لئے آئندہ خیر و برکت کی ضامن ہے۔ لیکن یہاں پھر ایک خطرہ محسوس ہوتا ہے۔

بورژوا طبقے کے بعض ادیبوں کے محسوسات اور افکار کا اگر اچھی طرح جائزہ لیا جائے تو اکثر انقلابی تصورات کے بھیس میں رجعتی ذہنیت چور کی طرح کام کرتی ہوئی ملے گی۔ ایسے چور میلانات سے ہم کو ہوشیار رہنا ہے۔ لنکا کی لڑائی یا کربلا کے معرکے میں انقلاب کا رنگ بھرنا یقیناً بڑا دغاباز میلان ہے۔ مگر دوسری طرف اس حقیقت سے انکار نہ کرنا چاہئے کہ بورژوا تہذیب اگرچہ اپنے مقصد کی تکمیل کر چکی ہے اور اب اس کا اپنی میعاد سے زیادہ زندہ رہنا انسانیت کا گلا گھونٹ رہا ہے۔ پھر بھی انسانی آزادی اور فراغت کے حصول اور انسان کی زندگی کو زیادہ مہذب اور جمیل بنانے میں بورژوا طبقے اور بورژوا نظام تمدن نے یادگار خدمتیں انجام دی ہیں۔

مہاجنی دور نے ہمارے لئے ایک ترکہ چھوڑا ہے جس کو فضول یا رائیگاں سمجھنا بڑی نادانی ہے۔ ہمارا فرض یہ ہے کہ اس ترکہ کو طبقہ اعلیٰ کے پنجہ غضب سے نکال کر پوری سوجھ بوجھ کے ساتھ عوام الناس کی زندگی کی نئی ضرورتوں کو پورا کرنے میں اور ان کی فلاح و بہبود کے لئے بوجوہ احسن استعمال کریں۔ اس فرض کی طرف سے ہم میں سے بیشتر

اس وقت بے پرواہیں۔

آخر میں ہم کو ایک اور اہم تناقص کو سمجھنا اور سلجھانا ہے۔ اگر غور سے کام لیا جائے اور انصاف کو راہ دی جائے تو بڑی سہولت کے ساتھ اجتماعیت اور انفرادیت کا جھگڑا بھی چک جائے۔ آج ہمارا مطالبہ یہ ہے کہ ادب کو اجتماعی ہونا چاہئے اور انفرادیت کو ہم ایک مریضانہ میلان بتاتے ہیں۔ اگر اجتماعی سے مراد یہ ہے کہ ادب کو مروجہ سماجی نظام کا آئینہ ہونا چاہئے تو یقین مانئے کہ ادب ہر دور میں یہ فرض انجام دیتا رہا ہے۔ یہ اور بات ہے کہ اب تک سماجی نظام ایک ایسی اقلیت کا نظام رہا ہے جو زندگی کے تمام حقوق اور مواقع پر قبضہ کئے ہوئے بیٹھی رہی ہے۔ اب اجتماعی کو صحیح معنوں میں اجتماعی ہونا ہے۔ زندگی کی جتنی برکتیں اور جتنے محاسن ہیں وہ سب کو اس طرح میسر ہونا چاہئیں کہ ادنی اور اعلی، خواص اور عوام کا امتیاز باقی نہ رہنے پائے۔

یہ مطالبہ بڑا فطری مطالبہ ہے اور ہمارے نئے ادب کا یہ منصب ہے کہ وہ اس کو پورا کرے۔ اس احساس کی ابتدا پہلی جنگ یورپ کے بعد ہوئی۔ اس سے پہلے ادب کی تعریف یہ کی جاتی تھی کہ وہ زندگی کی ایک ایسی شبیہ ہے جو کسی ایک مزاج کے آئینہ میں نظر آئے۔ انفرادیت کی یہ بڑھی ہوئی لے ادیب کو یقیناً بہکانے والی ہے۔ باوجود اس کے کہ بیسویں صدی سے پہلے کا ادب بھی بے شمار تواریخی شخصیتیں اور غیر قانونی تخلیقی یادگاریں پیش کر چکا ہے، پھر بھی ہم کو یہ ماننا پڑے گا کہ اب تک ادب نام تھا اپنی ڈفلی اپنے راگ کا۔ دنیا کے بہترین ادبی اختراعات اب تک 'میں' کے مظاہرے رہے ہیں۔ 'ہم' کا احساس ان کے اندر قریب قریب صفر رہا ہے۔ اب یہ ادیب یا فنکار کی اس خودمختاری کے قائل نہیں رہے۔

اب ہم پر یہ حقیقت روشن ہو چکی ہے کہ سچے اور پائیدار ادب کی ترکیب میں "ہم"

کا احساس ایک مستقل اور اہم جزو ہے۔ لیکن اس جگہ پر ہم کو ہوشیار رہنا چاہئے۔ سب سے پہلی بات تو یہ ہے کہ نئے ادب میں بھی اس انحطاطی میلان کا کچھ غلبہ ہی نظر آتا ہے جس کو انفرادیت کہتے ہیں۔ "میں" کا احساس آج بھی ہمارے ادبی اکتسابات میں چھایا ہوا ہے۔ یہ مجذوبانہ انفرادیت رنگ برنگ کے لباس پہن کر ہمارے سامنے آتی ہے۔ اس لئے اس کو پہنچاننے میں ہم عموماً دھوکہ کھاجاتے ہیں۔ جس ادیب یا شاعر کو دیکھئے اپنی ایک دھن چھیڑے ہوئے ہے۔ گویا وہ جو کچھ لکھتا ہے اپنے لئے لکھتا ہے اور اس احساس سے بے نیاز ہے کہ دوسرے بھی اس کو سن رہے ہیں۔ ہمارے نوجوان ادیبوں کی اچھی خاصی تعداد اب بھی ماورائیت کا شکار نظر آرہی ہے۔ ہم میں سے بہتیرے لکھنے والوں کا لہجہ بسااوقات آج بھی کشف والہام کا انداز لئے ہوئے ہوتا ہے۔

ہمارے اکثر نئے ادیبوں کے پاس دراصل کچھ کہنے کو نہیں ہوتا۔ لیکن وہ اس "کچھ نہیں" کو اپنے اسلوب کی جدت اور لفریبی سے بہت کچھ بنا کر ہم کو دھوکے میں ڈال دیتے ہیں۔ اس قبیل کے ادیبوں اور فنکاروں سے ہماری یہ گزارش ہے کہ کسی بے ہیئت اور بے قرینہ جذبے یا تصور کو تکلف اور تصنع کے ساتھ آراستہ اور پیراستہ کرکے پیش کرنا سب سے بڑی بے ایمانی ہے۔ تربیت یافتہ اور کھری انفرادیت کوئی عیب نہیں ہے، بلکہ زندگی کے اصلی اور مستقل عناصر میں داخل ہے۔ افراد کے شخصی وجود کی اہمیت سے انکار کرکے ہم انقلاب یا ترقی کا کوئی صحیح معیار نہیں قائم کرسکتے۔ لیکن ہر سنک کا نام انفرادیت نہیں ہے۔

میں اپنے مضمون "ادب کی جدلیاتی ماہیت" میں مجمل طور پر اس خیال کا اظہار کر چکا ہوں کہ ادب کو مواد کے اعتبار سے اجتماعی اور اسلوب کے اعتبار سے انفرادی ہونا چاہئے۔ کسی ادیب یا فنکار کی شخصیت دراصل اس کے اسلوب میں نمایاں ہوتی ہے جو اس

کو دوسرے ادیبوں اور فنکاروں سے ممتاز کرتا ہے۔ ہمارے بیشتر نوجوان معاوین کی ادبی کاوشوں میں افسوسناک حد تک اسلوب کا فقدان محسوس ہوتا ہے۔ ہم اس وقت کارل مارکس کے ایک قول کو یاد دلانا چاہتے ہیں جو میگا حصہ اول جلد اول میں شائع ہوا تھا، "میری اصلی ملکیت ہیئت یا صورت ہے۔ یہی میری روحانی فردیت ہے۔ اسلوب دراصل انسان کی شخصیت ہے۔ ہم قانوناً آزاد ہیں کہ جو چاہیں لکھیں، لیکن شرط یہ ہے کہ اسلوب اپنا ہو۔"

یہ اپنا اسلوب زندگی اور ادب دونوں میں ایک خوشگوار تنوع پیدا کئے رہتا ہے جس کے بغیر زندگی ریگستان ہو کر رہ جائے گی۔ فرض کیجئے کہ میرا میلان مزاح نگاری کی طرف ہے اور فرض کیجئے کہ سماج کا بنایا ہوا قانون مجھے مجبور کرے کہ میں "الم نامے" (Tragedies) لکھوں تو کتنی غلط بات ہوگی اور میں کتنی غلط چیزیں پیدا کروں گا۔ آخر ہم ہر گلاب کے پھول سے تو یہ مطالبہ نہیں کرتے کہ وہ بالکل ایک متداولہ نصاب اور نمونے کے مطابق ہو۔ اگر قدرت سے یہ مطالبہ نہیں کیا جا سکتا تو ادیب کو یہ حکم دینا صریحاً ظلم ہوگا۔

غرض کہ اس وقت زندگی اور ادب میں نئی اور پرانی قدریں بری طرح خلط ملط ہیں۔ ادب قدیم اور جدید میلانات کا ایک گورکھ دھندا بنا ہوا ہے اور ہم کو اس پر نکتہ چینی کا حق اس لئے نہیں ہے کہ اس وقت دنیا ایک شدید بحرانی اور تشنجی دور سے گزر رہی ہے اور بیماری اور صحت دونوں کی علامتیں لئے ہوئے ہے۔ ہم کو بہر حال آگاہ اور چوکنا رہنا ہے۔ اس وقت ضرورت اس کی ہے کہ صحت بخش اور حیات آفریں میلانات اور تصورات کو ان نئے میلانات اور تصورات کے ساتھ جو محض بے معنی اور لاحاصل بدعتیں نہ ہوں، ملا کر ایک نیا مرکب پیدا کیا جائے جو زندگی کی قوتوں کو فروغ دے

اوران میں نئی رسائیاں پیدا کرے۔ انسان کو نہ پھر حیوان ہونا ہے نہ فرشتہ بننا ہے، بلکہ دور بدور پہلے سے زیادہ مہذب اور حسین انسان بنتے جانا ہے۔

ادب کا کام یہ ہے کہ انسانیت کی اس بے حد اور بے نہایت تہذیب و تحسین میں ہر لحاظ سے مددگار ثابت ہو اور اس کے لئے کسی رومان نگار کی تخئیل بھی اسی قدر اہم ہے جس قدر کہ کم سے کم اجرت کے لئے کوئی اقتصادی عملی تحریک۔ اصلی معنوں میں انسانی دنیا وہی ہوگی جس میں تمام خارجی داخلی اختلافات حل ہو کر ایک آہنگ بن جائیں اور رومانیت اور واقعیت، مادیت اور تصوریت باہوں میں باہیں ڈال کر آگے بڑھیں اور ایک دوسرے کے راستے میں خلل انداز نہ ہوں بلکہ باہم رفیق اور سازگار رہیں۔ ہم اقبال کی شاعری کو مجموعی حیثیت سے رجعتی کہیں یا ترقی پسند لیکن ہم کو چاہئے کہ ان کے اس شعر کو اچھی طرح سمجھ کر زندگی اور ادب دونوں میں اپنا دستورالعمل بنائے رہیں۔

دلم بدوش و نگاہم بہ عبرت امروز
شہید جلوہ فرداو تازہ آئینم

***